Kimmerling **Politizid**

Dieses Buch widme ich

All den tapferen Frauen, die früh am Morgen zu den israelischen Checkpoints gehen, um die Soldaten daran zu hindern, palästinensische Arbeiter zu schikanieren, die eine Stelle in Israel suchen.

Den Männern und Frauen aus Israel, die im Ausland Lebensmittel- und Medikamententransporte organisieren, um palästinensischen Kindern in besetzten Städten, Dörfern und Flüchtlingslagern zu helfen.

Den Kriegsdienstverweigerern aus Gewissensgründen, die viele Monate im Militärgefängnis verbracht haben, weil sie sich weigerten, an dem verbrecherischen Libanon-Krieg von 1982 teilzunehmen oder im Konflikt zwischen Israel und Palästina Kriegsverbrechen zu begehen.

Sie alle repräsentieren das echte Judentum in seiner großen humanistischen Tradition und zeigen den wahren Geist und die Seele Israels.

Baruch Kimmerling

Politizid

Ariel Sharons Krieg
gegen das palästinensische Volk

Aus dem Englischen von
Dirk Oetzmann und Horst M. Langer

Diederichs

Die Originalausgabe erschien zeitgleich 2003 unter dem Titel
Politicide
bei Verso, London/New York

Bibliografische Information Der Deutschen Bibliothek
Die Deutsche Bibliothek verzeichnet diese Publikation in der
Deutschen Nationalbibliografie; detaillierte bibliografische
Daten sind im Internet über http://dnb.ddb.de abrufbar.

© Verso, London/New York 2003
© der deutschen Ausgabe Heinrich Hugendubel Verlag,
Kreuzlingen/München 2003
Alle Rechte vorbehalten

Redaktion: AMS Autoren- und Medienservice, Reute
Umschlaggestaltung: Eisele Grafikdesign, München,
unter Verwendung eines Fotos von Ullstein/AP
Satz: AMS/Rudolf Kempf, Reute
Produktion: Maximiliane Seidl
Druck und Bindung: GGP Media, Pößneck
Printed in Germany

ISBN 3-7205-2375-6

Inhalt

Einführung 7

ERSTER TEIL
Vergangenheit und Gegenwart
Innere Widersprüche und Krisen 13
Historischer Kontext 20
Der erste Versuch des Politizids 23
Ideologie und militärische Praxis 31
Die Errichtung einer Herrenvolk-Republik 35
Kindheit im kolonisierten Palästina 42
Sharons erste Runde 46
Ein Offizier, aber kein Gentleman 54
Der Hüter der Siedler 68
Der zweite Versuch des Politizids 78
Der Horror von Sabra und Shatila 90

ZWEITER TEIL
Der Weg in den Sharonismus
Vom Bürgeraufstand zum Krieg zwischen
den Gemeinschaften 99
Oslo 103
Die Gründung der Palästinensischen
Nationalbehörde. 109
Vom Beinah-Abkommen zum Patt 119
Das Debakel von Camp David 125

DRITTER TEIL
Die Rückkehr
Die Veränderung der israelischen Gesellschaft 135
Der »neue« Sharon 143

Der dritte Versuch des Politizids 149
Was ist von der Linken übrig geblieben? 162
Der gewaltlose Guerillakrieg 176
Schlussfolgerungen: Der Politizid in vollem Gang 193

ANHANG
Literatur 211
Register 219

Einführung

Am 6. Februar 2001 wurde Ariel Sharon mit einer bisher nie erreichten Stimmenzahl von 52 Prozent zum Premierminister gewählt. Dieses Ereignis war ein Wendepunkt in der Geschichte des Landes und der Region, von nun an sollte sich der Charakter der israelischen Regierung und der politischen Kultur grundlegend verändern. Bestätigt wurde diese Veränderung am 28. Januar 2003, als der von Sharon angeführte rechte Block 70 von 120 Sitzen der Knesset gewann, seine Likud-Partei erstmals seit 14 Jahren wieder stärkste Fraktion wurde und ihn als Premierminister bestätigte. Sharons Sieg war umso beeindruckender, weil er der erste israelische Premierminister nach Menachem Begin im Jahr 1981 ist, der wiedergewählt wurde.

Unter der Führung Ariel Sharons wurde Israel zu einer zerstörerischen Kraft, nicht nur für die Umgebung, sondern auch sich selbst gegenüber, denn es kennt nur noch ein innen- wie außenpolitisches Ziel: den »Politizid« am Volk Palästinas. Mit Politizid meine ich einen Prozess, an dessen Ziel das Ende der Existenz des palästinensischen Volkes als soziale, politische und wirtschaftliche Größe steht. Dieser Prozess kann auch eine teilweise oder vollständige ethnische Säuberung des »Landes Israel« beinhalten. Diese Politik wird das Wesen der israelischen Gesellschaft unausweichlich zerstören und die moralische Basis des jüdischen Staates im Nahen Osten untergraben. So gesehen wird das Ergebnis ein doppelter Politizid sein – das Ende der Palästinenser, aber auf lange Sicht auch das Ende der jüdischen Gemeinschaft. Die derzeitige Regierung stellt daher eine große Gefahr für die Stabilität der Region und für alle dort lebenden Völker dar, denn Politizid ist ein Vorgang, der mit umfassenden gesellschaftlichen, politischen und militärischen Aktivitäten die politische und nationale Existenz einer ganzen Volksgemeinschaft zerstören will und damit deren Selbstbestimmung verweigert.

Die wichtigsten Werkzeuge dafür sind Mord, lokal begrenzte Massaker, Eliminierung der Führung und der intellektuellen Elite, die physische Vernichtung der Infrastruktur und der Gebäude politischer Institutionen, Kolonisierung, künstlich erzeugte Hungersnöte, soziale und politische Isolation, Umerziehung und gebietsweise ethnische Säuberungen.

Die Wahl Ariel Sharons markierte jedoch nicht den Beginn des Politizids am palästinensischen Volk. Vielmehr liegt er in dem Krieg von 1967, aber teilweise auch im eigentlichen Wesen der zionistischen Bewegung begründet und wurde durch eine Reihe regionaler und globaler Vorgänge und Prozesse unterstützt und gefördert. Dieses Endzeitszenario war und ist nicht unumkehrbar. Jedoch lassen Sharons Wahl, die Umstände, die sie ermöglichten, und die politische Situation, die daraus entstand, die furchterregende Vision heute realistischer erscheinen als je zuvor seit 1948.

Israel war nie eine echte liberale Demokratie, da die Umstände ihrer »Geburt« dies gar nicht zuließen. Dennoch wurde sie nicht ganz zu Unrecht von den Juden und der westlichen Welt als »einzige Demokratie im Nahen Osten« bezeichnet, zumindest im Vergleich zu den benachbarten Regimes der Region. Israel war stolz auf seine regelmäßig abgehaltenen freien Wahlen, die es den Einwohnern ermöglichten, sich ihre Regierung und die führende Elite selbst auszusuchen. Die Israelis genossen eine relativ große Meinungs- und Pressefreiheit, obwohl diese Freiheiten eher für Juden als für Araber galten; sie profitierten von vielen anderen Rechten und Möglichkeiten, die ihnen gesetzlich oder durch die regionale politische Kultur garantiert wurden, sowie von einem Rechtssystem, das sich um ein System der »Checks and Balances« bemühte und so die Macht der Bürokratie und der Exekutive begrenzte. Israel versuchte ferner, eine Art Wohlfahrtsstaat zu errichten. Heute verschwinden diese positiven Grundzüge zunehmend, da Israel sich zu einem semi-faschistischen Regime entwickelt.

Die faschistischen Tendenzen Israels zeigen sich in verschiedenen Formen. Das sind:

- Eine drastische Beschneidung der Meinungsfreiheit und eine wachsende Tendenz, jegliche politische Opposition als »Landesverrat« in Misskredit zu bringen. Im Grunde ist die politische Opposition ja längst zerstört worden durch die Einrichtung der aus Likud- und Arbeitspartei bestehenden »Regierung der nationalen Einheit« und durch die Weigerung der einzigen größeren jüdisch-liberalen Linkspartei, Merez, die nicht an der Regierung beteiligt ist, eine alternative Politik vorzuschlagen. Unter der Führung des altgedienten Arbeitspartei-Politikers Yossi Sarid hat Merez sich darauf verlegt, grundsätzlich dem heiligen nationalen Konsens zuzustimmen, anstatt eine echte Opposition zu bieten, die in einer Krise versucht, diesen Konsens zu verändern. Als die Partei die »Regierung der Einheit« verließ, war das ohne Belang, denn der Schaden war bereits angerichtet.

- Der verstärkte Einfluss des Militärs auf Politik und Medien. Israel war seit jeher eine militärisch ausgerichtete Gesellschaft, in der die Grenzen zwischen den Bereichen Politik und Militär fließend waren. Hohe Offiziere haben stets auf die meisten Aspekte der israelischen Gesellschaft und der politischen Kultur starken Einfluss genommen. Offiziere, die das Militär verließen – dann sind sie meist in den Vierzigern –, sah man ganz automatisch als für Führungspositionen qualifiziert an. Deshalb musste das Militär in Israel niemals putschen, um zu regieren, denn das Militär war immer ein mehr oder weniger wichtiger Partner bei den Entscheidungsprozessen eines Landes, das sich ständig so verhält, als würde es bedroht und stünde direkt vor einer existenziellen Krise, unabhängig davon, ob es eine reale Bedrohung gab oder nicht.
- In den Massenmedien haben inzwischen hauptsächlich Armeeangehörige und ehemalige Sicherheitsoffiziere, die gerne als wissenschaftliche Experten bezeichnet werden, die Rolle derer übernommen, die die »Situation« interpretieren. Die Beziehungen zu den Palästinensern werden von Sharon persönlich und den führenden Generälen geregelt. Ranghohe Militärs, wie der kürzlich zum Oberbefehlshaber ernannte Moshe Ya'alon, haben noch extremere Ansichten als Sharon selbst. Die anderen zivilen Minister und die parlamentarischen Ausschüsse (abgesehen vielleicht von dem ehemaligen Verteidigungsminister Benjamin Ben-Eliezer, früherer Vorsitzender der Arbeitspartei und Bewunderer Sharons) werden nur zum Teil informiert, und das

auch erst nachdem ein Beschluss gefasst wurde, obwohl sie Sharon ideologisch nahe stehen und eine stillschweigende Übereinkunft hinsichtlich der politischen Ziele besteht. Sharon vertraut nur sehr wenigen seiner Kollegen. Seine autoritäre und misstrauische Persönlichkeit, der Zerfall der israelischen Gesellschaft, die Schwäche der politischen Institutionen und ein weiterer Rechtsruck führen zu

- einem informellen Regime, in dem die Entscheidungen in verschiedensten Bereichen nur von einer einzigen Person getroffen werden: Ariel Sharon. Auch frühere israelische Premierminister hatten einen sehr autoritären Führungsstil – nicht zuletzt David Ben Gurion. Sharon ist es jedoch gelungen, aus einer Charaktereigenschaft ein institutionalisiertes Regierungsprinzip zu machen und gleichzeitig jede jüdische Opposition zu neutralisieren und zu marginalisieren.

- Der entscheidende Faktor für Israels Orientierung hin zum Faschismus ist jedoch die Ansicht, alles, was »anders« ist (in diesem Fall die Palästinenser in der Westbank und im Gaza-Streifen und sogar alle arabischen Einwohner Israels), grundsätzlich als existenzielle Bedrohung ganz Israels und jedes einzelnen Israeli anzusehen. Diese Sichtweise rechtfertigt in den Augen der israelischen Juden, aber auch der Weltbevölkerung drastische Gegenmaßnahmen. Was vor Sharon als undenkbar oder zumindest politisch inkorrekt galt, ist nun zu einem ausdrücklich anerkannten Bestandteil des alltäglichen politischen Diskurses in Israel geworden – zum Beispiel ethnische Säuberungen als legitimer Lösungsansatz für die »demographischen Probleme« Israels, nämlich einer möglichen arabischen Bevölkerungsmehrheit auf dem Land. Allerdings ist bis jetzt noch nicht deutlich geworden, ob die israelischen Entscheidungsträger ethnische Säuberungen als reale Option ansehen oder sie nur im Rahmen psychologischer Kriegsführung androhen, um dem Politizid näher zu kommen.

Während der Staat die öffentliche Feindschaft gegen Araber nährt, ignoriert er gleichzeitig die schnell wachsende Armut der Israelis.

Einführung 11

Ende 2001 lebten insgesamt 1 169 000 Israelis unterhalb der Armutsgrenze – darunter über 500 000 Kinder. Die Arbeitslosenrate stieg von 8,8 Prozent im Jahr 2000 auf 11 Prozent im Jahr 2001 und auf 12 Prozent im Jahr 2002. In den ersten zwei Jahren der zweiten (Al-Aqsa-)Intifada, die am 29. September 2000 begann, verlor die israelische Wirtschaft etwa sieben Milliarden Dollar. Das Bruttoinlandsprodukt sank im ersten Jahr um 2,5 Prozent und im zweiten Jahr um 4,5 Prozent. Gleichzeitig stiegen die Ausgaben für das Militär um 800 Millionen Dollar. Das Bruttosozialprodukt erreichte 2001 ein Negativwachstum von 1 Prozent und 2002 von 1,5 Prozent. So etwas war seit der Rezession von 1953 nicht mehr vorgekommen.

Obwohl die Armut trotz ihres höchsten Standes seit den 1950er Jahren weiter wächst, hat der Staat nichts dagegen unternommen, sondern überlässt das Schicksal seiner verarmten Einwohner einigen Hilfsorganisationen.

Da sich die wirtschaftliche Situation ständig verschlechtert, verlangen die Israelis nach schärferen Maßnahmen gegen die »anderen« – die Araber. Solche Wechselwirkungen schaffen die Basis für die speziell israelische Form des Faschismus. Das Hauptanliegen des vorliegenden Buches sehe ich darin, die unterschiedlichen Hintergrundfaktoren zu analysieren und zu untersuchen, wie und warum der israelische Staat und seine jüdische Gesellschaft auf diesen Abgrund zusteuern konnte, während die meisten israelischen Juden sich bis heute gar nicht bewusst sind, in welche Richtung ihre Gesellschaft taumelt.

Eine persönliche Bemerkung zum Schluss: Als israelischer Patriot, dem das Schicksal und Wohlergehen Israels, meines Heimatlandes, sehr wichtig ist, und als Soziologe, der den größten Teil seines Berufslebens auf das Studium der israelischen und der palästinensischen Gesellschaften verwandt hat, habe ich dieses Buch – an meinem derzeitigen Aufenthaltsort Toronto – voller Schmerz und Trauer verfasst. Es ist keineswegs mein persönliches Ziel, aus »jüdischem Selbsthass Israel zu diffamieren«, wie die meisten meiner politischen und ideologischen Gegner behaupten werden – so auch schon bei früheren Publikationen mangels besserer Argumente –, sondern ich will mit diesem Buch einen weiteren Versuch unternehmen, einem gütigen und humanistischen Volk die Augen zu öffnen, das die wahren Gefahren für Israel bis heute nicht erkannt hat. Die Schlacht um die Seele, das Schicksal und das Wohlergehen Israels und aller seiner Bürger, Juden und Arabern ist ein globales Problem – wie die meisten »regionalen« Probleme unserer Zeit.

ERSTER TEIL
Vergangenheit und Gegenwart

Innere Widersprüche und Krisen

Nach dem Krieg von 1967 wurden der Staat Israel und seine Gesellschaft in eine andauernde und sich vertiefende Krise verwickelt. Diese Krise wurde durch grundlegende innere Widersprüche verursacht, die die schleichende und selektive Integration der besetzten Palästinensergebiete und seiner Bewohner begleitete. Diese Integration schuf einen beispiellosen Wirtschaftsaufschwung und erhöhte die gesellschaftliche Mobilität, die die Krise verschleierte und ein Teil von ihr wurde. Nach der Öffnung der Grenzen zur Westbank und zum Gaza-Streifen wurde der israelische Arbeitsmarkt mit billigen Arbeitskräften überschwemmt, der palästinensische Markt wurde für den Handel mit israelischen Produkten geöffnet und das palästinensische Land wurde zum Ziel der jüdischen Besiedlung.*

Diese ungewöhnlich angenehme Situation wurde von Milliarden Dollar aus Amerika und anderen ausländischen Hilfen begleitet, die Israel zu einem der wohlhabendsten Staaten der Welt machte. Der Wohlstand kam allen Bereichen der israelischen Gesellschaft zugute, auch den Arabern. Außerdem führte er zu einer vollkommenen Neustrukturierung der Wirtschaft und der Gesellschaft. Die meisten israelischen Juden gaben ihren Arbeitsplatz (in den Sek-

---

* Tages- und Wochenpendler sind in unserem politisch-ökonomischen System die billigsten Arbeitskräfte. Da sie viele Kilometer von ihren Arbeitsstellen entfernt leben, fahren sie morgens früh zur Arbeit und kehren abends spät heim. Sie benötigen keinen Wohnraum und erhalten keine Krankenversicherung oder andere Sozialleistungen, da sie nicht die üblichen Bürgerrechte besitzen. Außerdem führt der Konkurrenzkampf unter ihnen zu noch niedrigeren Löhnen. Es handelt sich um eine moderne Form der Sklaverei, die für das Arbeitgeberland bequemer und profitabler ist als der konventionelle Gastarbeiter, der aus dem Ausland eingewandert ist.

toren Industrie, Dienstleistung, Landwirtschaft und Low-Tech-Branche) als Ungelernte und Hilfsarbeiter auf, die dann von Palästinensern übernommen wurden, und stiegen zu Managern oder in andere Positionen (zum Teil in der High-Tech-Branche) für Hochqualifizierte auf. Im Börsenindex NASDAQ waren israelische Unternehmen nach den amerikanischen am zweithäufigsten vertreten. Die jährliche Produktionsrate pro Einwohner lag im Jahr 2000 bei fast 18000 Dollar und war damit weltweit eine der höchsten.

Allerdings hing der Wohlstand von dem andauernden »guten Benehmen« und der unbegrenzten Kooperationsbereitschaft der palästinensischen Bewohner der Westbank und des Gaza-Streifens ab sowie von der Bereitschaft, die israelische Politik zu dulden, sie zwar in die Wirtschaft zu integrieren, die Palästinenser jedoch aus allen anderen gesellschaftlichen Bereichen des israelischen Staates auszugrenzen.

Tatsächlich akzeptierte fast eine ganze Generation von Palästinensern diese Regeln einer Kolonialmacht, sie profitierten von einem relativen wirtschaftlichen Wohlstand und nahmen es dafür hin, fast aller Bürgerrechte beraubt zu werden und auf Selbstbestimmung, kollektive Symbole und eine ethnische oder nationale Identität zu verzichten. Letztlich gewöhnten sich beide Gesellschaften an diese höchst unausgeglichene Situation und wurden voneinander abhängig.* Die meisten Israelis und Palästinenser, die in dieser ungewöhnlichen Situation aufwuchsen, finden dies völlig normal und können sich kaum andere Verhältnisse vorstellen. Das System bekam erste Risse, als es am 9. Dezember 1987 zum ersten palästinensischen Aufstand kam, und es wurde endgültig zerstört, als der zweite Aufstand begann. Interessanterweise hielten die Osloer Verhandlungen (siehe Seite 103 ff.) die wirtschaftliche Situation aufrecht und befriedeten die Palästinenser, indem sie ihnen die Selbstbestimmung garantierten. Nach dem Beginn der ersten

---

* Wahrscheinlich ignorierten die Einwohner der besetzten Gebiete in der Westbank und im Gaza-Streifen deshalb die Aufrufe zur Rebellion, die mehrfach von PLO-Führern außerhalb dieser Territorien ausgegeben wurden. Stattdessen entwickelten sie eine alternative Strategie der Standhaftigkeit (*samed*), um eine zweite ethnische Säuberung zu verhindern.

Innere Widersprüche und Krisen

Intifada reagierte die israelische Wirtschaft, indem sie ausländische Gastarbeiter anwarb.

Obwohl diese Arbeiter keine Bedrohung für die öffentliche Sicherheit darstellten, wie es die Palästinenser angeblich waren, waren sie teurer und entwickelten sich außerdem zu einem potenziellen Problem für die demographische Zusammensetzung der Gesellschaft, da sie, anders als die außerhalb lebenden palästinensischen Arbeiter, ständig im Land präsent waren.*

Abgesehen von den wirtschaftlichen Interessen in den besetzten Gebieten entstanden nach 1967 weitere Komplikationen durch den Wunsch des gesamten Spektrums der israelischen Gesellschaft, das historische Herzland des jüdischen Volkes in der Westbank zu annektieren, ohne die arabischen Einwohner mit zu übernehmen.

Eine formelle Annexion würde bedeuten, dass Israel keine jüdische Mehrheit mehr besäße. Die demographischen Veränderungen würden den jüdischen Charakter des Staates zerstören, selbst wenn den Palästinensern kein voller Bürgerstatus gewährt würde. Die politischen und demographischen Überlegungen standen den wirtschaftlichen gegenüber, und alle Überlegungen widersprachen Kants moralischem Imperativ, nichts Böses zu tun, wie auch der Forderung des Juden Sage Hillel, niemandem etwas anzutun, was man nicht auch für sich selbst akzeptieren würde. Dieser dreifache Widerspruch schuf eine innere Krise, die den israelischen Staat und seine Gesellschaft unfähig machte, wichtige politische Entscheidungen zu treffen, die für die Lösung des Konflikts unabdingbar waren. Mit der Zeit trat diese Krise immer deutlicher zutage

---

* Sharon selbst kennt die Vorteile billiger Arbeitskräfte sehr gut, denn er ist Besitzer der wahrscheinlich größten privaten Farm Israels, der bekannten »Shikmim (Sycamores) Farm«. Die Farm wurde Ende 1972 mithilfe zweier großzügiger Kredite von amerikanischen Freunden (Meshulam Riklis und Samuel Sax) finanziert. Als Sharon Minister für Landwirtschaft und Infrastruktur war, bedeutete dies einen Interessenkonflikt, den Sharon löste, indem er die Farm an einen Freund verpachtete. Sharon besitzt ferner ein Haus im arabischen Ost-Jerusalem, um dort jüdische Präsenz zu demonstrieren und die Araber zu irritieren. Er hat dort zwar nie gewohnt, aber das Haus wird von der Grenzpolizei streng bewacht.

und fand sich schließlich in Parteiprogrammen, in persönlichen oder Gruppenidentitäten und sogar in verschiedenen religiösen Strömungen wieder (zum Beispiel bei »Falken gegen Tauben«, »Rechts gegen Links« oder gar »Zionisten gegen Antizionisten«).

Im Jahr 1977, als der rechte nationalistische Block um die Likud-Partei an die Macht kam, erwartete man als ersten Akt die sofortige Annexion der gesamten Westbank (oft auch mit ihren biblischen Namen Judäa oder Samaria bezeichnet) und des Gaza-Streifens, die als Teil des »Landes Israel« angesehen wurden. Schließlich war dies eine der Hauptforderungen der Parteibasis und das erklärte Ziel des damaligen Oppositionsführers Menachem Begin gewesen. Die Annexion der Gebiete war auch der Grund, warum Sharon, sofort nachdem er das Militär 1973 verlassen hatte, mehrere kleine und mittelgroße gemäßigte und rechte Parteien dazu drängte, sich hinter dem altvorderen Anführer der revisionistischen Herut-Partei zu vereinen, die bis dahin eher als ewige Opposition galt und nicht als Regierungspartei.

Eine Voraussetzung für die Umgehung der Forderung nach Annexion schuf der anerkannte Politiker der Arbeitspartei, Moshe Dayan, indem er zur Gegenpartei wechselte und der Ernennung zum Außenminister durch die neue Regierung unter der Bedingung folgte, dass es keine einseitige Annexion geben dürfe. Der wahre Grund dafür, dass die palästinensisch besetzten Gebiete nicht annektiert wurden, obwohl diese als Mutterland des jüdischen Volkes galten, lag jedoch in dem dramatisch ansteigenden arabisch-palästinensischen Bevölkerungsanteil in den besetzten Gebieten.

Diese Bevölkerung würde den jüdischen Staat zusammen mit den arabischen Mitbürgern sofort zu einem binationalen Gebilde machen, selbst wenn man der annektierten Volksgemeinschaft die Bürgerrechte und den Zugang zum Sozialsystem verweigerte. Heute umfasst das Gebiet zwischen Mittelmeer und Jordan trotz der beispiellosen Einwanderung von über einer Million Nicht-Arabern (Juden und Nicht-Juden) aus der früheren Sowjetunion etwa fünf Millionen Juden und 4,5 Millionen Palästinenser (mit und ohne Bürgerrechte).

Innere Widersprüche und Krisen

Nach derzeitigen demographischen Schätzungen wird die Zahl der Palästinenser in Zukunft weiter wachsen und die knappe jüdische Mehrheit noch stärker gefährden. Der Geograf Arnon Sofer von der Universität von Haifa hat berechnet, dass im Jahr 2020 rund 15,1 Millionen Menschen auf dem Gebiet des historischen Palästina leben werden, wobei die Zahl der Juden nur bei 6,5 Millionen liegt. Selbst innerhalb Israels wird die jüdische Bevölkerung in 40 Jahren von derzeit 80 Prozent auf eine knappe 65-Prozent-Mehrheit sinken. Der Demograph Sergio della Pergola von der Hebräischen Universität kam zu demselben demographischen Bild und riet dazu, israelische Gebiete, die eine hohe arabische Bevölkerungsdichte aufweisen, dem palästinensischen Staat zuzuführen, um im Gegenzug israelische Siedlungen zu erhalten.

In der jüdisch-israelischen Politikkultur existieren zwei sehr tief verwurzelte Ängste: die physische Vernichtung des Staates, ein Argument, das von vielen israelischen Politikern und Intellektuellen häufig verwendet, missbraucht und emotional manipuliert wird; und der Verlust der zerbrechlichen jüdischen Mehrheit, auf der die Vormachtstellung und die Identität des Staates beruht. Tatsächlich könnte der Verlust der Bevölkerungsmehrheit das Vorspiel zum Politizid und zur physischen Vernichtung des ganzen Staates sein.

Ausgelöst von diesen Ängsten fanden sich die Anhänger der Annexionspolitik plötzlich in einer merkwürdigen Situation wieder: ein patriotischer Imperativ, der das Heilige Land schützen wollte, gegen einen anderen patriotischen Imperativ, der eine starke jüdische Mehrheit in diesem Land sicherte. Dieser innere Widerspruch führte zu teilweise lächerlichen Vorschlägen wie dem von Moshe Dayan, eine »funktionale Teilung« der Regierung zwischen Israel und Jordanien einzurichten. Der Plan beruhte auf der Idee, dass Israel die militärische Kontrolle über das Land besitzen sollte (aus »sicherheitstechnischen« Gründen und wegen der Besiedlung), während Jordanien die Bevölkerung politisch führen und verwalten sollte, die Verantwortung für die Dienstleistungen übernahm und den Menschen die vollen Bürgerrechte zusicherte, darunter auch das Recht, das jordanische Parlament zu wählen und selbst gewählt zu werden.* Offenbar waren weder Jordanier noch Palästinenser an dieser Art von Arrangements interessiert. Ariel Sharon hatte übrigens noch eine radikalere Version von Moshe Dayans Plan im Sinn, über die wir noch sprechen werden.

An dieser Stelle muss man erwähnen, dass es nur wenige israelische Juden und noch weniger Juden in der Diaspora gab, die moralische Bedenken dabei hatten, Millionen von Palästinensern ihrer Bürgerrechte und der meisten Menschenrechte zu berauben. Als der Philosoph und Theologe Yeshayahu Leibowitz, eine der führenden moralischen Stimmen Israels, seine Opposition ausdrückte, verwendete er ein egoistisches, aber zutreffendes Argument: Die Okkupation korrumpiere die Besatzer und zerstöre so die Struktur der israelischen Gesellschaft. Bemerkenswert ist allerdings, dass er die Besetzung nicht grundsätzlich für falsch hielt. Tatsächlich hatten viele Gegner der Besetzung dafür pragmatische Gründe, etwa dass sie das Image Israels verschlechtern und seine legitime Existenzberechtigung in der Region untergraben würde. Diese Überlegungen sind völlig richtig, müssen jedoch durch einen moralischen Imperativ ergänzt werden, der unmissverständlich festlegt, dass die Besetzung und Unterwerfung eines Volks sowie seine unnötige Kolonialisierung in Zusammenhang mit Landnahme fundamentale moralische Sünden sind.

Es klingt überraschend, aber die führenden Befürworter der Annexionspolitik sorgten sich nicht nur um die Kontinuität eines »jüdischen Wesens« des Staates, sondern auch um die langfristigen Konsequenzen des Diktats über ein anderes Volk. Allerdings sieht ihre Lösung nicht so aus, dass man sich aus den besetzten Gebie-

---

* De facto bestand diese Situation zehn Jahre lang. Die Hashemiten waren daran interessiert, die Bevölkerung in den besetzten Gebieten zu kontrollieren, um ein Wiedererstarken der palästinensischen politischen Identität zu verhindern. Außerdem zahlten sie gemäß einem stillschweigenden Übereinkommen mit der israelischen Regierung weiterhin die Gehälter von Beamten in der Westbank, darunter auch die der Polizisten, und sie bauten das öffentliche Bildungssystem aus. Jordanien hatte jedoch keinerlei Interesse daran, Israel die Kontrolle über Land und Wasser der Westbank zu überlassen.

Innere Widersprüche und Krisen

ten zurückziehen und der arabisch-palästinensischen Bevölkerung Israels die Bürgerrechte garantieren wolle. Ein großer Teil der Sharon-Wähler erwartet von ihm eine »saubere Lösung« der Probleme und inneren Widersprüche der Rechten, ohne genauer zu erläutern, wie diese Lösung aussehen könnte. Sharon weiß das ganz genau, und wie in diesem Buch gezeigt werden wird, ist er nach Meinung seiner Anhänger und Förderer möglicherweise genau der richtige Mann zur rechten Zeit am rechten Ort.

Historischer Kontext

Die Tragödie des Zionismus lag in seinem Anachronismus, aber das war nur rückblickend feststellbar. Nach den osteuropäischen Pogromen der Jahre 1880 und 1881 wanderten viele Juden aus, in der Hoffnung, in einem anderen Land bessere und sicherere Lebensbedingungen vorzufinden. Einige gelangten in das Gelobte Land, die traditionelle Heimat der Juden und die Erfüllung ihrer messianischen Träume. Der Großteil der Juden wählte jedoch entgegen der zionistischen Ideologie den Weg nach Westen, selbst nachdem das Gelobte Land durch den Zionismus in politischer wie nationaler Hinsicht neu abgegrenzt worden war.

Unter den 65 Millionen Europäern, die im 19. Jahrhundert in die Neue Welt auswanderten, befanden sich über vier Millionen Juden. Das bedeutete einen jüdischen Anteil von sechs Prozent im Vergleich zu eineinhalb Prozent der Gesamtbevölkerung in Europa. Im ersten Viertel des 20. Jahrhunderts wanderten 20 Prozent aller Juden nach Amerika aus, aber nur wenige zogen ins Land Zion. Wenn es in den späten 1920er Jahren nicht zu der Wirtschaftskrise und den darauf folgenden Einwanderungsbeschränkungen gekommen wäre, wären die meisten Juden in den 1930ern wahrscheinlich nach Amerika ausgewandert, hätten so das Ausmaß des Holocaust verringert und möglicherweise die Errichtung eines jüdischen Staates in Palästina vereitelt. Aber in der Geschichte gibt es keinen Konjunktiv, kein Wenn.

Für die einheimische arabische Bevölkerung erschien die »Rückkehr« der Juden, die sich auch nach 2000 Jahren des Exils noch im Besitz des Landes glaubten, lächerlich, inakzeptabel und gefährlich. Für sie, die zum überwiegenden Teil schon seit Generationen in diesem Land lebten, waren die Juden europäische Kolonialisten, die versuchten, sich in einem arabischen Land niederzulassen und sich dieses Land unter dem Protektorat imperialistischer Mächte anzueignen.

Ihre Befürchtungen wurden schon 1917 bestätigt, als die Briten das Land dem Osmanischen Reich abnahmen und es durch die

Historischer Kontext

Balfour-Erklärung den Juden zuschrieben, um für sie ein »nationales Zuhause« zu schaffen (also einen Staat). Daraufhin entstanden sofort national-arabische Einrichtungen in Palästina, die von diesem Zeitpunkt an bis 1993 den Juden jedes politische Recht an diesem Land konsequent und ohne Ausnahme absprachen.

Im Westen waren die Reaktionen auf die Balfour-Erklärung und den Zionismus größtenteils positiv. Die jüdisch-protestantisch-christliche Kultur sah die Rückkehr der Juden ins Land Zion als theologische Prämisse und als Versprechen an, das über die Jahrzehnte immer weiter verstärkt und politisiert wurde, bis es unter den heutigen amerikanischen christlichen Fundamentalisten seinen Höhepunkt erreichte. Abgesehen von den »edlen Wilden«, den Beduinen, wurden die Araber als primitives Volk abgetan, das nicht in der Lage war, sich selbst zu verwalten. Während der 30 Jahre unter britischem Mandat entwickelte sich die jüdische Glaubensgemeinschaft in Palästina zu einer überlebensfähigen Gesellschaft aus Siedlern und Immigranten, die 1948 in den Staat Israel überführt wurde.

Gesellschaften mit dieser Zusammensetzung entwickeln gegenüber der einheimischen Bevölkerung unterschiedliche Verhaltensweisen. In Nordamerika, Australien und Neuseeland wurde die angestammte Bevölkerung von den vordringenden Siedlern einfach nicht als menschliche Wesen anerkannt, sondern als Teil einer feindlichen Umwelt angesehen. Diese Einstellung führte letztlich zum Genozid. In Südafrika und Rhodesien wurden die Einheimischen als billige Arbeitskräfte benutzt, aber von der herrschenden, weißen Rasse konsequent abgeschirmt. Im katholischen Lateinamerika wendeten die Eroberer eine gegenteilige Methode an. Nach der Vernichtung und dem Politizid an den großen einheimischen Kulturen (zum Beispiel den Inka) sowie Massenbekehrungen der überlebenden Einheimischen förderten die Eroberer Mischehen sogar, wenn auch in festgelegten Grenzen. Diese Strategie der Vereinnahmung führte zu einer Mischbevölkerung und einem Kulturmix völlig neuer Nationen.

In Palästina lebten die beiden Kulturen völlig getrennt, waren jedoch wirtschaftlich in verschiedenen Bereichen voneinander abhängig. Die Juden waren teilweise auf arabische Arbeiter und vollständig auf arabische Landbesitzer angewiesen, von denen sie Besitz erwerben konnten. Ein Teil der arabischen Bevölkerung genoss den Kapitalzufluss, der mit den verschiedenen jüdischen Einwanderungswellen einherging. Weder Juden noch Araber waren vor 1948 politisch oder militärisch in der Lage, den »anderen« Teil loszuwerden, obwohl eine tiefe Feindschaft zwischen beiden Völkern bestand, die mehrfach zu gewalttätigen Auseinandersetzungen führte, die letztlich in der großen arabisch-palästinensischen Revolte von 1936 bis 1939 kulminierte.

Es ist von entscheidender Bedeutung, sich vor Augen zu führen, dass die jüdische Gemeinschaft in Palästina institutionell, kognitiv und emotional innerhalb einer rein jüdischen Seifenblase eingerichtet wurde. Für die Pläne zur Gründung des neuen Staates galt im Grunde das Gleiche. Der neue Staat sollte ein rein jüdischer werden. Es wurden keinerlei politische oder bürokratische Vorkehrungen dafür getroffen, was mit der großen arabischen Minderheit geschehen sollte, die – wie in allen Teilungsvorschlägen erwähnt – im Land verbleiben würde. Ihr wurde nur in den Formulierungen der Unabhängigkeitserklärung Rechnung getragen.

Der erste Versuch des Politizids

Die Kolonisierung der Westbank und des Gaza-Streifens durch jüdische Siedler führte den israelischen Staat in eine Sackgasse. Man kann die Intentionen und möglichen Lösungen Sharons und seiner politischen Alliierten nicht nachvollziehen, wenn man nicht weiß, was während des Krieges von 1948 geschehen ist.

Das »Wunder« von 1948 bezieht sich auf die Tatsache, dass die jüdischen Gebiete bereits weit über die Grenzen hinausgingen, die ihnen durch die Resolution der Vereinten Nationen vom 29. November 1947 zugesichert worden waren. Aus israelischer Sicht war jedoch noch wichtiger, dass in den betreffenden Gebieten fast keine Araber mehr lebten und die rivalisierende arabisch-palästinensische Gemeinschaft als sozio-politische Größe aufgehört hatte zu existieren.

Der Historiker Benny Morris demonstrierte in seinem zweibändigen Werk »The Birth of the Palestinian Refugee Problem« und »Righteous Victims: A History of Zionist-Arab Conflict« (»Die Geburt des palästinensischen Flüchtlingsproblems« und »Rechtschaffene Opfer: Eine Geschichte des zionistisch-arabischen Konflikts«), wie tief die Vorstellung eines »Bevölkerungstransfers« in der zionistischen Ideologie verwurzelt war, aber er stellte leider keine Verbindung zu den tatsächlichen Ereignissen von 1948 her.

Die ganze Geschichte der ethnischen Säuberungen ist in dem achtbändigen Werk »Book of Haganah History« (Die Geschichte der Haganah) nachzulesen, einer offiziellen Veröffentlichung des israelischen Militärverlags. Dieses hebräische Werk wurde bisher allerdings nie in eine Fremdsprache übertragen.

Gemäß dieser Publikation war die erste militärische Doktrin, die man als israelische Militärdoktrin bezeichnen kann, der so genannte Plan D (*Tochnit Daleh*). Er wurde von dem Leiter der Einsatzgruppe der vereinten israelischen Streitkräfte (offiziell eingerichtet am 31. Mai 1948), Generalmajor Yigael Yadin, entwickelt und am 10. März 1948 in Kraft gesetzt, um den erwarteten militärischen Konflikten zwischen der einen Staat aufbauenden jüdischen Gemeinschaft und der arabischen Volksgruppe und der möglichen Intervention durch das Militär anderer arabischer Staaten vorzubeugen. In der Präambel dieses Plans erklärte Yadin:

> Das Ziel dieses Plans ist die Kontrolle des jüdischen Staatsgebiets und die Verteidigung seiner Grenzen [wie sie in dem Teilungsplan der UN festgelegt wurden] sowie der [jüdischen] Siedlungen außerhalb dieser Grenzen [die dem jüdischen Staat von der UN zugesprochen wurden] gegen bekannte und unbekannte Feinde, die von außerhalb oder innerhalb des [jüdischen] Staates operieren.

Ferner befürwortete der Plan unter anderem die folgenden Maßnahmen, um die gesteckten Ziele zu erreichen:

> Aktionen gegen feindliche Siedlungen innerhalb oder in der Nähe unserer Verteidigungssysteme [das heißt jüdische Siedlungen und Ortschaften] mit dem Ziel, deren Verwendung als Basis für bewaffnete Kräfte zu verhindern. Zu diesen Aktionen gehören im Einzelnen folgende Maßnahmen: die Zerstörung von Dörfern (durch Brände, Sprengstoff und Minen) – vor allem solcher Dörfer, über die wir keine [ständige] Kontrolle erhalten können. Die Kontrolle wird auf folgende Weise übernommen: Einkreisen und Durchsuchen des Dorfs. Sollte es zu Widerstand kommen – Zerstörung der gegnerischen Kräfte und Vertreibung der Bevölkerung aus unserem Staatsgebiet.

Wie in vielen anderen Fällen war diese auf den ersten Blick rein militärisch begrenzte Doktrin tatsächlich ein Plan mit weit reichenden Konsequenzen, der zu einer vollständigen demographischen, ethnischen, sozialen und politischen Transformation Palästinas von einem arabischen zu einem jüdischen Staat führen sollte. Plan D war anders als viele militärische Pläne, die von hochrangigen Offizieren ausgearbeitet und dann im Regal vergessen worden waren. Er wurde tatsächlich umgesetzt.

Am 14. Mai 1948 wurde das Eintreten der »Situation D« erklärt, alle Militäreinheiten erhielten den Befehl, Plan D auszuführen. In

Ausführung ihrer Befehle und im Geiste dieser militärischen Doktrin eroberte das jüdische Militär ein Gebiet mit einer Fläche von etwa 20 000 Quadratkilometern (die UN-Resolution hatte ihnen 14 000 Quadratkilometer garantiert) und vertrieb fast alle arabischen Einwohner. Nach dem Krieg von 1948 waren etwa 800 000 Araber, die auf diesem Land gelebt hatten, bevor es unter jüdische Kontrolle geriet, zu Flüchtlingen geworden.

Weniger als 100 000 Araber blieben unter jüdischer Kontrolle, nachdem die Waffenstillstandsverhandlungen mit den arabischen Staaten beendet waren, die ins Land eingedrungen waren, um ihren palästinensischen Brüdern dabei zu helfen, die Errichtung eines jüdischen Staates zu verhindern. Weitere 50 000 Araber wurden infolge des israelisch-jordanischen Waffenstillstandsvertrags innerhalb des israelischen Staatsgebiets integriert, nachdem mehrere arabische Dörfer und weitere kleinere Orte unter israelische Oberhoheit gestellt worden waren.

So gesehen erfüllte die Doktrin Plan D sowohl die Voraussetzungen für einen Krieg zwischen den beiden Gesellschaften als auch die eines Krieges zwischen den beiden Staaten, nachdem der Feind im Innern besiegt worden war.*

Darüber hinaus demonstrierte diese Doktrin ganz eindeutig, welche ideologischen Ansprüche die Zionisten hatten, nämlich ein möglichst großes Gebiet zu erobern, das von Arabern befreit werden sollte, um dort einen rein jüdischen Nationalstaat zu errichten.

Vor dem 1948er Krieg war es den Juden mittels öffentlicher und privater Käufe nicht gelungen, mehr als sieben Prozent des Gebiets von Palästina unter ihre Kontrolle zu bringen. Das genügte zwar, um eine überlebensfähige Gemeinschaft aufzubauen, schöpfte aber alle finanziellen Möglichkeiten aus, sodass keine Landreserven mehr für die jüdische Expansion übrig blieben.

---

* Plan D eignete sich tatsächlich auch für den Staatenkrieg. Das Militär der arabischen Staaten verwendete die veraltete Doktrin, dass vorrückende Kampfeinheiten jede besiedelte Region erobern und jeden Widerstand zerstören müssen, damit die hinteren Linien nicht ungeschützt blieben. Wären sie stattdessen anders vorgegangen und schnell zu den großen Bevölkerungszentren und wichtigen Stützpunkten vorgerückt, hätte es 1948 zu einem ganz anderen Ergebnis kommen können.

Daraufhin entschieden sie, das Schwert statt der Geldbörse einzusetzen, um sich Gebiete anzueignen. Das britische Kolonialregime stellte einen politischen und militärischen Schutzschirm bereit, unter dem das Unternehmen Zionismus einen grundlegenden institutionellen, wirtschaftlichen und sozialen Rahmen erstellen konnte, der aber zugleich auch die wichtigsten Interessen der arabischen Gemeinschaft sicherte.

Als dieser Schutzschirm abgezogen wurde, standen sich Araber und Juden plötzlich allein und auf Augenhöhe gegenüber. Als sie den Teilungsplan ablehnten, waren sich die Araber und ihre Führung sicher, dass sie nicht nur das Recht hatten, das ganze Land zu kontrollieren, sondern auch die dafür erforderlichen Fähigkeiten. Die Führung der jüdischen Gemeinschaft wusste, dass sie nicht ausreichend Macht besaß, um ganz Palästina zu regieren und die arabische Mehrheit zu kontrollieren oder zu vertreiben. Deshalb akzeptierten sie den Teilungsplan, unternahmen aber große Anstrengungen, die Konditionen für sich zu verbessern und die eigenen Grenzen so weit wie möglich nach außen zu verschieben, wobei gleichzeitig möglichst wenige arabische Bürger aufgenommen werden sollten.

Es gibt keine gesicherten Beweise dafür, dass Plan D trotz seiner weit reichenden politischen Konsequenzen und Absichten jemals offiziell auf der politischen Ebene umgesetzt oder auch nur diskutiert wurde. Wäre ich ein Anhänger von Verschwörungstheorien, könnte ich daraus schließen, dass viele Regierungschefs sehr genau wussten, dass es Befehle und Pläne gab, über die man in der Öffentlichkeit besser nicht sprach.

In jedem Fall lässt das Vorgehen der jüdischen Streitkräfte im Krieg von 1948 keinen Zweifel darüber zu, dass hier tatsächlich jene Doktrin umgesetzt oder zumindest in ihrem Sinn gehandelt wurde.

Die meisten Zivilisten – und selbst Soldaten, die an ethnischen Säuberungen beteiligt waren – waren sich der Konsequenzen ihrer Taten nicht bewusst. Sie sahen nur ein Schlachtfeld vor sich, auf dem sie siegen mussten. Einige Jahre nach dem Krieg schrieb der bedeutendste Schriftsteller Israels, Yizhar Smilansky, eine Kurzgeschichte mit dem Titel Chirbet Hizza.

Der erste Versuch des Politizids

In dieser Kurzgeschichte werden die Gefühle eines sensiblen jungen israelischen Soldaten beschrieben, der den Befehl hatte, die Bevölkerung eines ganzen arabischen Dorfes auf einige Lastwagen zu laden und sie außer Landes zu bringen.

Smilansky beschreibt die inneren Konflikte und moralischen Bedenken des jungen Mannes und die Scham, die er angesichts der entwurzelten Menschen empfindet. Smilansky vermeidet es nicht, Parallelen zwischen der Evakuierung der Araber und der Deportation der Juden in Europa durch die Nationalsozialisten zu ziehen. Auf der anderen Seite freute sich der israelische Soldat bereits auf den wunderschönen jüdischen Kibbuz, der auf dem konfiszierten Gebiet eingerichtet werden würde. Smilansky schildert auch, wie der junge Soldat, der als Einziger von moralischen Bedenken gequält und dafür von seinen Kameraden auch noch verspottet wird.

In der ersten Phase des Krieges von 1948 gelang es der jüdischen Gemeinschaft, die Araber fast vollständig aus der Nachbarschaft zu vertreiben, was von der internationalen Staatengemeinschaft als natürliche Konsequenz dieses Krieges angesehen wurde. Dies war ein totaler Krieg, und sollten die Araber ihn gewinnen, so erwartete man, dass sie nicht nur einen Politizid ausüben, sondern die Juden in Palästina vernichten würden.

In diesem Kontext werden die Konsequenzen des Krieges plötzlich offenbar. Außerdem geschah all dies nur drei Jahre nach dem Völkermord durch die Nazis, zu einer Zeit, als immer noch Millionen von Flüchtlingen und Vertriebenen durch ein Europa irrten, das nach dem Zweiten Weltkrieg völlig zerstört war. Bis heute behaupten viele Palästinenser, dass sie den Preis für die Verbrechen der Europäer am jüdischen Volk zahlen mussten.

Weniger gut dokumentiert und bekannt ist ein Ereignis, das sich in den letzten beiden Tagen des Sechs-Tage-Krieges zutrug. Nachdem Israel entscheidende Siege gegen Ägypten und Jordanien sowie die syrische Luftwaffe errungen hatte (die Luftstreitkräfte der meisten umgebenden arabischen Staaten waren nach erfolgreichen Überraschungsangriffen der israelischen Luftwaffe noch am Boden zerstört worden), forderte die starke Lobby der nördlichen *kibbutzim* (Siedlungen), dass die Regierung und der Generalstab die syrischen Hochebenen einnehmen sollte, die später in Golan-Höhen umbenannt wurden.

Jahrelang litten diese Siedlungen unter starkem syrischen Artilleriebeschuss, teilweise durch Provokationen Sharons herausgefordert, der eine Brigade an der nördlichen Front befehligte, aber auch durch die ständigen militärischen Auseinandersetzungen zwischen Israel und Syrien um die Quellen des Jordans.

Nun erkannte man in den Siedlungen eine einzigartige Chance, der syrischen Bedrohung einerseits zu entkommen und andererseits Rache zu nehmen, aber vor allem ging es ihnen um das fruchtbare Land und die reichhaltigen Wasserreservoirs in diesem Gebiet.

Nach zwei Tagen blutiger Auseinandersetzungen eroberte Israel das Gebiet (Quetra eingeschlossen, der Nachbarstadt von Damaskus, die vor kurzem wieder Syrien zugesprochen wurde). Etwa 80000 syrische Araber wurden vertrieben, bevor man auf brutale Weise fast 130 Dörfer dem Erdboden gleichmachte.

Nur die Dörfer der Drusen blieben intakt, nachdem die israelischen Drusen interveniert hatten, die als wichtiger Verbündeter der Israelis galten und neben einer kleinen kirkassischen Gemeinde die einzige nicht jüdische ethnische Gruppe waren, die in die israelische Armee eintreten konnte. Kurz danach wurde das Gebiet von Israel annektiert und besiedelt. Gleichzeitig wurde Ost-Jerusalem annektiert und Teil der »wiedervereinigten Stadt«.

Heute haben einige der chauvinistischeren Führer und Akteure* im öffentlichen Leben die Vorstellung von ethnischen Säuberungen

---

* Etwa Rehavam Zeevi, der kürzlich von einem palästinensischen Mordkommando umgebracht wurde; Rabbi Benny Elon, der derzeitige und frühere Führer der Moledet-Partei; Avigdor Lieberman, Führer einer der russischen Parteien und Ephraim Eitam (Fein), Chef der wichtigen und anerkannten Nationalreligiösen Partei. Viele Namen prominenter religiöser und orthodoxer Rabbis könnten dieser Liste hinzugefügt werden. Der erste Förderer gewalttätiger ethnischer Säuberungen in Israel war Meir Kahane, dessen Kach-Partei 1984 einen Sitz in der Knesset gewann. Im Jahr 1985 wurde eine Zusatzbestimmung verabschiedet, nach der bekennende Rassisten nicht für die Knesset kandidieren dürfen. Um dieses Gesetz zu umgehen, verwendeten Kahane und seine Anhänger daraufhin die Formulierung »Umsiedlung auf eigenen Wunsch«. Da aber bekannt ist, dass höchstens eine kleine Minderheit der Araber gewillt ist, freiwillig zu gehen, darf man diese Formulierung getrost als Lippenbekenntnis zugunsten des Anti-Rassismusgesetzes werten.

ganz offiziell in ihr Programm übernommen und warten nur auf den geeigneten Augenblick, um sie durchzuführen, während die meisten anderen Politiker des rechten Flügels, wie Sharon, schweigen, aber auch niemals moralische Bedenken angemeldet haben. Eine bemerkenswerte Ausnahme ist Benjamin Z. Begin, ein Sohn von Menachem Begin.

Interessanterweise wurden die Vorwürfe der ethnischen Säuberungen von 1948 von israelischen Politikern, Intellektuellen und sogar Historikern bis zum Beginn dieses Jahrhunderts immer wieder zurückgewiesen und geleugnet – abgesehen von einigen so genannten »neuen« oder »revisionistischen« Historikern, die der israelischen Geschichtsfälschung beschuldigt wurden, weil sie angeblich antizionistisch eingestellt waren, sich selbst hassten oder um persönlich bekannt zu werden.

Die offizielle Version der arabischen Flucht lautete, dass die Araber aus Angst vor der inneren Instabilität flohen (was für wenige palästinensische Araber der Mittel- und Oberklasse galt) und weil die Führer anderer arabischer Staaten sie zum Verlassen des Landes aufrufen, damit genug Platz für die arabischen Armeen bereit stünde, die bald eine Invasion in Israel beginnen und die jüdische Gemeinschaft vernichten würden (ein niemals zutreffendes Argument). Als Israel später aufgefordert wurde, die Rückkehr der Flüchtlinge zu akzeptieren, lehnte der Staat mit der Begründung ab, dass eine Änderung der Bevölkerungszusammensetzung und der Besitzverhältnisse stattgefunden hätte: Israel absorbierte die verfolgten Juden aus arabischen Ländern, und die arabischen Staaten erhielten zum Austausch dafür ihre palästinensischen Brüder und die Besitztümer von hauptsächlich irakischen und ägyptischen Juden.

Die ethnischen Säuberungen von 1948 werden heute zwar seltener geleugnet, sind aber noch längst nicht ins öffentliche Bewusstsein gedrungen. Der Kern der rechten Politiker und Siedler sieht die Geschehnisse aber nicht als vergangen an, sondern als einen noch andauernden Prozess. Ihrer Meinung nach ist die Existenz des Staates so lange in Gefahr, bis alle jüdischen Gebiete vollständig »araberfrei« sind.

Der momentanen Regierungskoalition gehören auch Parteien an, die für eine Umsiedlung der palästinensischen Bevölkerung plädieren, um das »demographische Problem« zu lösen. In der Presse werden regelmäßig Politiker zitiert, die für eine gewalttätige Vertreibung der Araber sind, darunter auch die Knesset-Mitglieder Michael Kleiner und Benny Elon (siehe die Website von Yediot Ahronot vom 19. September 2002).

Vor kurzem beschrieb der Stabschef Moshe Ya'alon in einem Interview der Zeitung *Ha'aretz* die Palästinenser als »krebsartiges Geschwür« und verglich die militärischen Aktionen in den besetzten Gebieten mit einer »Chemotherapie«. Moshe Ya'alon ließ dabei anklingen, dass möglicherweise auch ein radikaleres Vorgehen notwendig werden könnte. Premierminister Sharon unterstützte diese »realistische Einschätzung«. Die eskalierende rassistische Demagogie gegen die palästinensischen Einwohner Israels weist auf die Dimension der Verbrechen hin, die vielleicht bereits geplant oder in Erwägung gezogen werden, als warte man nur auf den »richtigen Moment«, um sie umzusetzen.

Ideologie und militärische Praxis

Die militärischen, sozialen, politischen und globalen Bedingungen, die 1947 zur Formulierung von Yigael Yadins Militärdoktrin geführt hatten, haben sich seit März 1948 stark verändert, und das geschah teilweise aufgrund der erfolgreichen Umsetzung dieses Plans. Allerdings gelten einige der grundlegenden Voraussetzungen und ideologischen Auffassungen hinter Plan D auch heute noch. Sie sind tief im Gedankengut des israelischen Militärs und der Gesellschaft verwurzelt und, was noch wichtiger ist, in der wechselseitigen Beziehung zwischen den beiden. Drei dieser Voraussetzungen sind:
1. Die demographische Ungleichheit zwischen den verfeindeten Seiten – die Juden sind immer »die Minderheit«, die Palästinenser »die Mehrheit«. Yadin hat jedoch nie ausdrücklich erklärt, dass sein Befehl zur Zerstörung feindlicher arabischer Dörfer, über die die jüdische Armee keine ständige Kontrolle erlangen konnte, auf einem Mangel an militärischer Stärke beruhte oder etwa auf der Unfähigkeit, eine Armee aufzustellen, die eine direkte Kontrolle über den Anteil der verfeindeten arabischen Bevölkerung ausüben konnte, der unter israelische Oberhoheit gestellt worden war. Die meisten muslimischen und einige christliche arabische Dörfer galten per se als feindlich. Man vertrieb jedoch sogar Teile der arabischen Bevölkerung, die gar nicht als feindlich angesehen wurden, wie zum Beispiel die Einwohner der Maronitendörfer Bir'm und Iqrit oder des muslimischen Viertels im Stadtzentrum von Haifa. Die Annahme einer demographischen Ungleichheit wurde die Grundlage aller weiteren Erklärungen zur nationalen Sicherheit, so auch die von General a. D. Israel Tal aus dem Jahr 1996, die ebenso auf den angenommenen sozialen und politischen Konsequenzen einer David-gegen-Goliath-Situation basierte.

Die große Diskrepanz zwischen der israelischen Siedlergesellschaft und ihrer arabischen Umgebung ist objektiv gesehen wohl das einzige reale Argument in der Debatte um die nationale Sicherheit. Allerdings hat ein »Stratege« auch in diesem Fall große Freiheiten bei der Gestaltung der jüdisch-arabischen Beziehungen.

Dabei gilt folgende Unterteilung: Der »palästinensische Kreis« besteht aus mindestens drei Gruppen. Dazu gehören erstens die palästinensischen Bürger in Israel, die Palästinenser in den 1967 besetzten Gebieten und die Palästinenser, die auf der ganzen Welt verstreut leben (oder in der *gurba*, dem palästinensischen Exil); zweitens die arabischen Staaten, die an Israel angrenzen (Libanon, Syrien, Jordanien und Ägypten); drittens die arabischen Staaten, die nicht an Israel angrenzen (Irak, Saudi-Arabien, die Golfstaaten, Libyen usw.) und häufig als »die arabische Welt« bezeichnet werden.

Sieht man den Konflikt als »Religionskrieg«, ist die gesamte »muslimische Welt« (inklusive Iran, Pakistan und Indonesien) betroffen. Vor ihrem Zusammenbruch wurde zeitweise auch die Sowjetunion als Teil des Konflikts angesehen, aber in diesem Fall hätte man die Situation wohl als Konfrontation von Supermächten bezeichnen müssen. Diese Auffassung ist heute noch in dem Empfinden erkennbar, dass der Westen allein gegen den Rest der Welt stehe. Dieser Konflikt zeigt sich auch im Kontext des weltweiten »Krieges gegen den internationalen Terrorismus«, den George W. Bush nach der Katastrophe vom 11. September 2001 so eindeutig formulierte.

Ferner halten manche religiösen, von Fremdenhass geprägten jüdischen Gruppierungen an der Vorstellung von einer Art kosmischen Ordnung fest, nach der die gesamte oder zumindest fast die gesamte nicht jüdische Welt gegen das jüdische Volk eingestellt ist. Es ist bezeichnend, dass eines der populärsten hebräischen Lieder der sechziger und siebziger Jahre des letzten Jahrhunderts die Zeile »die ganze Welt ist gegen uns« (*ha'olam qulo negdenu*) enthält und die Botschaft vermittelt, dass Gott »uns« retten wird und das jüdische Volk deshalb letztendlich immer geschützt ist. So kann selbst ein objektiver, eigentlich nicht zu leugnender Sachverhalt – die Anzahl der Feinde – manipuliert und verfälscht werden.

2. Die Bedeutung der Siedlungen als Teil der Nation, für die Errichtung eines Staates mit einem Verteidigungssystem und vor allem für die Definition der geografischen, sozialen und politischen Grenzen des Landes. Eine Konsequenz dieser Auffassung war die

Ideologie und militärische Praxis

Entscheidung von 1947, alle Siedlungen zu verteidigen, bei denen dies möglich ist, selbst wenn sie außerhalb der Grenzen des jüdischen Staates liegen. Diese Militärdoktrin ergänzte die Entscheidung, alle 370 arabischen Gemeinden zu zerstören und ihre Bewohner zu vertreiben, die als Gefährdung für die jüdische Expansion angesehen wurden, darunter auch jene außerhalb der 1947 festgelegten Grenzen. Während die Politiker den Teilungsplan 1948 akzeptierten, fällte das Militär Entscheidungen, die seinen Richtlinien erheblich widersprachen. Dieses Muster, politische Entscheidungen den scheinbar militärischen, tatsächlich aber ideologischen Vorgaben unterzuordnen, wiederholte sich in der Zukunft noch häufiger.

3. Die obige Schilderung der Verhältnisse zeigt, dass die Sicherheitsdoktrin des jüdischen Militärs fast von Anfang an auf Angriff ausgerichtet war. Später wurden die offensiven Grundzüge der israelischen Militärdoktrin noch umfassend erweitert und verfeinert. Einige Militärexperten fügten dem offensiven Charakter israelischer Kriegsführung einen so genannten »indirekten Ansatz« hinzu, der dem britischen Militärexperten und Analytiker B.H. Liddel-Hart zugeschrieben wird. Dieser Ansatz beinhaltet den konzentrierten Einsatz von Streitkräften, Täuschungsmanöver, Überraschungsangriffe gegen Schwachpunkte des Gegners mit ungewöhnlichen Mitteln und zu ungewöhnlichen Zeitpunkten sowie bei Erfolg die sofortige Ausbeutung der eroberten Gebiete oder Werte. Der israelische Politikwissenschaftler und Militäranalytiker Dan Horowitz ergänzte diese Strategie um die Taktik der »flexible responsiveness« (der »flexiblen Reaktion«). Horowitz beschrieb die Unübersichtlichkeit eines Schlachtfelds als chaotische Situation, in der die üblichen Befehls- und Kommunikationsketten nicht mehr existieren. In einer solchen Situation operiert jede kleine isolierte Einheit auf eigene Verantwortung, in der Hoffnung, dass das Oberkommando genau dies erwartet. Horowitz schrieb dem israelischen Soldaten die Eigenschaft der »Flexibilität« zu, die er aufgrund seiner Sozialisation erhalten habe, während der arabische Soldat diese Qualität nicht besäße und deshalb völlig von der üblichen Befehlskette abhängig wäre.

Hier haben wir es mit einem raffinierten Beispiel für die Mythologisierung des israelischen Militärs und der Gesellschaft zu tun, ein in den Jahren 1956 bis 1973 weit verbreitetes Mittel, um die militärischen Erfolge Israels und seine uneingeschränkte Vorherrschaft in der Region zu »erklären« und zu konstruieren.

Später schrieb man viele der militärischen Fehlschläge Israels vor allem mangelnder Disziplin, Nachlässigkeit und zu großer Eigeninitiative zu. Solche Verhaltensweisen zeigten sich auch im Zusammenbrechen der Befehlskette, als ranghohe Offiziere, darunter auch Oberste und Generalmajore, nach dem Krieg von 1967 das Kommando über kleinere Einheiten übernahmen und direkt in die Kämpfe involviert wurden – etwas, das auch Ariel Sharon Jahre zuvor getan hatte. Es war diese Mischung aus rationalen Militärdoktrinen und tief verwurzelten ideologischen Überlegungen, die 1967 zum Krieg führte, einem Krieg, den Israel schon von langer Hand sorgfältig geplant hatte.

Die Errichtung einer Herrenvolk-Republik

Für die meisten israelischen Juden war die Eroberung des gesamten britisch kontrollierten Palästina, der Sinai-Halbinsel (vor deren Rückgabe an Ägypten im Zuge des »Land-für-Frieden-Vertrags«) und der syrischen Golan-Höhen eine Möglichkeit, den israelischen Geist einer Expansions- und Siedlergesellschaft wiederzubeleben. Der jüdischen Besiedlung wurden neue Gebiete eröffnet, darunter insbesondere die zentralen Regionen der alten jüdischen Königreiche, essenzielle Komponenten der jüdischen Mythen. Die Übernahme vieler heiliger jüdischer Stätten, die bis 1967 unter jordanischer Kontrolle standen, stärkten das religiöse und messianische Bewusstsein, die chauvinistische Ausrichtung und den Siedlungsdrang der jüdisch-israelischen Gesellschaft als Teil der kommenden Krise. Das Ausmaß, die Leichtigkeit und das überraschende Tempo des Sieges im Jahr 1967 wurden selbst von weniger Religiösen als Zeichen göttlicher Gnade und der Vorherrschaft der Juden in dieser Region angesehen. Nur die Angst vor den demographischen Konsequenzen, die sich durch die Integration einer dramatisch anwachsenden arabischen Bevölkerung innerhalb eines jüdischen Staates ergeben könnten, verhinderte eine volle *De-jure*-Annexion der besetzten Gebiete. Einerseits bezeichnete man die eroberten Gebiete als strategisch wichtige Punkte für die zukünftige Verteidigung Israels, während sie andererseits für den Frieden austauschbar waren.

Vom Beginn der Besatzung an versuchten die Fatah und andere palästinensische politische oder Guerilla-Organisationen, öffentlichen Widerstand und einen Guerillakampf zu organisieren, hatten aber nur begrenzten Erfolg. Immer mehr palästinensische Arbeiter begannen, in Israel Arbeit zu suchen, und wurden in nur 16 Jahren zu der wichtigsten Arbeitergruppe in den Bereichen Landwirtschaft, Bau und Kanalisation. Israelische Produkte überfluteten auch die Märkte der palästinensischen Konsumenten. Der Generalboykott israelischer Produkte durch die Araber wurde umgangen, indem man israelische Produkte umetikettierte, sie als arabische kennzeichnete und dann über die Westbank und den Gaza-

Streifen in die arabischen Staaten exportierte. Die wirtschaftliche Abhängigkeit der Bevölkerung in den besetzten israelischen Gebieten – aber auch die Abhängigkeit Israels von den schlecht ausgebildeten, für Billiglöhne arbeitenden Palästinensern – begann nach 1967 und hat sich bis heute noch verstärkt.

In der Zeit nach 1967 entwickelten die Israelis gleichzeitig zwei informelle Modelle. Das eine war der so genannte (Yigal-)Allon-Plan, nach dem die Grenzen Israels durch die Besiedlung dünner besiedelter Gebiete im Jordantal neu definiert werden sollten. Nach dem anderen Modell sollte die Präsenz der Juden vor allem in dicht besiedelten palästinensischen Gebieten gestärkt werden, damit nie auch nur der Gedanke daran aufkommen konnte, dass man Teile des Gelobten Landes wieder aufgeben würde. Nach dieser Strategie konnten jüdische Siedlungen nicht mehr »entwurzelt« werden, und ihr Bauland wurde Teil des ewigen Erbes der jüdischen Gemeinschaft.

Diese letzte Annahme entbehrte jeder Grundlage, wie die Friedensverhandlungen von Camp David zwischen Ägypten und Israel zeigten, denn dort wurde beschlossen, dass der Austausch von Land für Frieden eine rechtmäßige Vorgehensweise sei.

Nach dem Sieg der rechten Likud-Partei im Jahr 1977 wurden die Gebiete auf der Sinai-Halbinsel an Ägypten zurückgegeben. Zur gleichen Zeit wurde aber die Kolonisierung des Herzstücks des biblischen »Landes Israel« – der Westbank (nun wieder »Judäa und Samaria« genannt) – zur vordringlichsten Aufgabe erklärt. Die wichtigste Triebkraft der Kolonisierung war die Entwicklung einer sozio-politischen Bewegung jüdischer Siedler mit dem Namen »Gush Emunim« (»der treue Block«), insbesondere die Ammanak, die sich auch um neue Siedlungen bemühte.

Der Aufstieg von Gush Emunim war ein Auswuchs der Massenprotestbewegung, die sich durch die wachsende Unzufriedenheit nach dem Krieg von 1973 bildete, in dem Israel von den plötzlichen Angriffen syrischer und ägyptischer Streitkräfte überrascht wurde und heftige Verluste erlitt. Der Krieg von 1973 ließ Zweifel an der militärischen Überlegenheit Israels in der Region aufkommen und verstärkte das Gefühl der Verwundbarkeit des israelischen Staates.

Zwischen den siebziger und neunziger Jahren schufen vor allem extremistische religiöse Siedler eine territoriale Infrastruktur für eine neue Gesellschaft in »Judäa und Samaria«. Diese Siedlungspolitik war nicht nur Teil des politisch-nationalen Auftrags, das »Heimatland« zu erobern, zu besetzen und zu konfiszieren, um die Grenzen Israels weiter auszudehnen, sondern schuf auch die Voraussetzungen für die Errichtung einer sittenstrengen Gemeinschaft, die nach den Regeln der *Halacha* lebt und sich den Urteilen der Rabbis unterwirft.

Es schien, als ob Gush Emunim nicht nur die Berge erobern (oder versetzen) wollte, sondern auch die Herzen der gesamten jüdischen Bevölkerung. Sie sahen sich selbst in der Nachfolge der frühen kämpfenden Siedler und Kibbuzniks und mehr noch, sie versuchten, sich als zionistische Avantgarde Israels zu etablieren. Die Botschaft von »Judäa und Samaria« sollte durch das ganze Land getragen werden.

Die religiösen Revolutionäre wollten, getragen von ihrem Streben nach persönlichem Glück, einem angenehmen Leben und einem tiefen Glauben an ihr Ziel und sich selbst als Repräsentanten (angeblich) kollektiver Interessen und des »wahren und reinen Juden«, einen modernen halachischen Nationalstaat errichten. Er sollte an die Stelle seines Vorgängers treten, der auf seinem »Weg zu Zion« korrumpiert worden war.

Der Erfolg dieser Glaubensrevolution schien gesichert, weil es keine vergleichbare, wirklich annehmbare Ideologie gab, die eine Antwort auf die politischen und sozialen Probleme geben konnte, die sich nach den Kriegen von 1967 und 1973 ergeben hatten. So gesehen waren die Siedlungen und Siedler in den besetzten Gebieten nur die Spitze des Eisbergs. Die Juden oder jüdischen Gruppierungen, die keine Siedler waren und nicht die politische Meinung von Gush Emunim vertraten – oder sogar dagegen waren –, wurden durch das gemeinsame, übergeordnete Ziel, den israelischen Staat so »jüdisch« zu formen wie nur möglich, zu Verbündeten. Obwohl das Judentum für Gush Emunim vor allem durch religiöse Elemente, Pioniergeist, erneuerten Aktivismus und die Bemühung um Sicherheit in den Siedlungen geprägt wurde, schlossen sich viele führende Gruppen, darunter auch weltlich ausgerichtete, ihnen an. Insbesondere beeinflussten sie Kommunisten und Sozialisten, deren tiefe ideologische Krise zu vielen inneren Brüchen geführt hatte. Ferner gelang es Gush Emunim, durch die Öffnung der Grenzen und die Übernahme des gesamten Gebiets, die das ursprüngliche Ziel der zionistischen Kolonisation war, die verborgenen Codes einer politischen Gesellschaft aus Immigranten und Siedlern wieder aufzufrischen, die seit 1948 ihre Gültigkeit verloren hatten. Daher wurden auch die weltlichen Eliten zu Verbündeten von Gush Emunim, da sie der religiöse Kodex der Juden (*Halacha*) und eine gewisse Sympathie für die Handlungen von Gush Emunim verbanden.

Der Entstehung national-religiöser Aktivistengruppen, die die weltlich-sozialistische politische Hegemonie herausforderte, ging ein schleichender Macht-, Prestige- und Effizienzverlust staatlicher Institutionen voraus (zum Beispiel des Militärs). Nach dem Krieg von 1973 geriet aber vor allem die Vorstellung von einem jüdischen Staat aus dem zentralen Blickfeld. Die Macht Gush Emunims verbarg sich hinter dem versprochenen Wiederaufleben des Staates, das sie sanktionierten und für dessen Interessen (die sie selbst definierten) sie sich einsetzen wollten.

Wie oben beschrieben, hat Israel Millionen von Arabern, denen die meisten Bürger- und Grundrechte versagt blieben, seit 1967 direkt und seit 1994 indirekt regiert. Einerseits annektierte Israel die besetzten Gebiete und ihre Bewohner nicht (abgesehen von Ost-Jerusalem und den Golan-Höhen), weil man den Arabern keine Bürgerrechte zubilligen wollte – etwa das passive und aktive Wahlrecht –, andererseits nutzte Israel willkürlich alle Ressourcen der Gebiete für sich (Menschen, Land, Wasser usw.), als ob sie zu Israel gehörten. Im Lauf der Zeit wurde dieser Zustand institutionalisiert, und Israel wurde von einer echten Demokratie zu einer *Herrenvolk*-Demokratie. Dieser Begriff wurde ursprünglich geprägt, um die Situation in Südafrika während der Apartheid zu beschreiben. Er meint ein Regime, in dem ein Teil der Bevölkerung (mit Bürgerstatus) die vollen Rechte genießt und der andere Teil (ohne Bürgerstatus) überhaupt keine. Die israelischen Gesetze sind zu Gesetzen

Die Errichtung einer Herrenvolk-Republik

eines Herrenvolks geworden und die Moral zu einer Gutsherrenmoral. Letztendlich sieht Israel die Bewohner der besetzten Gebiete nur dann als echte Bürger an, wenn es dem Staat gerade opportun scheint. Die israelische Regierung hat ein zweischneidiges Rechtssystem, zweischneidige Gesetze und eine Doppelmoral geschaffen.

Allerdings verhielt sich die Regierung niemals konsequent. Verschiedene israelische politische Gruppen zogen unterschiedliche Lehren aus dem Krieg von 1973. Eine Seite schloss daraus, dass der Frieden eine Notwendigkeit sei und dass Israel bereit sein müsse, dafür auch Gebiete abzutreten (vor allem Peace Now und andere radikalere Gruppen von Friedensaktivisten standen für diese Philosophie).

Sie argumentierten, dass es für die ethnische Zusammensetzung und die Sicherheit der jüdischen Nation und des Staates gefährlich sei, etwa dreieinhalb Millionen Palästinenser kontrollieren zu wollen. Die Schlussfolgerungen und Interpretationen dieser Situation durch ihre politischen Gegner lauteten dagegen, dass der jüdische Staat in dieser Region niemals akzeptiert würde und seine Existenz ausschließlich durch militärische und politische Macht gesichert werden könne. Dazu gehöre auch die Eroberung eines möglichst großen Territoriums. Im Lauf der Zeit überschattete diese Auseinandersetzung alle anderen sozialen und politischen Probleme des israelischen Staates und entwickelte sich zu einem handfesten Kulturkonflikt. Im Grunde ging es dabei natürlich nicht nur um die geopolitischen Grenzen des jüdischen Staates und die Kolonisierung der besetzten Gebiete, sondern um das Wesen des Staates und seines Regimes insgesamt. Außerdem sorgte allein die Existenz dieser beiden politischen Lager – wie auch eine Palästinensergeneration, die sich eher passiv verhielt oder sogar mit den Besatzern kooperierte – für eine lange, einzigartige Phase *permanenter Übergangszeit*, die im In- und Ausland den Eindruck entstehen ließ, die Situation sei nur vorübergehend und umkehrbar.

Dieser Eindruck verschaffte den Besatzern ausreichend Zeit, um zumindest einen Teil der Region zu kolonisieren, ohne dass es zu einer nennenswerten Opposition von Israelis, der internationalen Staatengemeinschaft oder der Palästinenser selbst kam.

Das politische Gleichgewicht schwankte während einer ganzen Generation zwischen den beiden Lagern hin und her, es verlagerte sich ständig, je nach der inneren und äußeren Situation. Da die Zahl und Größe der Siedlungen aber immer weiter anstieg, verstärkten diese »vollendeten Tatsachen« auf lange Sicht die politische Macht der chauvinistischen Gruppierungen und der nationalreligiösen Fundamentalisten. Der wachsende Einfluss des chauvinistischen Lagers vergrößerte auch seine Möglichkeiten, mehr Anhänger um sich zu scharen und mehr politische und materielle Ressourcen anzusammeln, um ihr Projekt, Land in den besetzten Gebieten zu enteignen, weiterzuverfolgen. Im Zentrum der Diskussion stand nicht nur die Zahl der Siedler und Siedlungen, sondern auch der Ort ihrer Ansiedlung. Die Anführer der Siedler verfolgten mit der Hilfe Ariel Sharons die Strategie, ihre Siedlungen überall in den besetzten Gebieten auszuweiten, um einerseits ein zusammenhängendes »jüdisches Territorium« zu etablieren und andererseits die Palästinensergebiete zu isolieren und auseinander zu reißen.

Bemerkenswert ist in diesem Zusammenhang, dass es sich bei den ersten ständigen jüdischen Vertretungen in den besetzten Gebieten – sie wurden zur selben Zeit wie eine Siedlung am früheren Bahnhof von Sabastia nahe der arabischen Stadt Hebron gegründet, in der sich die merkwürdige ethnozentrische Gruppe um Rabbi Moshe Levinger niederließ – um eine Reihe von militärischen Ausbildungslagern handelte. Sie wurden von dem Verantwortlichen für militärische Ausbildung, Ariel Sharon, eingerichtet, dem späteren Minister für Landwirtschaft und nationale Infrastruktur.

Im Jahr 2002 hatten etwa 300 000 Juden in 160 Siedlungen die ganze Westbank und den Gaza-Streifen kolonisiert und bildeten dort etwa 15 Prozent der Gesamtbevölkerung. 65 Prozent von ihnen lebten in mehreren größeren, stadtähnlichen Siedlungen, sie hatten ihren Arbeitsplatz innerhalb der Grenzen Israels (die »Grüne Linie« nach dem Waffenstillstand von 1949). Insgesamt genügte diese Expansion nicht, um das Hauptziel zu erreichen, den Juden eine so massive Präsenz in den besetzten Gebieten zu ermöglichen,

Die Errichtung einer Herrenvolk-Republik

dass ein späterer Rückzug vollkommen unmöglich schien. Im Gegensatz zu den früheren zionistischen Kolonisationsbemühungen scheiterte dies wohl daran, dass die Bemühungen der Siedler keinen großen Rückhalt in der jüdischen Bevölkerung Israels fanden. Allerdings reichten die Siedlungsbestrebungen aus, um die Kontrolle über das palästinensische Land und die begrenzten Wasserressourcen zu bedrohen.

Es gibt, grob gesagt, zwei Arten von Siedlern. Etwa die Hälfte von ihnen hat das ideologische oder religiöse Ziel, das »Land Israel« zu besiedeln und ein territoriales wie politisches *Fait accompli* zu schaffen. Die andere Hälfte sind israelische Juden auf der Suche nach günstigerem Wohnraum und einer höheren Lebensqualität (die Siedlungen werden von der Regierung großzügig subventioniert). Obwohl der Siedlungsprozess nicht auf einen landesweiten ideologischen Konsens bauen konnte und sogar Gegenstand erbitterter Kontroversen innerhalb der politischen Landschaft Israels war, die zu einer tiefen gesellschaftlichen und politischen Spaltung zwischen den »Falken« und den »Tauben«, den Hardlinern und den Gemäßigten führte, wäre es niemals zu der Besiedlung gekommen, wenn der israelische Staat diese Bezirke nicht als offene Grenzgebiete angesehen hätte. Die erste der beiden Gruppierungen ist der Meinung, dass Israel aktiv und mit »harter Hand« gegen die Araber im Allgemeinen und die Palästinenser im Besonderen vorgehen müsse. Dazu gehört auch die Annexion von Gebieten eines »Groß-Israel«, *de facto* oder sogar *de jure*, die durch eine Mischung aus Sicherheitsdenken, Nationalismus und/oder religiösen Erwägungen gerechtfertigt wird.

Kindheit im kolonisierten Palästina

Im Jahr 1982 erlangte Ariel Sharon weltweit zweifelhaften Ruhm, als er in seiner Funktion als Verteidigungsminister unter Premierminister Menachem Begin zum Architekten der israelischen Invasion des Libanon wurde – die den ersten Krieg zwischen Israelis und Palästinensern auslöste. Er war auch derjenige Israeli, der die Hauptverantwortung für die Massaker an Palästinensern durch die mit Israels alliierten Falangisten in den Flüchtlingslagern von Sabra und Shatila trug. Obwohl »Arik« – Ariel Sharons Spitzname – erst während der Invasion international bekannt wurde, war er in Israel schon seit den fünfziger Jahren eine Art Kultfigur – vor allem bei der Jugend und dem inneren Kreis der besonders »Sicherheitsbewussten«.

Ariel Sheinerman (Sharon) wurde 1928 in einer kleinen Dorfkooperative (*moshav*), Kfar Malul, geboren. Dieser Ort liegt ungefähr 15 Meilen nordöstlich von Tel Aviv mitten im britisch kolonisierten Palästina. Sharon hatte keine besonders glückliche Kindheit, vor allem weil sein Vater sich sehr arrogant und wenig entgegenkommend gegenüber den Nachbarn verhielt. Viele Jahre später sollte Sharon sich in seiner Autobiografie mit bitteren Worten daran erinnern:

Die sozialen Spannungen [im Dorf] waren nicht nur auf die Erwachsenen beschränkt. In einer Gemeinde, die aus so wenigen Familien bestand, gab es auch für die Kinder keine Möglichkeit, ihnen auszuweichen. Ich litt darunter, denn ich fühlte, dass die Reibereien zwischen meinen Eltern und vielen ihrer Nachbarn mir eine schwere Last aufbürdeten, dass ihre Beziehungen auch meine Beziehungen beeinflussten. Ich weiß nicht, ob meine Freunde genauso große Schwierigkeiten damit hatten wie ich, die Konsequenzen waren jedenfalls offensichtlich. Wir spielten auf den Feldern und in den Gärten, aber alles endete vor ihren Haustüren. Ich fühlte mich isoliert und allein. Ich fragte mich, wie die Häuser der anderen wohl von innen aussähen. Diese

Kränkungen verletzten mich tief und ließen manchmal Wellen wilder Emotionen in mir aufsteigen.

Glaubt man Uzi Benziman, der 1987 eine Sharon-Biografie veröffentlichte, rüstete Sharons Vater schon den Sechsjährigen mit einem großen Baseballschläger aus, damit er sich und den Besitz seiner Familie verteidigen konnte. Der Junge trug ihn jahrelang mit sich herum, sogar in der Schule, wo er eines Tages nach einem harmlosen Streit einen Mitschüler schwer verletzte. Obwohl sein Vater einen Privatlehrer engagierte, war der junge Sharon nur ein mittelmäßiger Schüler. Ausnahmen waren nur die Fächer Strategie und Taktik sowie Führungsstil.

Seine Klassenkameraden mochten ihn nicht besonders, bewunderten aber seine Orientierungsfähigkeiten und seine Führungsqualitäten. Während des Zweiten Weltkriegs besuchte er ein Gymnasium in Tel Aviv. Später schrieb er, dass er nach seinem Umzug in diese Weltstadt erstaunt war, als er feststellte, dass dort niemand von den Streitigkeiten zwischen seinem Vater und dessen Nachbarn wusste. Als er zum ersten Mal nach New York City reiste, ging es ihm ähnlich.

Seine Grundeinstellung gegenüber den Arabern und den Palästinensern wurde vor allem durch die persönlichen Erinnerungen aus seinem Elternhaus geprägt. Hauptsächlich bestand sie aus Angst und Verachtung. Bei der Ankunft seiner Mutter in diesem Land traf sie auf einen »riesigen« arabischen Dockarbeiter, der die zierliche Dame ohne jede Rücksicht unachtsam vom Schiff auf den Pier hob. In den Memoiren vieler Immigranten ist von einem Trauma die Rede, das entstand, als sie feststellen mussten, dass das »Land Israel« von Arabern bewohnt und regiert wurde. Ein Jahr vor Ariel Sharons Geburt war sein Heimatdorf von arabischen Aufständischen zerstört worden. Im Jahr 1929 erwartete man einen weiteren Angriff, der zwar nicht kam, dessen Erwartung aber dennoch tiefe Spuren in den Erinnerungen der Familie hinterließ und Sharon in zahllosen Familiengesprächen immer wieder vergegenwärtigt wurde. Während des arabisch-palästinensischen Aufstands von 1936 bis 1939 war Ariel Sharon noch ein Kind, aber die Ereignisse jener von Angst geprägten Jahre hinterließen auch Spuren bei ihm.

Tatsächlich stellte sich die Grundsituation so dar, dass die meisten Araber die jüdischen Siedler weder wollten noch willkommen hießen und dass die einheimischen Araber nach 1918 eine ziemlich effektive antizionistische und antibritische nationale Bewegung aufgestellt hatten. Obwohl viele Araber in jüdischen Kolonien oder jüdischen Baufirmen arbeiteten oder Land an Juden oder jüdische Unternehmen verkauften und viele andere oft freundschaftliche Privatbeziehungen zu Juden pflegten, änderte das nichts daran, dass sie Palästina als »Heimatland der Juden« (wie in der Balfour-Erklärung beschrieben) nicht akzeptierten und dass sie glaubten, die Präsenz der Juden in diesem Land sei durch britische Bajonette erzwungen worden. Zu diesen Spannungen kamen die fremdenfeindlichen Tendenzen beider Gemeinschaften, die die gegenseitige Ablehnung noch vertieften und Angst und Hass zwischen Arabern und Juden schürten. In diesem Klima wuchs Ariel Sheinerman auf. Allerdings widmete nicht jeder, der in einem solchen Umfeld heranwuchs, sein Leben dem Kampf gegen die Araber, insbesondere, als sich die Ausgangssituation veränderte.

Während des Kriegs von 1948 diente Sharon als Unteroffizier (obwohl er an einer Ausbildung der militanten jüdischen Untergrundorganisation Haganah scheiterte). Er war bei der verlorenen Schlacht um Latrun dabei, einer Festungsanlage der Briten an der Hauptstraße von Tel Aviv nach Jerusalem. Diese Schlacht gegen arabische Truppen wird heute noch als eine der schlimmsten Niederlagen Israels angesehen. Hunderte israelischer Soldaten starben im Kreuzfeuer, wer nicht fliehen konnte, wurde niedergemetzelt. Sharon selbst wurde bei Latrun schwer verwundet und konnte aufgrund seiner Verletzungen nur an einer einzigen weiteren Schlacht gegen Ende des Krieges teilnehmen.

In jener Schlacht gelang es den israelischen Streitkräften nicht, ein ägyptisches Regiment zu besiegen, das in der so genannten »Tasche von Faluja« umzingelt worden war.

Nach dem Krieg beschuldigten viele Soldaten und Offiziere den israelischen Generalstab der völligen Inkompetenz und der Vernach-

Kindheit im kolonisierten Palästina

lässigung ihrer Pflichten bei der Kriegsführung, nicht nur wegen der beschämenden Niederlagen wie der von Latrun und Faluja, sondern vor allem, weil es immer noch Araber innerhalb der Grenzen des jüdischen Staates gab und es ihnen nicht gelungen war, das ganze Land von der arabischen Dominanz zu befreien. Sharon war einer dieser Soldaten. Während die meisten Menschen heute nicht mehr die militärische Führung beschuldigen (seit dem Krieg von 1973, der Israel unvorbereitet traf) oder der politischen Führungsriege Inkompetenz und mangelnden militärischen Einfallsreichtum vorwerfen, Fehler des Geheimdienstes anklagen oder sogar Verrat wittern, hat Ariel Sharon seine Meinung und sein Verhalten im Laufe seiner langen und von vielen Hochs und Tiefs geprägten, sehr kontroversen Karriere nie geändert. Die Beschuldigungen gegen Vorgesetzte, Kollegen und Untergebene sind ständiger Bestandteil seiner Rhetorik geworden. Er blieb noch eine Weile beim Militär, arbeitete erfolgreich als Bataillonskommandeur unter der Leitung von Oberst Yitzhak Rabin und diente als Sicherheitsoffizier beim zentralen und nördlichen Frontkommando unter Oberst Moshe Dayan. Die beiden altgedienten Offiziere waren von der Leistung, Fantasie und Motivation des jungen, gut aussehenden Offiziers sehr beeindruckt. Sie intervenierten später mehrfach, um Sharons militärische Karriere zu retten, nachdem er sich mit Vorgesetzten überworfen hatte, die Zweifel an seinen abenteuerlichen und verantwortungslosen Maßnahmen und »unpräzisen Berichten« anmeldeten oder die verbalen Attacken gegen alle, die seine Fähigkeiten in der »Kunst des Krieges« kritisierten, nicht hinnehmen wollten.

Kurz nach dem Krieg von 1948 verließ er die Armee, weil er vom Militär enttäuscht war, und die Passivität, die die Politiker der Armee auferlegten, nicht ertragen konnte. 1952 schrieb er sich an der Hebräischen Universität von Jerusalem ein, wo er bis 1953 Geschichte und Orientalistik studierte. Auch nachdem er Student geworden war, hielt er Kontakt zu befreundeten Soldaten und nahm als Reserveoffizier an kleineren Einsätzen in der Gegend von Jerusalem teil.

Sharons erste Runde

Anfang der fünfziger Jahre wurde der durch den Kalten Krieg noch verstärkte Konflikt zwischen Arabern und Israelis zu einem internationalen Problem, als die umliegenden arabischen Staaten mit hineingezogen wurden. Die arabischen Staaten erklärten, einen jüdischen Staat nur dann anzuerkennen, wenn Israel sich hinter die im Waffenstillstandsvertrag von 1947 vereinbarten Grenzen zurückzöge (was Israel bis dahin abgelehnt hatte) und wenn alle palästinensischen Flüchtlinge nach Hause zurückkehren dürften. Israel empfand diese Forderungen als weiteren Versuch, den jüdischen Staat zu vernichten, und lehnte kategorisch ab. Die arabischen Staaten sollten vielmehr selbst die Flüchtlinge aufnehmen, genauso wie Israel die jüdischen Flüchtlinge aufnahm.

Inzwischen hatte sich entlang der Waffenstillstandslinie ein Kleinkrieg entwickelt. Palästinenser aus den Flüchtlingslagern in der Westbank und im Gaza-Streifen griffen die neuen Grenzsiedlungen an, um einen Teil des Landes zurückzuerobern oder um tödliche Rache an den Israelis zu nehmen. Die israelische Regierung ergriff daraufhin Vergeltungsmaßnahmen und erklärte, die feindlichen arabischen Staaten müssten für die Unterwanderung und die Morde die Verantwortung übernehmen. Allerdings wurden die israelischen Gegenmaßnahmen zunächst durch den schlechten Zustand der Armee beeinträchtigt. Im Juli 1952 entschied die Militärführung, eine kleine, gut ausgebildete Spezialeinheit aufzustellen, die mit Vergeltungsaktionen beauftragt werden sollte. Die infrage kommenden Kandidaten wurden diskret und über private Kontakte rekrutiert. Ariel Sharon wurde zum Befehlshaber der Einheit 101 ernannt.

Als Kommandeur der Einheit 101 (die später mit den Fallschirmspringern der Brigade 890 zusammengelegt und zur Fallschirmspringerdivision 202 erweitert wurde) initiierte er einige militärische Einsätze, die an den Grenzlinien zu Jordanien und Ägypten für Zündstoff sorgen sollten. Dank seines scharfen politischen Verstandes hatte Sharon schnell erkannt, dass die relativ jungen Einsatzoffiziere eigentlich mehr Biss hatten als die höherrangigen Offiziere, die weit von den Schlachtfeldern weg waren, ganz zu schweigen von den zivilen Politikern, die von militärischen Angelegenheiten nur wenig Ahnung hatten, aber die »neuen jüdischen Krieger« bewunderten. Ein Einsatzoffizier kann an jeder Grenze für Unruhe sorgen und einen kleinen Zwischenfall zu einem großen Konflikt geraten lassen. Aktivitäten wie diese waren vom Oberkommando abgesegnet, sie galten als begrenzte Reaktionen auf die von Israel so bezeichneten Verletzungen der Waffenstillstandsvereinbarungen durch die arabischen Staaten.

Sharon ging bei seinen Aktionen jedoch weit über das hinaus, was von seinen Vorgesetzten geplant, angeordnet und akzeptiert wurde. Er rechtfertigte dies mit unerwartetem Widerstand der Feinde, unvorhersehbaren Schwierigkeiten und Hindernissen auf dem Schlachtfeld, oder er erklärte, er habe versucht, das Leben israelischer Soldaten zu retten und keine Verwundeten oder Toten zurückzulassen. Letztendlich führten Sharons ausgedehnte Aktionen aber zu einer höheren Zahl von Toten, nicht nur unter den Arabern, sondern auch unter den israelischen Soldaten. In dieser Zeit entwickelte Sharon seine Strategie der Provokation – er hetzte Araber gegen Juden und Juden gegen Araber auf –, die er später im Lauf seiner Karriere immer weiter perfektionierte und die zu einer seiner wichtigsten Vorgehensweisen wurde.

Der erste Auftrag für Einheit 101 kam im September 1953 und zielte darauf ab, die nomadischen Beduinenstämme aus der Negev-Wüste zu vertreiben. Die nicht sesshaften Beduinen erkannten Landesgrenzen traditionell nicht an und zogen selbst nach dem Krieg von 1948 ungehindert zwischen Jordanien, Israel und Ägypten hin und her. Die Israelis sahen in diesen nicht autorisierten Grenzübertritten eine Verletzung der israelischen Souveränität in diesem Territorium (um das sich damals ohnehin mehrere Länder stritten). Der Auftrag wurde effizient und mit tödlicher Grausamkeit durchgeführt. Seit diesem ersten Auftrag hat Sharon von seinem Standpunkt aus gesehen zwei erfolgreiche Feldzüge gegen die Beduinen geführt: In den siebziger Jahren vertrieb er viele von ihnen aus dem Nordosten des Sinai, um dort Land für jüdische

Siedler zu gewinnen, die Sharon 1981 in seinem Amt als Verteidigungsminister selbst evakuierte. Seit dem Jahr 2001 vertreibt Sharon Beduinen aus den Bergen südlich von Hebron, um auch dort Land für jüdische Siedlungen zu gewinnen.

Sharon begann seinen lebenslangen Krieg gegen die Araber im Allgemeinen und die Palästinenser im Besonderen nach jener ersten »erfolgreichen Operation« gegen die Beduinen. Sein nächster wichtiger Plan, den er dem Oberkommando vortrug, sah einen begrenzten Schlag gegen das Flüchtlingslager al-Burg vor, das Unterwanderern angeblich als Basis diente. Als er seinen Soldaten die Details der Operation schilderte, bemerkte – nach Uzi Benziman – einer von ihnen, dass das eigentliche Ziel der Aktion offenbar die Tötung so vieler Zivilisten wie möglich wäre. Der Soldat beschwerte sich, dass dies ein unzulässiges Ziel sei, doch Sharon ignorierte die Bemerkung.

Das Ergebnis der Aktion waren 15 tote Palästinenser, hauptsächlich Frauen und Kinder. Als er nach dem Überfall von seinen Vorgesetzten befragt wurde, gab er an, dass die hohe Todesrate notwendig geworden war, weil er das Leben seiner Soldaten verteidigen musste. Seinen Soldaten erklärte er, dass alle Frauen in den Lagern Huren seien, die den Mördern dienten. Die ägyptische Regierung versuchte später, verunsichert durch den Zorn und die Rachegelüste der Palästinenser, die Antipathien gegen Israel durch die Bildung von zwei palästinensischen Brigaden – »Fedajin« genannt – zu kanalisieren und unter ägyptisches Kommando zu stellen. Die Fedajin führten den Untergrundkampf gegen Israel und wurden später zum Prototyp und symbolischen Modell für die Fatah und andere palästinensische Guerilla-Organisationen.

Von den mehreren Dutzend Überfällen, die die »101« unter dem Kommando von Ariel Sharon durchführte, sind zwei sowohl den Israelis als auch den Palästinensern besonders in Erinnerung geblieben und haben einen sehr speziellen Platz in den Geschichtsbüchern gefunden. Der erste war das Massaker von Qibiya. Qibiya war ein palästinensisches Dorf in Jordanien (Westbank) zwischen Latrun und Qalkilliya. Es wurde am 15. Oktober 1953 angegriffen, als Vergeltungsmaßnahme für die Ermordung von einer Frau und zwei Kindern in der israelischen Stadt Yehud zwei Tage zuvor. Der Grenzkrieg hatte bereits 130 Todesopfer unter der israelischen Zivilbevölkerung gefordert, und die Öffentlichkeit verlangte einen Gegenschlag. Etwa 45 Häuser wurden in Qibiya in die Luft gesprengt, während die Bewohner noch darin waren. 67 Männer, Frauen und Kinder starben. Bei der anschließenden Untersuchung behauptete Sharon, er habe seine Soldaten angewiesen, alle Häuser zu überprüfen, die Bewohner zu warnen und sie aufzufordern, ihre Heime zu verlassen. Die Soldaten bestritten jedoch, einen solchen Befehl erhalten zu haben.

Diese militärische Operation sorgte international für Aufsehen und warf in den wichtigsten politischen und intellektuellen Kreisen entscheidende Fragen auf. Zunächst versuchte Israel, abzustreiten, dass das Militär das Massaker verübt hatte, und behauptete, »wütende Siedler aus den Grenzgebieten« seien dafür verantwortlich. Beim Militär, dem Großteil der Bevölkerung und vor allem der Jugend galt das Massaker jedoch als Erfolg und als etwas, worauf das Land stolz sein konnte. Premierminister David Ben Gurion hörte von der Operation; er vermutete, dass der junge Befehlshaber zur »revisionistischen Strömung« des Zionismus gehörte, und bestellte ihn zu einer Unterredung ein.*

Während dieser Anhörung erkannte Ben Gurion zu seiner großen Zufriedenheit, dass Sharon und seine Familie zur »richtigen« politischen Strömung gehörten (der Arbeitspartei). Außerdem gefiel ihm dieser junge, tapfere, gut aussehende und kluge Offizier – die Verkörperung seiner Vision des »Sabre«, eines gesunden, in Israel geborenen Juden, der nicht unter dem Elend des Exils gelitten hatte. Von da an stand Sharon unter dem persönlichen Schutz des »Alten«, wie Ben Gurion genannt wurde. Es begann eine ganz spezielle Beziehung, auf die Sharon immer zurückgreifen konnte, wenn er nach einem seiner »Abenteuer« in Schwierigkeiten geriet. Moshe Dayan, der kurz zuvor zum Oberbefehlshaber der israelischen Armee er-

---

* Nach dem Krieg von 1948 entfernte Ben Gurion alle politisch engagierten Offiziere aus der Armee, darunter auch Revisionisten und Kommunisten mit Verbindungen zu der linksgerichteten Mapam-Partei, die enge Beziehungen zur Sowjetunion unterhielt. Dadurch vergrößerte sich der Einfluss seiner eigenen Partei (Mapai) auf die Armee.

nannt worden war, wurde zu einem Bewunderer des tapferen Offiziers, bis Sharon seine Befehle ignorierte und ihm »unpräzise Berichte« lieferte. In dieser Zeit entwickelte Ariel Sharon sich auch zu einem Helden der Streitkräfte und der Jugendlichen in den Eliteschulen.

Die fünfziger Jahre waren in Israel eine hochromantische oder zumindest romantisierte Zeit. Um die Rolle von Sharon und seiner Einheit 101 (und später der Fallschirmspringerbrigade bzw. -division) zu verstehen, muss man sich zunächst ein Bild davon machen, welcher Zeitgeist damals herrschte.

In dieser Zeit verdreifachte sich der jüdische Bevölkerungsanteil in Israel. Die neu angekommenen Immigranten, hauptsächlich die aus arabischen Ländern, gefährdeten die kulturelle, politische und wirtschaftliche Position der alteingesessenen Israelis. Das Militär führte die allgemeine Wehrpflicht für alle Juden ein, verlor dadurch aber sein elitäres Image und konnte sein prestigeträchtiges Ansehen und die Mobilität nicht mehr aufrechterhalten.

Die »gute Jugend« (also die Kinder der etablierten Bevölkerung) suchte nach Wegen, um die eigene Dominanz in dem sich rasant verändernden Land zu wahren. Einer davon war der »Gang nach Petra«. Petra war eine alte, aber gut erhaltene Stadt der Nabatäer, die Ruinen einer versunkenen antiken Zivilisation mit Häusern und Schreinen, die aus farbigen, bearbeiteten Steinen bestanden, quasi eine Art Nahostversion eines Inkamonuments.

Petra, auch »der rote Fels« genannt, lag tief in der Wüste Jordaniens, und es dauerte mehrere Tage, um dorthin zu gelangen, wobei man hauptsächlich nachts lief, um das Risiko, von Beduinen oder Soldaten der arabischen (jordanischen) Legion festgenommen und getötet zu werden, möglichst niedrig zu halten.*

Als der Gang nach Petra gefährlicher wurde und die Beduinen und Legionäre ihre Technik verfeinerten, junge israelische Eindring-

---

* Der bekannte Sänger Arik Lavie hatte großen Erfolg mit dem Lied »The Red Rock«, in dem der »Gang nach Petra« und diejenigen glorifiziert wurden, »die nicht zurückkamen«. Nach einer Weile wurde den Radiosendern verboten, das Lied zu spielen, damit nicht noch mehr junge Menschen dazu gebracht wurden, ihr Leben aufs Spiel zu setzen.

linge aus dem Hinterhalt anzugreifen, wurde die Mission noch attraktiver. Viele junge Israelis verloren ihr Leben bei diesem Abenteuer, aber diejenigen, die zurückkehrten, wurden zu inoffiziellen Nationalhelden.

Einer dieser »Helden« war Meir Har-Zion, ein junger Mann, der stärker mit dem Petra-Mythos identifiziert wurde als andere und der außerdem zur Einheit 101 gehörte. Er galt als der ultimative israelische Krieger, eine Art jüdischer Rambo. Anfang 1955 töteten Beduinen seine Schwester Shoshana und ihren Freund Oded Gemeister, die sich auf einer Reise von Jerusalem nach Ein-Gedi (einer kleinen israelischen Siedlung an der Südspitze des Toten Meeres) befanden und eine Abkürzung über jordanisches Gebiet nahmen. Har-Zion zog mit drei Freunden aus der Einheit 101 los, stöberte fünf »verdächtige« Beduinen auf und schnitt ihnen die Kehlen durch. Har-Zion wurde aufgrund dieser »privaten Operation« sechs Monate lang vom Militärdienst suspendiert, aber die Geschichte verbreitete sich schnell unter den Jugendlichen und sorgte dafür, dass Har-Zion, die Einheit 101 und ihr Befehlshaber Ariel Sharon noch mehr glorifiziert wurden.

In seiner Autobiografie schrieb Sharon, dass er versucht habe, Har-Zion von der Durchführung seines privaten Rachefeldzugs abzubringen, aber »mir war bereits klar, dass Meir damals gar nicht in der Lage war, irgendjemandem zuzuhören ... Ich tat das, was mir notwendig erschien. Ich gab ihm Waffen, ich gab ihm ein Fahrzeug und ich gab ihm Yitzhak Ghibli [ein weiterer schillernder Held der 101] als Fahrer, den besten, den ich hatte.« Letztendlich, schrieb Sharon, »handelte es sich bei der ganzen Episode um einen Rückfall in die Zeit der Stammesfehden, um genau die Form ritueller Rache, die die Beduinen ausgezeichnet verstanden«.

Dieser Vorfall ist ein gutes Beispiel für einen weiteren Wesenszug des jüdisch-arabischen, insbesondere des jüdisch-palästinensischen Konflikts – nämlich des Personenkults.

Viele furchtbare Taten wurden von Einzelnen oder kleinen Gruppen beider Seiten begangen, die entweder Blutrache übten oder glaubten, sie könnten mit den Konflikten besser umgehen als die Offiziellen. Ariel Sharon gehörte häufig der letzteren Kategorie an.

Einheit 101 war genauso wie später die Fallschirmspringerbrigade und die -division mehrfach an kleineren und größeren Vergeltungsschlägen und Präventivangriffen beteiligt.* Die entscheidende Operation, die die politischen Realitäten im Nahen Osten von Grund auf verändern sollte, fand im Februar 1955 statt. Es handelte sich um einen Überfall auf eine ägyptische Militärbasis im Gaza-Streifen. Dabei wurden aus einem Hinterhalt etwa 40 ägyptische Soldaten getötet und viele verwundet. Sharon selbst hatte die Operation geplant. Auch acht israelische Fallschirmspringer kamen ums Leben. Nach dieser Attacke entschied der ägyptische Präsident Gamal Abdel Nasser, dass man sich an die Sowjetunion wenden und um Hilfe bitten würde. Die ägyptische Armee sollte modernisiert werden, und die Ägypter hatten neben militärischen Beratern vor allem den bekannten sowjetischen Kampfjet MIG-21 und den Kampfpanzer des T-Typs im Sinn. So kam es zu dem tschechisch-ägyptischen Militärvertrag, der zu einem intensiven regionalen Wettrüsten führte. Im Gegenzug kam es zu einer ähnlichen Abmachung zwischen Frankreich und Israel, die Bestand hatte, bis die Franzosen in einen grausamen Krieg gegen die Befreiungsbewegung in Algerien eintraten. Für Nasser waren die Verhandlungen mit dem kommunistischen Block nicht einfach und auch nicht unproblematisch. In der Phase, als der Kalte Krieg eskalierte, versuchte er mehrfach, mit Pandit Nehru und Tito einen neutralen »dritten Block« zu bilden. Er hatte gehofft, Ägypten unter seiner Leitung zum führenden Staat der arabischen Welt zu machen (die Nasser-Doktrin oder die »Doktrin der drei Kreise« – Ägypten, die arabische Welt und die »nicht-bekannten Länder«), aber der Vertrag mit der Tschechoslowakei untergrub diese Ambitionen, und Ägypten wurde zu einem untergeordneten Partner und Satellitenstaat der Sowjetunion.

---

* Israel führte eine Reihe von Präventivschlägen gegen verschiedene – militärische und zivile – Ziele, in der Hoffnung, dadurch arabische Überfälle in Israel zu minimieren oder sogar zu verhindern. Die israelischen Strategen argumentierten dahingehend, dass Präventivschläge größere kriegerische Auseinandersetzungen in der Region verhinderten. Tatsächlich war aber das Gegenteil der Fall, der Konflikt eskalierte und führte zweimal zum Krieg: 1956 und 1967.

Sharons erste Runde

Der Überfall im Gaza-Streifen war jedoch nur der Anfang. Im Dezember 1955 griffen Sharons Fallschirmjäger syrische Streitkräfte an, die an der Küste des Sees Genezareth (Kinneret) stationiert waren. Fast 60 syrische Soldaten wurden getötet und 30 gefangen genommen. Bei einer anderen Attacke auf eine ägyptische Militärbasis bei Quintile wurden zehn Ägypter getötet und 20 von ihnen gefangen genommen.

Die glücklichste und ruhmreichste Zeit in Sharons Karriere war wohl die Mitte der fünfziger Jahre. Die meisten seiner Pläne für militärische Operationen (und Sharon ist als fleißiger, zwanghafter und sehr fantasievoller Planer bekannt) wurden vom Militärkommando und der Regierung abgesegnet, wenn auch vielleicht nicht in dem Ausmaß, wie er sie dann umsetzte. Seine Aktionen wurden sowohl von seinen Vorgesetzten bei der Armee als auch bei zivilen Verantwortungsträgern mit gemischten Gefühlen aufgenommen, aber niemand wagte es, ihn erfolgreich davon abzubringen.

Es kann kein Zweifel darüber bestehen, dass Sharons Strategie der ungezügelten Vergeltungs- und Präventivschläge zu einer Eskalation des Konflikts beitrug und zweimal sogar zum Krieg führte. Uzi Benziman, Sharons Biograf, beschreibt ihn sogar als Hauptverantwortlichen einer geplanten Eskalation, die einen regionalen Krieg heraufbeschwören sollte (vermutlich, um den 1948 »unerledigt« gebliebenen Job zu vollenden).

Ein Offizier, aber kein Gentleman

Es ist nicht mein Ziel, mit diesem Buch eine neue Sharon-Biografie zu liefern, sondern Sharons Beziehung zu den Palästinensern innerhalb eines breiteren Kontexts und vor einem komplizierten kulturellen Hintergrund zu beschreiben und zu analysieren.

Sharons Machtergreifung wird häufig als Höhepunkt einer bereits eine Generation andauernden Krise innerhalb der israelischen Gesellschaft angesehen. Wenn man Sharons Leben in den Jahren 1956 bis 1982 etwas näher betrachtet, kann man auch die Entwicklung der israelischen Gesellschaft besser nachvollziehen.

Viele Mythen und Legenden ranken sich um diese Zeit. Sie wurden allerdings entweder von Sharon selbst, von dem ihm lebenslang sehr ergebenen Journalisten Uri Dan und von anderen Bewunderern und Experten für Öffentlichkeitsarbeit aufgebracht, die diese Periode als eine einzigartig erfolg- und ruhmreiche Phase im Leben eines militärischen Genies beschreiben. Tatsächlich gab es jedoch in dieser Zeit eine lange Kette militärischer und persönlicher Misserfolge.

Ein typisches Beispiel dafür ist Sharons Rolle während eines Einsatzes als kommandierender Offizier einer Fallschirmspringerbrigade, die im Suez-Krieg (auch »Operation Khaddesch«) eingesetzt wurde. Am 29. Oktober 1956 marschierte Israel nach Absprachen mit Frankreich und Großbritannien* im Sinai ein. Sharon und

---

* Die britischen und französischen Entscheidungsträger waren wütend, weil Gamal Abdel Nasser den Suez-Kanal verstaatlicht hatte. Außerdem vermuteten die Franzosen, dass Ägypten arabische Rebellen aus Algerien mit Waffen und Geld unterstützte. Anfangs war geplant, dass die israelische Invasion den Franzosen und Briten einen Vorwand liefern sollte, um selbst zu intervenieren und sowohl von den Ägyptern als auch den Israelis den Rückzug aus der Kanalregion fordern zu können. Das britische und französische Militär sollte zunächst die Kontrolle über das Gebiet übernehmen, aber letztendlich war das Ziel, Nasser und sein Regime zu stürzen. Israel eroberte die Sinai-Halbinsel sehr schnell, vor allem, weil die Ägypter sich darauf konzentrierten, den Kanal und das Inland zu halten, was ihnen auch gelang. Die britischen und französischen Einheiten waren nach kurzer Zeit besiegt und mussten sich dem gemeinsamen Druck der Vereinigten Staaten und der Sowjetunion beugen und sich zurückziehen. Während des gesamten Kalten Krieges war dies das einzige Mal, dass die beiden Supermächte kooperierten.

seine Fallschirmjäger wurden zum Mitla-Pass geschickt, 140 Meilen hinter den ägyptischen Linien, um dort zwei Ziele zu verfolgen: Erstens sollten sie verhindern, dass die Ägypter ihre Verteidigung gegen die anrückende israelische Infanterie verstärkten, und zweitens sollten sie die wahren Ziele und das tatsächliche Ausmaß der militärischen Operation verschleiern. Sharon weigerte sich, die Befehle auszuführen, die er vom militärischen Oberkommando erhalten hatte, und versuchte auf eigene Faust, über den Pass zum Suez-Kanal vorzudringen, wobei seine Einheit direkt in eine Falle der Ägypter geriet.

Die drei wichtigsten Bestandteile einer militärischen Operation – Kommando, Kommunikation und Kontrolle (die drei »K«) – funktionierten nicht mehr. Die Fallschirmjäger waren von ägyptischen Soldaten umzingelt, die sich in den umliegenden Bergen versteckt hatten. Einen ganzen Tag lang versuchte die Einheit, sich in einem grausamen Kampf aus dem Hinterhalt zu befreien. 28 Soldaten wurden in dieser unnötigen Schlacht getötet, über 100 wurden verwundet. Nach dem Krieg beschuldigten einige Offiziere Sharon, diese Operation nur durchgeführt zu haben, um seinen persönlichen Status zu verbessern. Sharon unternahm auch in den folgenden Kriegen immer wieder Operationen wie diese und beschwor damit einige Kontroversen auf der Kommando-Ebene herauf. In seiner Autobiografie beschrieb Sharon diese Kontroversen als Zeichen von Neid und Mangel an militärischen Fähigkeiten seiner fantasielosen Kollegen.

Nach der Mitla-Affäre geriet Sharons militärische Karriere jedoch für einige Jahre ins Stocken. Als er schließlich zum Oberst befördert wurde, erhielt er ausschließlich Aufträge, die nur von marginaler Bedeutung waren und keinen Feindkontakt beinhalteten. Auch Ben Gurions ständige Versuche, ihm zu helfen, änderten daran zunächst nichts. Sharon beschrieb die vier Jahre, die er ohne aktives Kommando verbringen musste, als eine Zeit der Frustration und des Exils.

Bevor er in dieses »Exil« ging, schickte Dayan ihn jedoch als »Wiedergutmachung« zum Studium auf die Militärakademie nach Surrey in England. Sharon erklärte später, dass diese Zeit sein militärisches Denken stark beeinflusst habe. Er verglich die Taktik der Briten und der Deutschen während der Kämpfe in der nordafrikanischen Wüste im Zweiten Weltkrieg und schloss, dass das deutsche System von Rommel dem britischen von Montgomery bei weitem überlegen war. Der berühmte britische Militärexperte Basil Liddel Hart war derselben Meinung, und seitdem hält Sharon sich für den großartigsten Militärtheoretiker Israels.

·Nur sieben Jahre später, im Jahr 1964, zur Zeit als Yitzhak Rabin Stabschef war, erhielt Sharon eine Position beim Oberkommando, das für die Front im Norden zuständig war. Er versuchte sofort, einen sehr aggressiven Militärkurs gegen Syrien einzuschlagen. Da die anderen Offiziere, darunter auch die im Generalstab, keinen Grund dafür sahen, die Situation an der syrischen Grenze außer Kontrolle geraten zu lassen und dadurch womöglich einen offenen Krieg gegen Syrien zu riskieren, wurden fast alle seine Vorschläge abgelehnt. Dennoch gelang es Sharon, seinen Ruf als tapferer und einfallsreicher Offizier wiederherzustellen. Rabin beförderte ihn zum Generalmajor und wies ihm erneut einen Aufgabenbereich zu, in dem er nicht direkt mit den Kämpfen zu tun hatte. Gleichzeitig erhielt er das Kommando über eine Reserveeinheit. In dieser Position diente er sehr erfolgreich während des Krieges von 1967.

Im Mai 1967 traf Gamal Abdel Nasser seine größte politische Fehlentscheidung. Nach einer langen und blutigen Intervention im jemenitischen Bürgerkrieg hatte er in der arabischen Welt an Ansehen verloren. Um es zurückzugewinnen und die ägyptische Souveränität zu demonstrieren, unternahm er zwei spektakuläre Schachzüge: Er befahl dem ägyptischen Militär, den Suez-Kanal zu überqueren, und forderte gleichzeitig die entlang der Waffenstillstandslinie von 1957 stationierten UN-Streitkräfte auf sich zurückzuziehen. Nach dem Debakel im Jemen war die ägyptische Armee überhaupt nicht auf einen Krieg mit Israel vorbereitet, aber der israelische Generalstab hatte schon seit langem geplant, die ägyptische Armee zu zerstören, die nach dem Krieg von 1956 von der Sowjetunion wieder aufgerüstet und neu formiert worden war.

Ein Offizier, aber kein Gentleman　　　　　　　　　　　　　　　　57

Nassers Maßnahmen dienten der israelischen Regierung zum Vorwand und wurden als Aufforderung zum Krieg bezeichnet, da die nationale Sicherheit Israels bedroht sei. Die israelischen Streitkräfte mobilisierten daraufhin sämtliche Reserveeinheiten.* Während die beiden Armeen bereits aufmarschierten und einander gegenüber standen, zögerte die israelische Regierung unter der Führung von Levy Eshkol, denn sie bezweifelte sowohl die Existenz einer echten Bedrohung durch die Ägypter als auch die absolute Notwendigkeit, darauf militärisch statt diplomatisch zu reagieren. Außerdem galt es, die großen wirtschaftlichen Probleme zu bedenken, die zwangsläufig entstehen würden, wenn man fast alle männlichen Arbeitskräfte des Landes zur Armee einzöge. Während die Regierung noch ihre Optionen abwägte, ergriffen einige Offiziere (darunter auch Sharon) die Gelegenheit, die Bevölkerung davon zu überzeugen, dass Israel vor einer existenziellen Bedrohung stünde. Es kam zu Demonstrationen, bei denen der Rücktritt Eshkols gefordert wurde. Der wachsende Druck der Öffentlichkeit und der versteckte Druck von Teilen des Generalstabs führte zur Bildung eines neuen, dem Krieg zugewandten Kabinetts, in dem der Falke Moshe Dayan als Verteidigungsminister und erstmals auch Mitglieder der ultra-nationalistischen Herut-Partei, angeführt von Menachem Begin, ihren Platz fanden. Der Krieg war so gut geplant und vorbereitet, dass Israels militärischer Nachrichtendienst und die Luftwaffe am Morgen des 5. Juni genau wussten, wo sich jedes einzelne ägyptische, syrische und jordanische Flugzeug be-

---

* Der israelische Historiker Motti Golani fand heraus, dass der israelische Befehlsstab schon vor dem Angriff im Juni 1967 einen Putsch organisiert und jede politische Lösung des Konflikts ausgeschlossen hatte. Der damalige Stabschef Yitzhak Rabin bestätigte: »Nasser wollte keinen Krieg. Die beiden von ihm in den Sinai verlegten Einheiten hätten nicht ausgereicht, um einen Offensivschlag zu führen. Er wusste das, und wir wussten es auch.« (*Le Monde*, 28. Februar 1968). Auch Levi Eshkol selbst bekannte, dass »der Aufbau der ägyptischen Stellungen im Sinai für eine defensive Strategie südlich von Israel sprach«. (*Yediot Ahronot*, Oktober 1967). Am 8. August 1967 verteidigte Premierminister Menachem Begin die Invasion im Libanon mit den Worten: »Im Juni 1967 hatten wir einmal mehr die Wahl. Der ägyptische Aufmarsch im Sinai war kein eindeutiges Zeichen für einen Angriff. Wir müssen ehrlich zu uns selbst sein. Wir waren es, die entschieden, anzugreifen.« (*New York Times*, 21. August 1982).

fand. So konnten fast alle feindlichen Flugzeuge innerhalb weniger Stunden noch am Boden zerstört werden. In seiner Autobiografie erwähnte Sharon kurz, dass »Israels Luftwaffe am Morgen des 5. Juni einen Präventivschlag gegen den ägyptischen Luftraum starten sollte«.

Als die israelische Infanterie mit ihren Panzereinheiten die ägyptischen Militärbasen und Befestigungsanlagen angriff, hatte sie bereits beinahe die vollständige Lufthoheit. Zu den der wichtigsten Mythen, die sich ins Gedächtnis der israelischen wie der westlichen Öffentlichkeit eingeprägt haben, gehört die falsche Annahme, dass Ägypten und Syrien während des Krieges von 1967 (von den Israelis arrogant als Sechs-Tage-Krieg bezeichnet) Israel* angegriffen hätten. Damit wird auch heute noch die Besatzung gerechtfertigt.

Sharon kommandierte eine von drei Einheiten, die einen Überraschungsangriff auf ägyptische Einheiten im Sinai starteten. Sein Ziel war das wichtige ägyptische Militärnetzwerk in Abu-Agella, das sich an der Hauptstraße durch den Sinai befand. Diese entscheidende Schlacht, in der ein Großteil der ägyptischen Streitkräfte zerstört wurde, war vor allem in einer Hinsicht einzigartig: dem Verhältnis der Opfer. Mehrere tausend Ägypter wurden getötet, während die israelischen Streitkräfte nur wenige Tote zu beklagen hatten.

Vermutlich hatte Sharon überlegt, dass die militärische Ausrüstung später leicht ersetzt werden konnte (durch die Sowjets), aber die Ausbildung militärischer Einheiten Jahre dauern könnte. Später, während einer anderen Schlacht tiefer im Sinai, umzingelte Sharon

---

* In den Wirren des Kriegsbeginns griffen die Jordanier, nachdem Ägypten einige angebliche Erfolge gemeldet hatte, zögernd einzelne Punkte in Israel an, um Solidarität mit Ägypten zu demonstrieren und um nach dem Krieg ein großes Stück von der »Beute« abzubekommen. Der Hauptangriff fand in Jerusalem statt, also in einem Gebiet, das traditionell schon seit 1948 ein Streitpunkt zwischen Hashemiten und Israelis war. Israel warnte Jordanien vergeblich vor einem Kriegseintritt. Im Jahr 1973 warnte Jordanien sogar Israel vor einem koordinierten Angriff von Ägypten und Syrien, aber die israelische Regierung ignorierte die Warnung aus mehreren Gründen. Nachdem die ägyptische Armee besiegt war, nutzte Israel die Gelegenheit, auch die Westbank von Jordanien zu erobern. Im Grunde war Jordanien also der einzige Staat, der Israel im Krieg von 1967 angriff.

ein ägyptisches Panzerbataillon in der Gegend von Nakl und zerstörte es vollständig. Auch dabei verloren mehrere tausend ägyptische Soldaten ihr Leben. Aus rein militärischer Sicht bewies Sharon im Krieg von 1967 zweifellos seine Fähigkeit, komplexe Militäroperationen zu planen und durchzuführen, und bestätigte damit sein öffentliches Image, »Israels Krieger Nummer eins« zu sein.

Sharons Ziele gingen jedoch weit darüber hinaus, ein Kriegsheld zu sein. Offenbar hatte er beobachtet, wie Yigal Allon und Moshe Dayan, die inzwischen beide als potenzielle Kandidaten für das Amt des Premierministers galten, ihre militärische Vergangenheit erfolgreich zu ihrem politischen Vorteil nutzen konnten. In seiner Befehlszentrale herrschte ein ständiges Kommen und Gehen – Journalisten, mittelmäßige Autoren und andere Öffentlichkeitsarbeiter –, die ihn mythologisierten und dafür als seine persönlichen Nachrichtenübermittler gelten durften.

Nach dem Krieg agierte Sharon als Oberbefehlshaber der militärischen Ausbildungszentren und Schulen. In dieser Funktion bestimmte er gegen den Willen seiner Vorgesetzten, dass die gesamte praktische militärische Ausbildung in die eroberte Westbank verlegt wurde. Indem er dort eine gewaltige Militärpräsenz organisierte, errichtete Sharon die notwendige Infrastruktur (Straßen, Stromversorgung und Tausende israelischer Soldaten) für die Besiedlung der besetzten Gebiete.

In den ersten Nachkriegsjahren kämpften Israel und Ägypten einen so genannten Zermürbungskrieg entlang des Suez-Kanals. Nach den Vorschlägen des Stabschefs Haim Bar-Lev errichtete Israel Befestigungsanlagen, um die Region zu kontrollieren. Ägypten bombardierte diese Befestigungen drei Jahre lang mit schwerer Artillerie, Israel reagierte aus der Luft und unternahm gelegentlich Überfälle auf das Westufer des Kanals. In dieser Zeit hatten beide Seiten schwere Verluste zu beklagen. Sharon und eine Hand voll weiterer Offiziere wie Israel Tau und Matityahu Peled schlugen einen anderen Weg vor, um diese Linie zu halten, was aus rein militärischer Sicht sicher berechtigt war: Es sollte eine flexible und bewegliche Einsatztruppe gebildet werden, die etwa 15 Meilen vom Kanal entfernt stationiert würde und die sofort sehr schnell gegen jede ägyptische Einheit eingesetzt werden konnte, die den Kanal überquerte, ohne selbst in der Reichweite ägyptischer Artillerie zu liegen. Die Frage, wie der Kanal zu halten sei, wurde zu einem zentralen Thema innerhalb des Generalstabs, aber auch zum Gegenstand einer persönlichen Auseinandersetzung zwischen Sharon und den meisten seiner Kollegen in der »Grube« (die saloppe Bezeichnung für die unterirdischen Hauptquartiere des Generalstabs). Sharon beschuldigte seine Vorgesetzten und andere gleichrangige Offiziere in der Grube ständig der Ignoranz, Dummheit und der Verantwortung für Israels schwere Verluste (im August 1970 war die Zahl auf fast 1500 angestiegen, darunter etwa 360 Tote).

Wie üblich ließ Sharon einiges über die Kontroversen an die Presse durchsickern, damit seine Bewunderer in den Medien die anderen Offiziere diffamierten und unter Druck setzten. Als Sharon vergaß, einige Formulare auszufüllen, entschied sich Bar-Lev, diesen rein bürokratischen Fehler als Vorwand zu nutzen, um Sharon loszuwerden. Dayan und Golda Meir hielten sich aus der Sache heraus, und Sharon wandte sich den Oppositionsführern zu. Er schlug ihnen vor, in der kommenden Wahl für sie einzutreten. Sharon war der erste und wahrscheinlich auch der letzte israelische General, der Parteigespräche führte, ohne die Uniform abzulegen. Damit verletzte er die Regeln aufs Gröbste, handelte jedoch politisch geradezu brillant.

Als der starke Mann der Regierungspartei (Finanzminister Pinchas Sapir) darüber informiert wurde, dass ein populärer General sich anschickte, sich der Opposition anzuschließen, ergriff er die »notwendigen Maßnahmen«, um Sharon in der Armee zu halten. Außerdem erhielt er einen der wichtigsten Posten in der gesamten Militärhierarchie – er wurde Befehlshaber der Südfront.

In den Jahren 1967 bis 1970 wehrten sich die Palästinenser in den Flüchtlingslagern im Gaza-Streifen nur sporadisch gegen die israelische Besatzung. Im August 1970 begann Sharon, mit den übrig gebliebenen Guerilla-Zellen »aufzuräumen«. Er ging systematisch und mit großer Brutalität vor, dabei durchsuchte er buchstäblich jedes Dorf von Haus zu Haus, von Graben zu Graben. Die Armee verhängte tagelange Ausgehverbote und trieb die gesamte

Bevölkerung eines Dorfs oder eines Flüchtlingslagers zusammen (hauptsächlich in den Lagern Shatti und Jebalia), um den Soldaten die Hausdurchsuchungen zu erleichtern und ihnen leichten Zugang zu jedem Teil des Gaza-Streifens zu ermöglichen. Das bedeutete aber auch, dass Tausende von Häusern zerstört und große Teile der Zitrushaine, praktisch die einzigen Nutzpflanzen der Region, im Gaza-Streifen verwüstet wurden. Es wurde der Befehl ausgegeben, jeden Verdächtigen ohne Befragung oder Gerichtsverhandlung zu erschießen. Daraufhin wurden über tausend Menschen ohne Gerichtsverfahren exekutiert oder erschossen. Derartige Kollektivstrafen an der Zivilbevölkerung und die nicht gerechtfertigten Exekutionen waren durch internationale Gesetze streng verboten und wurden als Kriegsverbrechen geächtet. Diese Vorgehensweise – sie wird heute auch in anderen Teilen der besetzten Gebiete angewendet – führte bei Sharons untergebenen Offizieren und Soldaten, aber auch im Generalstab zu einer gewissen Unruhe, wurde jedoch durch Verteidigungsminister Moshe Dayan gedeckt. Dies war der erste Versuch Sharons, das »palästinensische Problem« zu lösen. Sieben Monate später wurde ihm die »Verantwortung« für den Gaza-Streifen entzogen.

Seit den ersten Monaten der Besatzung hatte Israel stolz erklärt, »die fortschrittlichste Okkupation« (das ist natürlich ein Widerspruch in sich) überhaupt zu verwalten, indem sie den Bewohnern der besetzten Gebiete volle regionale Autonomie ohne Einmischung durch die Israelis zusicherte. Mit anderen Worten, sie konnten städtische Dienstleistungen wie Schulen und Stromversorgung selbst bereitstellen. Tatsächlich war sich das israelische Kabinett in den ersten Jahren nach dem Krieg ziemlich sicher, dass die Supermächte ihnen nicht erlauben würden, die besetzten Gebiete zu halten, sondern sie wie schon 1957 dazu zwingen würden, sich zurückzuziehen.

In dieser Annahme beschloss die israelische »Regierung der nationalen Einheit«, der auch Menachem Begin angehörte, am 19. Juni 1967 einstimmig folgenden Vorschlag: Man würde alle eroberten Gebiete an Ägypten und Syrien zurückgeben, wenn es dafür zu einem endgültigen Frieden käme. Der Beschluss wurde nach Washington geschickt, da die Vereinigten Staaten als Vermittler fungieren sollten. Nach den Ergebnissen der Untersuchungen des israelischen Wissenschaftlers Dan Babli haben die USA den Vorschlag jedoch nie an die Gegenseite weitergeleitet. Vermutlich war man nicht daran interessiert, den Suez-Kanal wieder zu öffnen oder Staaten zu helfen, die der Sowjetunion nahe standen.

Im Sommer des Jahres 1968 fanden sich die Führer der arabischen Staaten, die die israelische Botschaft nie erhalten hatten, zu einer Konferenz in Khartum ein. Diese Konferenz endete mit den berüchtigten, an Israel gerichteten »drei Neins«: nein zu Verhandlungen, nein zur Anerkennung und nein zum Frieden. Diese Verlautbarung bekräftigte die traditionelle Ablehnung der Araber gegen das Recht der Juden, in dieser Region überhaupt einen Staat zu errichten. Die Israelis glaubten, die Erklärung von Khartum sei die Reaktion auf das eigene Friedensangebot. Sie ließen es fallen und taten so, als habe es nie existiert.

1968 war die politische Situation in Israel weiterhin verworren und unklar. Einerseits waren die Bevölkerung und ihre Regierung immer noch durch das »Wunder« euphorisiert, das ihnen den Sieg in einem Konflikt gebracht hatte, der als »aufgezwungener Präventivkrieg ohne Alternative« bezeichnet wurde und der Israel angeblich vor der völligen Vernichtung bewahrt hatte. Andererseits hatten die israelische Führung und die politische Elite im Gegensatz zu dem detailliert geplanten Krieg nun keine Vorstellung davon, was man mit den besetzten Gebieten und vor allem mit den darin lebenden Menschen anfangen sollte, die nun plötzlich israelischer Kontrolle unterstanden. Premierminister Levy Eshkol versuchte, mit prominenten Palästinensern aus der Westbank und dem Gaza-Streifen darüber zu verhandeln, wie man ihnen Autonomie gewähren könne und ob die jordanische Regierung an der Administration beteiligt werden sollte. Die Palästinenserführer erklärten jedoch eindeutig, dass sie als besetztes Volk nicht in der Lage seien, mit den Israelis zu verhandeln, und dass der einzige legitime Vertreter der Interessen des palästinensischen Volkes die Palästinensische Befreiungsbewegung PLO sei, damals eine völlig abwegige Vorstellung für die Israelis.

Obwohl sich die israelische Regierung unsicher war, was sie nun mit den besetzten Gebieten anfangen sollte, begann Ariel Sharon bereits, dort für klare Verhältnisse zu sorgen. Dayan und er wollten den Gaza-Streifen für immer der ägyptischen (und palästinensischen) Kontrolle entziehen. Sie stimmten darin überein, dass mehrere tausend Beduinen aus dem nördlichen Sinai und Rafah vertrieben werden sollten, damit man dieses Gebiet für die jüdische Besiedlung vorbereiten konnte. Riesige Gebiete wurden eingezäunt und die Brunnen verplombt. Dayan und Sharon versuchten also, allein über die Zukunft dieser Gebiete und damit vielleicht sogar über die Zukunft der ganzen Region zu entscheiden, ohne das Kabinett und die Knesset zu konsultieren. Dayan propagierte sogar ein Projekt, nach dem am Rand des Sinai eine vollkommen neue Stadt mit dem Namen Yamit gebaut werden sollte. Benziman schreibt, dass Dayan und Sharon sich geradezu blind verstanden, sodass der Verteidigungsminister dem General gar keine schriftlichen Anordnungen zukommen lassen musste.* Vielmehr dachte er einfach nur laut über etwas nach (etwa so: »Wie schön wäre es doch, wenn es in dieser oder jener Gegend keine Beduinen mehr gäbe.«), und Sharon verstand das als Befehl. Zum ersten und einzigen Mal in seiner militärischen Karriere wurde Sharon zum willigen, gehorsamen Soldaten. Die von ihm durchgeführten Operationen wurden später als Maßnahmen zum »Schutz der inneren Sicherheit« gerechtfertigt, eine sehr beliebte Erklärung, die in allen Bereichen der politischen Kultur Israels gern verwendet wird, selbst in der Justiz. Als vertriebene Beduinen vor den Obersten Gerichtshof Israels zogen und Wiedergutmachung für ihre Vertreibung verlangten, wurde ihr Antrag abgelehnt, nachdem Sharon persönlich vor Gericht erschienen war und »Daten« vorgelegt hatte, die »sicherheitstechnische Aspekte« darlegten.

---

* Da sich die klassische Geschichtsschreibung ausschließlich auf schriftliche oder auf Band aufgenommene Dokumente konzentriert, lässt man leicht außer Acht, dass mächtige und gebildete Entscheidungsträger zumeist sehr genau darauf achten, welche Dokumente aufbewahrt und wie diese »im Licht der Geschichte« erscheinen werden. So gesehen sind viele Historiker meist mehr oder weniger unfreiwillige loyale Diener vergangener und heutiger Machthaber.

Aufgrund der engen Zusammenarbeit mit Dayan war Sharon davon überzeugt, dass er den Posten des Oberbefehlshabers bereits in der Tasche hatte. Sowohl der neu ernannte Stabschef David Elazar als auch Premierministerin Golda Meir bestanden jedoch darauf, dass Sharon zuvor seine aktive militärische Karriere beenden müsse. Meir erklärte Sharon sogar zu einer Gefahr für die israelische Demokratie. Sharon reagierte prompt und bat um seine Entlassung. Am 15. Juli 1973 beendete er den aktiven Militärdienst.

Sofort darauf startete Sharon seine politische Karriere. Er begann damit, eine landesweite Medienkampagne zu organisieren, die vor allem zwei Themen hatte: Erstens, dass er aus politischen Gründen gezwungen worden sei, die Armee zu verlassen, und zweitens, dass Israel zwar nur eine regionale Militärmacht sei, die »feige« Regierung sich aber scheue, das Militär einzusetzen, um (nicht weiter erläuterte) politische Ziele zu erreichen. Zur selben Zeit trat er in die Liberale Partei ein, die zum Block Mahal gehörte, einer rechten Parteiengruppierung in der Knesset, der sich auch Begins Partei Herut angeschlossen hatte. Sharon investierte erhebliche Energie, um diese Parteien zusammenzuführen und noch weitere kleinere Fraktionen zu integrieren. Daraus wollte er eine neue Partei formen, die als Motto die »Einheit zur Verteidigung eines größeren Israel« tragen sollte. Sharon glaubte, wenn er noch vor den Wahlen alle Oppositionsparteien zusammenbringen konnte, dann wäre es möglich, die »ewige« Regierungspartei abzulösen. Die neue Koalition könnte ihn dann zum Verteidigungsminister ernennen. Allerdings schlugen alle Anstrengungen Sharons fehl, vermutlich, weil er noch ein unerfahrener politischer Außenseiter war oder weil viele beteiligte Politiker sich gegenseitig misstrauten.

Noch während Sharon versuchte, eine politische Bewegung zu organisieren, brach 1973 der Krieg aus. Mehrere zehntausend Soldaten der ägyptischen Infanterie und einige hundert Panzer überquerten den Suez-Kanal und durchbrachen die Bar-Lev-Linie. Die syrische Armee, die mit Ägypten zusammenarbeitete, griff im Norden die Golan-Höhen an und drohte, in Nord-Israel einzumarschieren. Im Gegensatz zur landläufigen Meinung kam dieser Angriff nicht überraschend. Das israelische Militär und mehrere Nachrichtendienste hatten zahlreiche Warnungen erhalten, in denen selbst die Uhrzeit des Angriffs exakt angegeben wurde. König Hussein persönlich informierte Golda Meir über den bevorstehenden Angriff. Dahinter stand die Überlegung, dass man den Krieg aufschieben oder vielleicht sogar ganz abwenden konnte, wenn Israel Ägypten und Syrien offiziell davon unterrichten konnte, dass es über alle Angriffspläne vollständig informiert war.

Israels Unfähigkeit, den drohenden Krieg zu verhindern, war wahrscheinlich auf ein inoffizielles Treffen in »Goldas Küche« zurückzuführen. Ein Bericht dazu wurde kürzlich von Hanoch Bartov veröffentlicht.*

An dem Treffen, das etwa sechs Monate vor Ausbruch des Krieges stattfand, nahmen Golda Meir, Moshe Dayan und Israel Gallili teil, ein Minister ohne Portefeuille, jedoch der wichtigste Berater Golda Meirs. Gallili erläuterte während des Treffens, dass ein Krieg unausweichlich sei, wenn Israel nicht auf die »großzügigen Angebote« von Sadat reagiere. Sowohl Meir als auch Dayan zuckten nur mit den Achseln und fügten hinzu, dass ein Angriff Israel endlich die Möglichkeit gäbe, die von den Sowjetrussen ausgerüstete Armee ein zweites Mal zu besiegen. Mit dieser arroganten Einstellung wartete Israel also auf den Krieg, doch dieser entwickelte sich dann ganz anders als vermutet. Die Überraschung war die Taktik der Gegner. Mehrere tausend ägyptische Soldaten waren mit leichten, über Funk gesteuerten Sagger-Raketen ausgestattet, die schwere Schäden bei der israelischen Luftwaffe und den Panzerdivisionen anrichteten, wodurch beide in der ersten Phase des Krieges fast vollständig kampfunfähig waren. Auch das Westufer des Kanals wurde mit einer dichten Aufstellung weit reichender Boden-Luft-Raketen verteidigt, die erst später von Infanterie und Panzerfahrzeugen zerstört wurden, als diese den Kanal in westlicher Richtung überquerten.

---

* Es war längst allgemein bekannt, dass Israel über den Angriff von 1973 informiert war und nichts tat, um ihn zu verhindern. In der neuen, erweiterten Ausgabe von David Elazars (Spitzname »Dado«) Biografie liefert Bartov aber auch eindeutige Beweise.

Als Ägypter und Syrer ohne Schwierigkeiten die israelischen Linien durchbrachen und mehrere Stützpunkte entlang des Kanals belagerten, wurden sofort Ariel Sharon und seine Reservedivision (Nr. 143) mobilisiert. In diesem Krieg kämpfte Sharon erstmals ausdrücklich an zwei verschiedenen Fronten: zum einen gegen die ägyptischen Streitkräfte im Süden und zum anderen für seine persönliche Reputation, die er in der Zeit nach dem Krieg politisch umzumünzen hoffte. Es war Sharons Ziel, den Suez-Kanal als Erster von der Ostseite her zu überqueren und von der israelischen Öffentlichkeit als der wichtigste, wenn nicht sogar der einzige Held wahrgenommen zu werden, der den Krieg gewonnen und Israel vor einer Katastrophe bewahrt hatte. Er wollte dieses Ziel mit allen Mitteln und ohne Rücksicht auf andere Überlegungen erreichen. Während dieses Krieges wurde Sharon von anderen Soldaten beschuldigt, die meisten Befehle des Oberkommandos und des Generalstabs zu missachten und alle Pläne zu ignorieren, die nicht mit seinen persönlichen Interessen übereinstimmten. Er ließ die Flanken seiner und weiterer israelischer Einheiten ungedeckt, nur um der Erste auf der anderen Seite des Kanals zu sein. Außerdem wollte er unbedingt seinen Rivalen besiegen, den Divisionskommandeur General Abraham Adan, der ursprünglich vom Oberkommando dafür ausgewählt worden war, zu einem noch zu bestimmenden Zeitpunkt den Kanal zu überqueren, um eine Gegenoffensive zu starten.* Sharons Einheit sollte einen Zugang zum Kanal erkämpfen, einen Brückenkopf am Westufer errichten und halten sowie der Einheit von General Adan bei der Überquerung des Kanals Feuerschutz geben.

Am 9. Oktober entdeckte ein kleiner Spähtrupp aus Sharons Division einen kleinen, ungedeckten Spalt zwischen der zweiten und der dritten ägyptischen Armee, der sich östlich über den Kanal zog. Sharon, dessen Einheit weder vollständig ausgerüstet noch

---

* Der Krieg von 1973 wird auch der »Krieg der Generäle« genannt (zumindest von den Generälen selbst), da diese sehr darauf bedacht waren, wie ihre Erfolge oder Niederlagen wohl ihr persönliches Prestige beeinflussen könnten. Während andere ältere Offiziere aber hauptsächlich an ihren Platz in der Geschichte dachten, hatte Sharon konkrete politische Pläne für die nahe Zukunft.

mit ausreichend Reservisten ausgestattet war, fragte beim Generalstab um Erlaubnis, den Kanal überqueren zu dürfen, um in den Spalt vorzudringen und bei den ägyptischen Streitkräften und ihrem Oberkommando für Verwirrung zu sorgen. Sharons Vorschlag wurde als extrem riskant bezeichnet und aus zwei Gründen abgelehnt. Zum Ersten hatte Sharon nur wenige Kräfte zur Verfügung, die im Übrigen nur von einer Hand voll Panzer unterstützt wurden und nicht auf Deckung aus der Luft hoffen konnten. Den konzentrierten Streitkräften der Ägypter in diesem Gebiet wäre es ein Leichtes gewesen, sie zu zerstören. Zum Zweiten erwartete die Militärführung eine Großoffensive der Ägypter gegen Israel – die auch tatsächlich stattfand – und entschied deshalb, keine israelischen Einheiten zu verstreuen, insbesondere keine schlecht ausgerüsteten und unterbesetzten Divisionen. Aus demselben Grund hatte das Oberkommando Sharons früheren Vorschlag abgelehnt, mit seiner Division eine Operation anzuführen, um die verzweifelten Soldaten an der Kanallinie aus der Belagerung zu befreien.

Mitte Oktober sah Sharon schließlich die Chance, den Kanal zu überqueren. Sein Ehrgeiz, der Erste zu sein, führte zu vielen unnötigen Opfern unter den Israelis. Mehrere Brigaden blieben ungedeckt und eine Reihe von Soldaten drang tief in ägyptisches Territorium ein, ohne dafür ausgerüstet zu sein oder Rückendeckung zu bekommen. Sharon erlitt nur eine kleine Wunde an der Stirn. Anschließend ging jedoch ein Foto des Generals durch das ganze Land und um die Welt. Er ritt blutend über afrikanisches Gebiet, umgeben von Soldaten, die bewundernd »Arik, König von Israel« skandierten. Trotz seiner höchst kontroversen militärischen Entscheidungen galt er nun einmal mehr als »Retter Israels«.

Der Hüter der Siedler

Direkt nach den Waffenstillstandsverhandlungen mit Ägypten und Syrien schwappten mehrere Protestwellen über Israel, die erstmals im gesellschaftlichen Segment der Mittelklasse ihren Ursprung hatten. Die zurückkehrenden Soldaten erzählten zu Hause nicht nur von den Schrecken des Krieges, sondern auch von dem schlecht vorbereiteten Oberkommando, der Verwirrung und der mangelhaften Führung. Die Demonstranten forderten, dass auch die politischen Vertreter zu ihrer Verantwortlichkeit standen, insbesondere Golda Meir und Moshe Dayan. Der öffentliche Protest wurde immer stärker, obwohl die Bevölkerung kaum etwas darüber wusste, welches Maß an Verantwortung für diesen kostspieligen und blutigen Krieg auf Seiten der politischen Führung lag. Im politischen Diskurs und den Gesprächen auf der Straße tauchten plötzlich neue Begriffe auf, etwa *mehdal*, womit die Unfähigkeit bezeichnet wurde, sich auf einen Krieg, der ganz offensichtlich kommen würde, vorzubereiten und darauf zu reagieren; oder *kontzeptia*, was sich auf die falsche Vorstellung bezog, dass die Araber unter den bestehenden territorialen und geopolitischen Bedingungen gar nicht auf die Idee kämen, Israel anzugreifen. Diese Begriffe zeigten, wie wenig die Öffentlichkeit, ja sogar die intellektuelle Elite darüber wusste, was den Krieg tatsächlich ausgelöst hatte, dem 26 000 Israelis und mehrere tausend ägyptische und syrische Soldaten zum Opfer fielen. An dieser Stelle muss erwähnt werden, dass erst die Bedeutung und Konsequenzen des Krieges von 1973 klar hervortreten mussten, bevor sich die Mehrheit der israelisch-jüdischen Bevölkerung der Probleme bewusst wurde, die eine Okkupation von 1,5 Millionen palästinensischer Araber mit sich bringen musste. Vielleicht lag es ja daran, dass man die Situation immer noch als vorübergehend ansah.

Aus soziologischer Sicht bringt die militärische Okkupation eine einzigartige soziale Ordnung mit sich. Hier existiert ein Regime, das einem Krieg folgt und von einer fremden Macht beherrscht wird. Unter einem solchen Regime werden fast alle bürgerlichen und

Der Hüter der Siedler

politischen Rechte der Bevölkerung außer Kraft gesetzt. Seit dem 19. Jahrhundert werden die Menschenrechte jedoch offiziell durch internationale Konventionen und Gesetze geschützt. Besatzungen gelten als vorübergehend, da man allgemein annimmt, dass es untragbar ist, einer Nation dauerhaft die Bürgerrechte oder das Recht auf Selbstbestimmung zu verwehren. Es gibt drei Möglichkeiten, eine Besatzung zu beenden: Rückzug der Okkupationsstreitmacht und die Wiederherstellung der vorherigen Ordnung; die Bewilligung der Selbstbestimmung durch die inländische Bevölkerung; oder die Annexion des Gebiets durch den Besatzer, der daraufhin der besetzten Bevölkerung dieselben Bürgerrechte einräumt wie der seines Heimatlandes. Die internationale Gesetzgebung erkennt ein Recht auf Widerstand gegen die Besatzung an, allerdings nur unter strengen Auflagen, zu denen beispielsweise das Verbot gehört, Zivilisten absichtlich zu töten. In Israel fand der Diskurs über die Zukunft der »Gebiete« nur innerhalb einer kleinen Elite und unter Politikern statt. Nach 1973 verließ die Öffentlichkeit nicht nur die Euphorie, die nach dem Krieg von 1967 herrschte, sondern es wurde auch zunehmend deutlich, wie komplex die Situation war, in der man sich befand.

Die anfangs etwas ungeordnete öffentliche Protestbewegung spaltete sich allmählich in zwei entgegengesetzte Lager und formte zwei außerparlamentarische Bewegungen mit eindeutigen Strukturen. Die eine Gruppe wollte aus nationalistischen, religiösen und sicherheitsrelevanten Motiven erreichen, dass das gesamte Gebiet des historischen Palästina sowie die syrischen Golan-Höhen »auf ewig« annektiert werden sollten. Diese Gruppe war ferner der Meinung, dass alle Gebiete von der Basis des Volkes besiedelt (»kolonisiert« wäre unter den gegebenen Umständen wohl der passendere Ausdruck) werden sollten, damit der Staat gezwungen sei, sie zu verteidigen. Der Kern dieser Bewegung war die nationalreligiöse Bewegung Gush Emunim (der treue Block), die hauptsächlich aus einigen jugendlichen Rebellen von der National-religiösen Partei, der so genannten »jungen Garde« bestand. Die zweite Protestgruppe kam zu anderen Ergebnissen. Für sie waren die besetzten Gebiete eine einzigartige Gelegenheit zur Friedenssicherung, durch sie bot sich die Möglichkeit, von den Arabern die Anerkennung des Rechts auf einen jüdischen Staat einzufordern bzw. gegen Rückgabe eines Großteils der eroberten Gebiete einzutauschen. Das war der Beginn der Peace-Now-Bewegung, der von Anfang an so viel Feindseligkeit entgegengebracht wurde, vor allem aus der unteren sozialen Schicht der jüdischen Bevölkerung.

Um die Bürger nach dem katastrophalen Krieg zu befrieden, richtete das Kabinett eine Untersuchungskommission ein, die von dem allgemein geachteten Bundesrichter Shimon Agrant geleitet wurde. Die Ziele der Kommission waren sehr eng gesteckt, sie bezogen sich ausschließlich auf die korrekte Pflichtausübung einiger militärischer Befehlshaber während eines bestimmten Zeitraums. Nach ihrer Untersuchung befand die Kommission nur den Stabschef David Elazar, den Befehlshaber an der Front im Süden, Shmuel Gonen, und den Chef des militärischen Geheimdienstes des fehlerhaften Verhaltens im Krieg für schuldig. Sie wurden daraufhin entlassen.

Bei der verspäteten Wahl im Dezember 1973 war die Öffentlichkeit noch nicht bereit, die Regierungspartei für ihre »Nachlässigkeit« und ihr Versagen zu bestrafen, obwohl es bereits zu großen öffentlichen Protesten gekommen war. Dieser Protest nährte sich teilweise aus Sharons lautstarken Anschuldigungen gegen die militärische und politische Führung und ihre Politik, vor allem gegen die kurzfristige Abmachung mit Ägypten, die Streitkräfte beider Länder umzuverlegen – diese Vereinbarung wurde später zur Grundlage der Friedensgespräche. Während des Krieges hatte Sharon sich dagegen gewandt, die Waffenstillstandsvereinbarung der Vereinten Nationen anzunehmen.

Er war besorgt darüber, dass Israel bald nicht mehr in der Lage sein würde, wirksame Abschreckungsmechanismen zu aktivieren, und forderte deshalb, so lange weiterzukämpfen, bis Israel einen entscheidenden Sieg über Ägypten erzielt hätte. Bei dieser Wahl vergrößerte die rechte Oppositionspartei Likud ihre Macht in der Knesset von 29 auf 39 von 120 Sitzen, obwohl sie innerlich zerrissen war. Einen der Sitze eroberte Ariel Sharon.

Sharon glaubte, dass der graue Alltag der Parlamentsarbeit eines Hinterbänklers der Opposition nicht zu seinem Temperament, seinem Charakter und seinen Ambitionen passte. Außerdem behinderten ihn die wechselnden Verdächtigungen und das Misstrauen, das sich zwischen altgedienten Politikern und dem ziemlich selbstherrlich auftretenden Newcomer entwickelte. Sharon verließ das Parlament, als die Knesset eine Regelung beschloss, die es Parlamentsmitgliedern verbot, gleichzeitig eine hohe militärische Position zu bekleiden. Eigentlich hatte Sharon schon länger nach einer Gelegenheit gesucht, in den aktiven Militärdienst zurückzukehren und endlich den Posten zu bekommen, der ihn am stärksten reizte: Stabschef der israelischen Armee. Golda Meirs Rücktritt, die Nominierung von Yitzhak Rabin für das Amt des Premierministers, die intensiven Auseinandersetzungen zwischen Israelis und Palästinensern an der israelischen Grenze und die »Säuberung« des Befehlsstabs nach den Untersuchungsergebnissen der Agrant-Kommission erschienen Sharon als glücklicher Umstand, um eine aktive Rolle bei der Bestimmung der israelischen Militärpolitik einzunehmen.

Nach der Vertreibung der Fatah und anderer palästinensischer Guerilla-Organisationen aus Jordanien, die den blutigen Zusammenstößen im September 1970 gefolgt war, übernahm die PLO die Kontrolle über Gebiete im Südlibanon und errichtete dort nach und nach eine Art Staat im Staat. Ihr Hauptquartier befand sich im Viertel Fakahani in West-Beirut. Von ihren Stützpunkten im Südlibanon aus starteten die palästinensischen Guerilla-Organisationen eine ganze Serie von Überfällen, die sich hauptsächlich gegen zivile Ziele innerhalb und außerhalb Israels richteten.

Diese Überfälle der palästinensischen Untergrund- und Widerstandsbewegungen begannen Mitte der 1960er Jahre und hielten zwei Jahrzehnte lang an. Bei Hunderten von Überfällen kam es zu zahllosen Todesopfern, darunter viele Zivilisten. Allerdings starben die meisten Terroropfer bei fehlgeschlagenen Rettungsoperationen von Militär- und Polizeieinheiten, die versuchten, Geiseln zu befreien, die die Palästinenser gefangen hielten, um ihre Verhandlungsposition zu verbessern und die Freilassung von palästinensischen Kämpfern in israelischen Gefängnissen oder Lagern zu erzwingen.

Die Ereignisse von Ma'alot und Avivim, bei denen 21 Kinder getötet und 68 verletzt bzw. neun Kinder getötet und 19 verletzt wurden, gehören beide in die Gruppe misslungener Rettungsoperationen. Ein drittes Beispiel: Am 11. März 1978 versuchte die israelische Armee, einen gekaperten Bus zu erobern. Dabei starben 39 Passagiere, die hauptsächlich aus kleinen, armen Grenzsiedlungen stammten. Die Angriffe beschränkten sich nicht auf israelisches Gebiet, sondern richteten sich gegen israelische Ziele auf der ganzen Welt. Am 5. November 1972 wurden mehrere Mitglieder der israelischen Olympiamannschaft in München als Geiseln genommen. Bei der Rettungsaktion durch deutsche Spezialeinheiten wurden elf israelische Athleten getötet. Die palästinensischen Untergrundorganisationen arbeiteten mehrfach mit anderen Vereinigungen wie der Baader-Meinhoff-Gruppe, der IRA und der japanischen Roten Armee zusammen.

So kam es, dass eine Einheit der japanischen Roten Armee zusammen mit der populären Befreiungsbewegung Palästinas bei der so genannten »Operation Deir Yassin« einen Anschlag auf den Ben-Gurion-Flughafen verübten, bei dem mehrere Dutzend Menschen starben. Noch entsetzlicher waren die weltweit verübten Anschläge auf Verkehrsflugzeuge. Die palästinensischen Untergrundkämpfer entführten die Flugzeuge und sprengten sie manchmal noch während des Fluges. Diese vollkommen unerträglichen Angriffe auf die internationale Völkergemeinschaft wurden hauptsächlich, wenn auch nicht ausschließlich, von kleineren palästinensischen Untergrundorganisationen durchgeführt.

Der Terror ist oft die einzige Waffe der Schwachen gegen einen starken Gegner wie etwa einen Staat, der regional oder weltweit große Macht besitzt. Allerdings ist er auch ein Mittel zur Ausübung willkürlicher Gewalt gegen Zivilisten, um militärische oder politische Ziele durchzusetzen, wie dieses Buch zeigt. Im Übrigen unterliegt der Begriff »Terror« der Interpretation. Was die eine Seite in einem Konflikt als Terror bezeichnet, kann die andere Seite als legitimen Widerstand gegen eine Besatzung oder gegen ethnische, religiöse oder nationale Unterdrückung sehen. Die Definition einer Situation (also »Terror« im Gegensatz zu »Widerstand« oder »bewaffneter

Kampf«) ist selbst Gegenstand des Konflikts, in diesem Fall zwischen Israelis und Palästinensern. Natürlich muss dabei unmissverständlich klargestellt werden, dass das absichtliche Töten von Zivilisten oder der Versuch, sie in lebensgefährliche Situationen zu bringen, als Kriegsverbrechen und als Menschenrechtsverletzung zu bezeichnen ist.

Es ist moralisch falsch, wobei es keine Rolle spielt, ob es sich bei den Tätern um nichtstaatliche oder Untergrundorganisationen handelt oder um einen »legitimen« Staatsapparat. Dasselbe Prinzip gilt für die juristisch nicht legitimierte Ermordung von Terrorverdächtigen durch einen Staat (siehe dazu den zweiten Teil dieses Buchs), wie etwa Israel, die Vereinigten Staaten und Großbritannien.

Es hat den Anschein, als ob wir es riskieren, in eine moralische Zwickmühle zu geraten, wenn wir diese Position einnehmen. Wenn es zu einer extremen Ungleichheit der Macht zwischen schwachen und staatenlosen ethnischen Gruppen (wie den Palästinensern) und starken Autoritäten (wie Israel) kommt, scheint die Definition eines legitimen und begrenzten Widerstands eher der stärkeren Seite des Konflikts zugute zu kommen. Wie wir aber noch sehen werden, ist dies nur ein vermeintliches, kein reales Problem.

Einerseits geriet das Palästinenser-Problem aufgrund der Terroranschläge zu einem wichtigen Teil der internationalen Tagesordnung. Die Anschläge trugen auch dazu bei, dass aus einem humanitären Flüchtlingsdrama offiziell wieder eine politische, nationale Forderung nach Selbstbestimmung wurde. Andererseits schuf erst der Terror das »existenzielle Bedürfnis« der Israelis, den Politizid am palästinensischen Volk zu vollziehen. Dieses zeigte sich besonders klar und lebendig im Verhalten Sharons während zweier verschiedener Perioden. Die frustrierten und verzweifelten Palästinenser griffen nur zu Terroranschlägen, um internationale Aufmerksamkeit zu erregen und die Israelis zu Verhandlungen zu zwingen, aber ihr bewaffneter Kampf zog furchtbare Vergeltungsschläge der Israelis nach sich und wurde fast einhellig von der internationalen Völkergemeinschaft verurteilt. Ihre Strategie stigmatisierte sie und ließ die Palästinenser als blutrünstige Terroristen und Untermenschen erscheinen, mit denen keinerlei Annäherung oder Verständigung möglich war. Israel dagegen konnte die Unterdrückung der Palästinenser fortsetzen, ja sogar verstärken und dennoch behaupten, es handle sich nur um Selbstverteidigung. In letzter Zeit haben die Terroranschläge ein inneres politisches Klima geschürt, in dem eine zweite Nakba nicht mehr unvorstellbar ist.*

Einmal mehr wechselte Sharon das politische Lager. Er verließ die Likud-Partei und schloss sich der regierenden Arbeitspartei von Premierminister Rabin an. Von Juni 1976 an arbeitete er dort acht Monate lang als Sonderberater. In seiner Autobiografie fasste Sharon diese Zeit so zusammen: »Es war eine fruchtbare Zeit, ich sammelte Erfahrung auf einem mir neuen Gebiet und war gezwungen, nationale Probleme aus der Sicht eines sitzenden Premierministers zu sehen. Außerdem kam ich in Kontakt mit den mächtigsten Menschen der Welt. Mit Rabin habe ich erstmals Henry Kissinger getroffen. Er sah mich an und murmelte jovial: ›Ich höre, Sie sind der gefährlichste Mann im Nahen Osten‹.«

Entgegen Sharons idyllischer Beschreibung dieser Zeit erhielt er von Rabin keineswegs einen Freibrief für seine eigenen Initiativen, sondern Rabin ließ ihm die wichtigsten Informationen gar nicht erst zukommen. Dennoch war dies eine wichtige Zeit für ihn. Er entwickelte einen Masterplan für die jüdische Besiedlung der besetzten Gebiete, um vor Ort »für klare Tatsachen« zu sorgen und es unmöglich zu machen, sie der jüdischen Kontrolle wieder zu entziehen. Während seiner Zeit als Rabins Sonderberater verbrachte Sharon viel Zeit mit der Entwicklung einer strategischen Einstellung gegenüber den Palästinensern. Vielleicht zum ersten Mal sah Sharon die Palästinenser nicht nur durch das Zielfernrohr, sondern nahm eine breitere geopolitische Position ein. Er unter-

---

* Zur gleichen Zeit, im Juli 1974, sprach man im zwölften Palestinian Nationalcouncil erstmals ernsthaft über die Einrichtung »einer palästinensischen nationalen Autorität in einem Gebiet außerhalb israelischer Kontrolle«, also die so genannte Mini-Staat-Option. Angesichts dieser Resolution und der Möglichkeit einer palästinensischen Beteiligung bei den Genfer Friedensverhandlungen reagierte Israel, indem es behauptete, die weit reichende PNC-Resolution sei nur ein weiterer Plan, um Israel zu zerstören. Übrigens veranlasste die Resolution George Habash, den Führer der Populären Befreiungsfront Palästinas, seinen Posten im PLO-Vorstand zu verlassen und mit einigen syrischen Untergrundgruppen die Widerstandsfront zu gründen.

suchte die Möglichkeit, den Palästinensern die Gründung eines eigenen Staates in Jordanien zu erlauben, sie aber politisch, militärisch und gesellschaftlich vollständig aus dem Libanon zu verbannen. Im Zuge dessen trat er auch erstmals in Kontakt mit Major Sa'ad Haddad, dem Kommandeur einer pro-israelischen Miliz im Südlibanon. Sharon brach sogar ein wichtiges israelisches Tabu und erklärte mehrfach seine Bereitschaft, mit der PLO zusammenzuarbeiten, um Jordanien zum neuen Palästinenserstaat zu machen. Er deklarierte die christlichen Maroniten im Libanon zu »natürlichen Alliierten« Israels (nach dem Ausbruch von Unruhen im Libanon) im Kampf gegen die Palästinenser. Nach den politischen Umwälzungen infolge der Wahlen von 1977, die Sharon seine Berufung zum Landwirtschaftsminister und zum Vorsitzenden des Siedlungskomitees sowie später zum Verteidigungsminister einbrachten, versuchte er, diese Ideen umzusetzen.

Eines der Vorhaben Sharons während seiner Zeit als Verteidigungsminister scheiterte kläglich: der Aufbau einer bewaffneten, gegen die PLO gerichteten Miliz mit dem Namen »Village League« unter der Leitung eines israelischen Verwalters und Professors der Hebräischen Universität, Menachem Milson.

Zur gleichen Zeit unterstützten die Israelis, die für die besetzten Gebiete die Verantwortung trugen und von »Nahostexperten« beraten wurden, islamische Gruppierungen, da man glaubte, diese als Gegengewicht zum Nationalismus der PLO leichter kontrollieren zu können.

Rabins Regierungszeit endete schon nach relativ kurzer Zeit, hauptsächlich aufgrund eines Zwischenfalls mit der National-Religiösen Partei und weil Rabin ein unerlaubtes Konto in New York besaß. Neuwahlen wurden für den 17. Mai 1977 angesetzt. Sharon konnte nicht zur Likud zurückkehren und trat mit seiner eigenen Partei »Shlomzion« an, die zwei Sitze gewann. Das entscheidende Ergebnis dieser Wahl war jedoch der einem Erdrutsch gleichkommende Verlust der Arbeitspartei, die einen Großteil ihrer Stimmen an eine neu gebildete, in der politischen Mitte angesiedelte Partei der Mittelklasse abgeben musste. Deren Name »Dash« stand für »Demokratische Bewegung für den Wechsel«. Angeführt wurde sie von dem anerkannten Professor für Archäologie, Yigael Yadin, der auch aus dem Fernsehen bekannt war und der seinerzeit als Offizier Plan D formuliert und durchgeführt hatte. Nach israelischem Recht konnte der Vorsitzende der Partei, die die meisten Stimmen auf sich vereint, Premierminister werden, wenn er sich auf eine Koalition verständigte. Dieses Mal fiel die Wahl auf Menachem Begin. Ariel Sharons kleine Partei verschmolz mit der Likud, er selbst erhielt das Amt des Landwirtschaftsministers. Moshe Dayan hatte inzwischen die Partei gewechselt und wurde mit dem Amt des Außenministers belohnt. Ezer Weizman, Kommandeur der Luftwaffe im Krieg von 1967, wurde Verteidigungsminister.

In diesem Kabinett entwickelte Sharon sich zu einem der wichtigsten Vertreter der Siedlerinteressen, er setzte sich noch stärker ein als sein Vorgänger Shimon Peres. In seiner Autobiografie brüstet Sharon sich damit, in den ersten vier Jahren als Minister für die Neugründung von 64 Siedlungen in den besetzten Gebieten verantwortlich gewesen zu sein.

An dieser Stelle sollten wir an die 55. Bestimmung der Haager Konventionen denken, in der festgelegt ist, dass Besatzungsmächte ein Land nur vorübergehend verwalten, das Land selbst sowie Bodenschätze und Ähnliches nur zeitweise nutzen dürfen. Das Schaffen »klarer Tatsachen vor Ort« ist nicht gestattet. Die Umsiedlung ganzer Bevölkerungsteile vom Land der Besatzer in das Land der Besetzten ist ebenfalls verboten. Alle jüdischen Siedlungen in den besetzten Gebieten sind also nach internationalen Gesetzen illegal und bestenfalls vorübergehend zulässig.*

---

* Israel hat sich immer dagegen gewehrt, die Gebiete als »besetzt« zu bezeichnen und behauptet, diese hätten ja nie unter der Souveränität eines anderen Staates gestanden (da die Annexion der Westbank durch Jordanien abgesehen von Großbritannien und Pakistan nicht von der internationalen Völkergemeinschaft anerkannt worden war). Außerdem hätten sie die Kontrolle während eines gerechten Verteidigungskriegs erlangt. Israel erklärte aber von sich aus, die internationalen Gesetze inklusive der 4. Genfer Konvention aus dem Jahr 1949 in den besetzten Gebieten einzuhalten. Die meisten Experten für internationales Recht erachten die israelische Haltung aber nicht für zulässig. Sie sehen Israel einerseits als Besatzungsmacht und andererseits als »Treuhänder«, der die Gebiete so lange kontrolliert, bis die Souveränität der einheimischen Bevölkerung wiederhergestellt ist, bis eine eigenständige, sozio-politische Größe gelernt hat, sich selbst zu verwalten.

Im Sommer des Jahres 1980 traten sowohl Moshe Dayan als auch Ezer Weizman von ihrem Amt zurück, und Begins Koalition begann zu bröckeln. In seiner Zeit als Landwirtschaftsminister zeigte Sharon sein tiefe Verachtung für seine Kollegen und terrorisierte sie ohne Ausnahme, sogar den Premierminister selbst. Begin war nicht mehr der Jüngste und hatte starke Stimmungsschwankungen. Entgegen seinem Bild in der Öffentlichkeit war er ein schwacher Staatschef, der seine Minister nicht im Griff hatte, insbesondere Sharon. Obwohl er Sharons Versuchen, ihn nach Weizmans Rücktritt einzuschüchtern, widerstand und sich weigerte, ihn zum Verteidigungsminister zu ernennen, wurde Begin bald klar, wie sehr er von Sharon abhängig war: Seine Regierung zerfiel, die Wahlen standen bevor, und im Sinai wurden jüdische Siedlungen evakuiert. Begin machte Sharon zum Wahlkampfmanager der Likud-Partei und versprach ihm den Posten als Verteidigungsminister, wenn die Wahlen für Likud erfolgreich ausgehen würden. Bekanntlich geschah genau das.

Der zweite Versuch des Politizids

Am 5. August 1981 begann die zweite und letzte Regierungsperiode Begins. Sharon nahm darin den Posten des Verteidigungsministers ein. Sein erster wichtiger Auftrag war die Umsetzung der letzten israelisch-ägyptischen Friedensverhandlungen, nämlich der Abbau, oder besser gesagt, die vollständige Zerstörung aller jüdischen Siedlungen im Sinai. Gush Emunim versuchte nicht nur, vor Ort Widerstand zu organisieren, sondern eine landesweite Massenbewegung gegen den Abzug aufzubauen, die fast einer Rebellion gleichkam. Die geistigen Führer von Gush Emunim (hauptsächlich Rabbis) riefen die Soldaten auf, sich den Befehlen zur Evakuierung zu widersetzen. Einige Fanatiker verbarrikadierten sich sogar in einem Bunker und drohten mit Selbstmord, falls sie zur Evakuierung gezwungen würden. Gush Emunim wollte aus der sozio-politischen Realität ein nationales Trauma formen, das sich für immer in der kollektiven Erinnerung einprägen sollte, scheiterte damit aber kläglich. Manche Sieder akzeptierten die großzügige Entschädigung, die ihnen die Regierung dank amerikanischer Finanzhilfen anbieten konnte, und verließen die Siedlungen friedlich. Die meisten Widerständler waren Siedler aus der Westbank, die ihre Unterstützung anboten, weil sie befürchteten, dass die Evakuierung des Sinai nur ein Vorspiel für ihre eigene Vertreibung sein könnte. Dennoch verlief die Räumung der Sinai-Siedlungen unter Ariel Sharons Leitung innerhalb weniger Tage und ohne Zwischenfälle.*

Es stellt sich natürlich die Frage, wie ausgerechnet der Mann, der sich mehr für den Aufbau der Siedlungen eingesetzt hatte als jeder andere außer vielleicht Moshe Dayan, deren Räumung so effizient durchführen konnte. Sein Verhalten war eine besondere

---

* Die Widerstandsbewegung, einige Siedler sowie manche Psychologen erklärten, die ihrer Heimat beraubten Siedler könnten ihr ganzes Leben unter einem »Evakuierungstrauma« leiden, das allerdings niemals eintrat. Einige nutzten dieses psychologische Argument, um ihre Ideologie zu untermauern, andere wollten einfach möglichst viel Geld herausschlagen.

Überraschung, da Sharon sich während der langen Jahre der Friedensverhandlungen zwischen Ägypten und Israel ständig gegen die Evakuierung gewandt hatte. Er war das einzige Likud-Mitglied in der Knesset gewesen, das gegen den Friedensvertrag stimmte. Außerdem hatte er als Landwirtschaftsminister (und später in Netanyahus Regierung als Minister für nationale Infrastruktur) alles Mögliche getan, um die Siedlungen zu erweitern.

Seine Kritiker erklärten, Sharons Bereitschaft, die Räumung zu organisieren, zeige die Scheinheiligkeit und die Eigensucht einer Persönlichkeit, die grundsätzlich alles tun würde, um die eigenen Interessen zu verfolgen. In seiner Autobiografie erläuterte Sharon ausführlich, welche Bedeutung der Frieden mit Ägypten besaß. Benziman liefert in seiner Biografie eine dritte Erklärung, nämlich dass Sharon deshalb begeistert an der Umsetzung des Friedensvertrages mitarbeitete, weil er dieses Mal persönlich beteiligt war und die Verantwortung für die Realisierung selbst trug.

Diese Erklärungen haben alle ihre Berechtigung und schließen sich auch nicht gegenseitig aus. Dennoch muss man Sharons Bereitschaft, jeden Preis dafür zu bezahlen, die Ägypter aus seinem eigenen »Spiel« herauszuhalten, in den geopolitischen Rahmen seines Verständnisses des israelisch-palästinensischen und anderer Konflikte einordnen. Ausführliches dazu findet sich in *Israel's Lebanon War* (Israels Krieg gegen den Libanon) von Ze'ev Schiff und Ehud Ya'ari.* Damit Israel die Kontrolle über die Westbank und den Gaza-Streifen festigen konnte – insbesondere nach den Gesprächen in Camp David, bei denen Begin sich verpflichtet hatte, ihnen innerhalb von fünf Jahren »volle Autonomie« zu gewähren –, musste der Politizid an der einzigen »existenziellen Bedrohung« für das Land vollzogen werden. Während die Araber diesem Weltbild zufolge harte, aber bezwingbare Gegner waren, galten die

---

* Schiff ist Kriegsveteran und ein sehr hoch geschätzter (obwohl konservativer) Militärexperte bei der Tageszeitung *Ha'aretz*. Er war der erste, der Sharons groß angelegten Plan für eine »neue Ordnung« im Libanon mehrere Monate vor der Invasion in einem Artikel veröffentlichte und vor den Konsequenzen warnte. Wahrscheinlich hatten ihm einige ältere Offiziere, die versuchten, Israel von diesem »Abenteuer« abzuhalten, einige Hinweise zukommen lassen, doch die Veröffentlichung führte zu nichts.

staatenlosen Palästinenser als die einzigen, die aus moralischer wie historischer Sicht die Juden herausfordern konnten, nachdem diese 1948 ihre eigene Gesellschaft auf den Ruinen der palästinensischen errichtet hatten.

Nachdem das palästinensische Flüchtlingsproblem nach dem Krieg von 1973 wieder zum politischen Thema geworden war und als ethno-nationales Problem neu definiert wurde und nachdem die Palästinenser sich geweigert hatten, Sharons Vorschlag anzunehmen und Jordanien zum neuen Palästina zu machen, konnte aus Sicht des Israeli Sharon nur noch dieser Politizid den Konflikt beenden. Doch der einzige Weg, diesen Politizid durchzusetzen, ohne einen größeren regionalen Krieg heraufzubeschwören, bei dem die Palästinenser sich mit den anderen Angreifern verbünden könnten, war ein Friedensvertrag mit dem größten und mächtigsten arabischen Staat in der Region.

Der Politizid an den Palästinensern konnte möglicherweise auch die Zerstörung der gesellschaftlichen und militärischen Infrastruktur im Südlibanon, aber auch die Zerschlagung der Fatah und der gesamten politischen und militärischen Führung der PLO beinhalten. Eine so entstehende, neue politische Realität würde die Palästinenser in der Westbank und im Gaza-Streifen dazu zwingen, jeden von den Israelis diktierten Lösungsvorschlag (zur »Autonomie«) zu akzeptieren. Um dieses Ziel zu erreichen, war es notwendig, in den Libanon einzumarschieren und sich dabei auf einen Alliierten im Inland stützen zu können. Sharon dachte jedoch noch weiter. Seiner Auffassung nach konnte nur durch die Vertreibung der Syrer aus dem Libanon dort eine neue Regierung eingesetzt werden, die Israel freundlich gesinnt war und einen Friedensvertrag unterzeichnen würde. Nur so sei eine geopolitische Veränderung in der Region möglich. Sein »Plan« zeigt deutlich, wie wenig der machtorientierte, größenwahnsinnige Sharon über den Libanon im Besonderen und sozio-politische Prozesse im Allgemeinen wusste.

Tatsächlich existierte der libanesische Verbündete bereits, nach dem Sharon im Libanon suchte: die Gemeinschaft der christlichen Maroniten. Zu den ersten zionistischen Fantasiegespinsten gehörte die Errichtung einer »Allianz der Minderheiten« (Christen, Juden, Drusen, Kirkassen usw.) in der Region, um der muslimischen Mehrheit etwas entgegensetzen zu können. Seit Mitte der 50er Jahre waren die christlichen Maroniten im Libanon in Bürgerkriege und andere gewalttätige Auseinandersetzungen verwickelt, weil ihre Hegemonie im Land verloren gegangen war. Das lag teilweise an der territorialen Expansionspolitik, mit der sie nicht maronitische Glaubens- und Volksgruppen (Muslime und Drusen) unter ihre Kontrolle gebracht hatten. Die Nachzügler waren 1948 die palästinensischen Flüchtlinge, die von den Maroniten für die Instabilität im Land verantwortlich gemacht wurden. Dennoch dauerte es bis ins Jahr 1976, bis sich eine der maronitischen Fraktionen – die Falangisten-Partei unter Pierre Gemayel – inoffiziell an Israel wandte und um militärische Unterstützung im Kampf gegen die »linke« palästinensisch-drusische Koalition unter der Führung von Kamal Jumblatt bat. Während der Verhandlungen soll ein anderer Maronitenführer, Danny Chamoun, zu den Israelis gesagt haben: »Gebt uns Waffen, und wir werden die Palästinenser abschlachten.« Zu dieser Zeit befand Rabin sich noch in seiner ersten Amtsperiode und hielt sich deshalb bewusst sehr stark zurück. Er intervenierte nicht direkt, aber Waffen und Munition, darunter M-16-Gewehre, Panzerabwehrraketen und einige alte Sherman-Panzer wurden dennoch an christliche Milizen geschickt, als der Verbindungsoffizier Benjamin Ben-Eliezer die Rolle des Mittelsmannes übernahm.

Israel entwickelte einen direkteren und intensiveren Kontakt mit den Bewohnern an den südlichen Grenzen und einer christlichen Miliz unter der Führung von Major Sa'ad Haddad, einem offiziell ernannten Offizier der nicht existenten libanesischen Armee. Die Beziehungen wurden während Begins erster Amtszeit weiter gefestigt. Begin war von den Apellen der Maroniten-Führer ebenso beeindruckt wie von ihrer aristokratischen Ausdrucksweise, er erklärte mehrfach: »Israel wird keinen Völkermord (an den Maroniten) im Libanon dulden.« Im März 1978 besetzten israelische Truppen vorübergehend den südlichen Libanon, um einige palästinensische Guerillagruppen zu stellen und das von Major Haddad kontrollierte Gebiet zu erweitern. Diese Aktion trug den Namen »Operation Litani« (der Name des Flusses, der etwa die Grenzen des israelischen Einflussgebiets beschreibt). Die Operation schlug fehl, denn die Guerillatruppen scheuten die Auseinandersetzung und flohen in den Norden, um nach dem israelischen Rückzug zurückzukehren.

Kurze Zeit später entschieden sich die Maroniten für eine Allianz mit den Syrern. Sie luden sie quasi ein, ins Land zu kommen und die palästinensischen Milizen und Zivilisten zu töten. Als jedoch ihr Gefolgsmann Tony Farngieh bei einer Blutrache von Bashir Gemayel getötet wurde und dieser sich gegen seine eigene christliche Miliz wandte, wechselten sie wieder die Seite. Es gelang den Christen erfolgreich, sowohl die Israelis als auch die Syrer, deren militärische Präsenz allmählich verstärkt wurde, in die Sache zu verwickeln.*

In dieser Zeit ernannte Israel einen neuen Stabschef: Rafael Eitan, der für seinen begrenzten intellektuellen Horizont bekannt war und dafür, die Araber abschätzig zu beurteilen und kriegslüstern zu sein. Begin, der nach Weizmans Rücktritt auch Verteidigungsminister gewesen war, hielt einen Krieg im Libanon für notwendig, weil die Operation Litani gescheitert war und das syrische Militär weiter ins Land eindrang.

Außerdem ging es wieder auf die nächsten Wahlen zu, und Begins Aussichten waren nicht besonders gut. Deshalb traf Begin zusammen mit Eitan im Mai 1981 zwei wichtige Entscheidungen, nämlich das irakische Atomkraftwerk zu zerstören und an der Front im Norden für mehr Unruhen zu sorgen.** Vom 29. März

---

* Im Libanon existierten damals mindestens drei verschiedene, rivalisierende christliche Milizen, von denen jede mit einer der großen Patriarchenfamilien in Verbindung stand. Israel wandte eine Menge Energie auf, um diese Milizen zu vereinen und daraus eine libanesische Armee zu formen, hatte aber keinen Erfolg. Erst nachdem die Milizen gegenseitig mehrere Massaker verübt hatten, gelang es Bashir Gemayel und seinen Falangisten, die anderen beiden Gruppierungen zu übernehmen, allerdings nicht die von Haddad, der von Israel geschützt wurde.
** Seit der Zeit von Ben Gurion wissen israelische Politiker, dass man die öffentliche Aufmerksamkeit am besten von wirtschaftlichen und anderen innenpolitischen Problemen ablenkt, indem man sich auf den jüdisch-arabischen Konflikt konzentriert.

bis zum 3. Juli 1982 bombardierte Israel palästinensische Ziele im Libanon aus der Luft und vom Meer aus. Ab 9. Juli attackierte Israel wieder die palästinensischen Ziele, aber nach einer Woche ununterbrochenen Bombardements reagierten die Palästinenser und griffen die israelische Küstenstadt Nahariya mit Katjusha-Raketen an. Israel antwortete sofort und schickte Bomber zur Zerstörung der Hauptquartiere der Fatah und der Demokratischen Front, die in einem dicht bevölkerten Viertel von Beirut lagen. Ze'ev Schiff und Ehud Ya'ari schrieben über die Angriffe, dass »die Ergebnisse (der Operation) vorhersehbar waren. Obwohl die Piloten versuchten, die Ziele genau zu treffen, wurden über 100 Menschen getötet und etwa 600 wurden verwundet; in Israel ging man davon aus, dass nur etwa 30 der Toten Terroristen waren.« Nun gingen auch die Palästinenser erbarmungslos vor. Mit Feldartillerie und Raketen nahmen sie Nord-Israel zehn Tage lang unter Beschuss, darunter auch die Städte Kiryat Shmone und Nahariya. Die Bevölkerung musste teilweise evakuiert werden. Trotz überwältigender militärischer Überlegenheit war die israelische Artillerie und Luftwaffe nicht in der Lage, die leichte und bewegliche Guerilla-Artillerie der Palästinenser auszuschalten.

Als der Amerikaner Philip Habib anreiste, um zwischen Israel und der PLO zu vermitteln, stimmte Begin am 24. Juli einem Waffenstillstand zu. Es handelte sich damals um die erste indirekte Abmachung zwischen Israel und der PLO, und beide Parteien hielten sich strikt daran.

Bis heute ist nicht klar, wie viel Begin über Ariel Sharons »große Pläne« wusste, oder ob Sharon ihn über seine wahren Ziele im Unklaren ließ, als er ihn davon überzeugte, den Krieg im Libanon zu beginnen. (Diese Frage führte übrigens zu zwei Verleumdungsklagen, die Sharon persönlich gegen *Ha'aretz* und *Time Magazine* anstrengte, nachdem diese ihn beschuldigt hatten, Begin getäuscht und die tatsächlichen Ziele der Invasion geheim gehalten zu haben.) Wenn man die Berichte genau liest, lässt sich diese Beschuldigung jedoch kaum aufrechterhalten. Sicher ist, dass das israelische Kabinett die Operation oder deren politische Ziele nie offiziell abgesegnet hat. Die Minister wurden zumeist nachträglich und nur häppchenweise von der Operation unterrichtet. Die entscheidende Maßnahme, die Autobahn von Beirut nach Damaskus einzunehmen, wurde zum Beispiel im Zusammenhang mit einer möglichen Reaktion der syrischen Armee auf die Annexion der Golan-Höhen durch Israel im Dezember 1981 auf die Tagesordnung gesetzt. Andere Entscheidungen mussten unter starkem Druck getroffen werden, weil sich die Bedingungen auf dem Schlachtfeld schnell veränderten und Sharon die Karten manipuliert hatte, eine Fähigkeit, die er im Lauf seiner aktiven militärischen Karriere immer weiter perfektionierte.

Begin war sich bewusst und mit Sharon einig darüber, dass die PLO aus dem Libanon vertrieben werden musste, aber auch über die Gefahr eines Krieges. Wahrscheinlich wusste er von den Plänen, gewaltsam ein neues Regime im Libanon einzusetzen, und auch über die intensiven Verhandlungen zwischen israelischen Delegationen und den verschiedenen Vertretern der einzelnen Maronitengruppen. Zur gleichen Zeit reiste der amerikanische Außenminister Alexander Haig in die Region. Er hinterließ bei Begin und seiner Regierung den Eindruck, dass die Vereinigten Staaten Syrien als Satellitenstaat der Sowjets sahen und eine harte Politik Israels tolerieren würden. Inzwischen wurde General Amir Drori, der Kommandeur an der Südfront, instruiert, detaillierte Pläne für eine Invasion im Libanon auszuarbeiten (»Operation Small Pines« war der Codename für die kleinere Version der Operation, »Operation Grand Pines« war die Bezeichnung für eine umfassendere Aktion).

Der ägyptische Nachrichtendienst, und wahrscheinlich auch andere, unterrichtete die Palästinenser von den Invasionsplänen und sehr wahrscheinlich auch die Syrer. Die Palästinenser entschieden sich, den Israelis keinen Vorwand für einen Angriff zu liefern. Ferner schickte gemäß Schiff und Ya'ari ein verzweifelnder Yassir Arafat Begin mittels eines Boten der Vereinten Nationen die folgende persönliche Nachricht: »Ich habe von Ihnen als Widerstandsführer mehr darüber gelernt, wie man Politik mit militärischer Taktik verbindet, als von sonst jemandem. ... Vor allem Sie müssen sich darüber im Klaren sein, dass es nicht genügt, mir auf dem Schlachtfeld gegenüberzutreten. Senden Sie keine Truppen

Der zweite Versuch des Politizids

nach mir aus. Versuchen Sie nicht, mich im Libanon zu besiegen. Es wird nicht gelingen.« Die Nachricht blieb unbeantwortet.

Am Abend des 3. Juni 1982 wurde Israels Botschafter in London von einem Killerkommando angeschossen und schwer verwundet, das von Abu Nidal aus Damaskus geschickt worden war. Nach der »Mini-Staaten-Resolution« des PNC im Juli 1974 hatte Abu Nidal sich von der PLO losgesagt, Arafat als Verräter bezeichnet und mehrmals versucht, ihn umzubringen. Arafat reagierte, indem er ihn zum Tode verurteilte. Abu Nidals Tat war, wie der israelische Nachrichtendienst sehr wohl wusste, hauptsächlich als Provokation gemeint. Als das israelische Kabinett am nächsten Morgen zusammentrat, hielt der Premierminister diese Informationen absichtlich zurück (der Verteidigungsminister befand sich auf einer »geheimen Reise«, kehrte aber noch am selben Tag zurück). Begin sagte, der Mordversuch sei eine Kriegserklärung und ein absichtlicher Verstoß gegen die Waffenstillstandserklärung zwischen Habib und der PLO gewesen. Am folgenden Freitag schickte das Kabinett die Luftwaffe nach Beirut, um die »Hauptquartiere der Terroristen« zu bombardieren. Die Palästinenser reagierten sofort und bombardierten den Norden Israels. Am Samstag abend traf sich das Kabinett bei Begin zu Hause. Dort legten der Premierminister und der Verteidigungsminister die Details einer Militäroperation dar, durch die nördliche Siedlungen vor dem Beschuss durch Artillerie der Terroristen geschützt werden sollten. Es war geplant, eine Pufferzone einzurichten, die sich 40 Kilometer nördlich der Grenze erstrecken sollte. Außerdem wollte man einen Konflikt mit syrischen Truppen vermeiden, die im Libanon stationiert waren, und einen stabilen Frieden mit einem freien und souveränen Libanon herstellen. Das war eine sehr geschickte Definition der Operationsziele (Begin sprach am folgenden Tag vor der Knesset von der »Operation Frieden für die Galiläer«). Sharon bestätigte später, dass das Kabinett seinen Plan einstimmig angenommen hatte, während die Minister, die später jede Verantwortung für den Krieg ablehnten, behaupteten, die »Friedensresolution« sei keineswegs als militärische Anordnung gemeint gewesen, sondern nur als allgemeine Friedenserklärung für einen benachbarten Staat. In jedem Fall waren Eliteeinheiten der Israelis schon weit nördlich der Vierzig-Kilometer-Zone gelandet, bevor das Kabinett überhaupt zusammengekommen war.*

Sharon war sich der Kritik des Kabinetts und Begins persönlich wohl bewusst und schrieb in seiner Autobiografie, dass er im Gegensatz zu früheren Verteidigungsministern der Auffassung war, »dass die Politik immer die Kontrolle über die Geschehnisse auf dem Schlachtfeld (in diesem Krieg) behalten würde. Deshalb stellte ich sicher, dass das Kabinett über alle wichtigen bestehenden und potenziellen Entwicklungen informiert war. Ich achtete darauf, dass alle Entscheidungen im Kabinett getroffen wurden, und dass die Befehle an die Armee vom Kabinett abgesegnet waren.« Zumindest mit einer Behauptung hatte Sharon Recht. Seine Vorgänger als Verteidigungsminister hatten nie das Kabinett über alle Bewegungen während einer Schlacht informiert. Allerdings hatte vor Sharon auch noch kein Verteidigungsminister einen so abenteuerlichen Krieg begonnen.

Das Militär hatte wahrscheinlich von Anfang an falsch kalkuliert. Ursprünglich hatte man für den Gang nach Beirut nur drei Tage Zeit eingeplant. Die israelischen Streitkräfte trafen jedoch auf stärkeren palästinensischen Widerstand, als sie erwartet hatten (in diesen Schlachten wurde die Legende der »RPG-Kinder« geboren, in der junge Palästinenser sich israelischen Panzerfahrzeugen entgegenstellten) und erlitten schmerzliche Verluste.

Die ersten Bodenkämpfe mit den Palästinensern fanden in der nördlichen Region Tyre-Sidon statt, wo sich sieben große Flüchtlingslager, al-Bass, al-Hanina, Rashidiyah, Beni Mashouq, Burj al-Shemali, Ain al-Hilweh und Shabriqa befanden. Die Palästinenser wandten die klassische Guerilla-Strategie an, indem sie mit kleinen, beweglichen Einheiten arbeiteten, die plötzlich irgendwo zu-

---

* Übrigens bestand die Mehrheit der Führung der oppositionellen Arbeitspartei aus früheren Generälen (Yitzhak Rabin, Haim Bar-Lev, Mordechai Gur usw.) und aus Männern, die zuvor Teil des Sicherheitsnetzes waren (wie Shimon Peres). Sie unterhielten immer noch gute Beziehungen zum militärischen Oberkommando. Vermutlich waren sie über die militärischen Pläne und Absichten besser informiert und verstanden sie besser als die meisten Minister des Kabinetts. Sie unterstützten den Krieg so lange, wie es keine öffentlichen Proteste gab.

schlugen und sich sofort zurückzogen. Größere, organisierte Brigaden wie al-Kastel und Karameh traten fast gar nicht in Erscheinung. Schon in den ersten Tagen des Krieges zogen die Palästinenser den angestrebten Blitzkrieg der Israelis gegen Beirut hinaus. Sie blockierten die Straßen nach Norden, organisierten einen erbitterten Widerstand und fügten der israelischen Armee großen Schaden zu. Es gelang den Palästinensern, die israelischen Vorstöße an mehreren Stellen aufzuhalten, vor allem an der Kreuzung al-Bass in Ain al-Hilweh, die bis zum 17. Juni gehalten wurde und auch »das palästinensische Stalingrad« genannt wurde, und später bei der Schlacht um die Festung Beaufort.* Im Rückblick wurden diese Schlachten in der Geschichte beider Völker idealisiert. Statt weniger Stunden benötigte die israelische Armee zwei volle Tage, um den Weg in die Sidon-Region zurückzulegen. Der palästinensische Widerstand konnte nur durch erbarmungslose und willkürliche Bombardierung aus der Luft gebrochen werden. Nach dem Krieg erklärten die israelischen Militärexperten, dass die meisten Palästinenserführer der Kommandoebene unterdurchschnittlich ausgebildet, aber die Infanterie extrem motiviert und fähig war.

Am 11. Juni wurde eine Waffenruhe erklärt, aber die israelischen Kräfte rückten weiter auf Beirut vor. Ein weiteres Problem ergab sich, als Sharon entdeckte, dass Bashir Gemayel und seine Falangisten West-Beirut (muslimisch und palästinensisch) gar nicht eingenommen hatten, sondern erwarteten, dass die israelischen Soldaten dies für sie erledigten. Ihr einziger Beitrag zum Krieg »für die Befreiung des Libanon aus der Hand von Terroristen« war die

---

* Beaufort war eine Burg der Kreuzritter. Die Festung lag 700 Meter über dem Meeresspiegel und war direkt aus dem Fels herausgehauen. Von dort aus konnte man den oberen Teil Galiläas und das Zentrum des Süd-Libanon überblicken und bombardieren. Die israelische Luftwaffe versuchte mehrere Male vergeblich, die Festung zu zerstören. Schließlich eroberte eine israelische Infanterieeinheit die Festung nach hartem Kampf, bei dem alle 18 palästinensischen Verteidiger getötet wurden. Nach der Schlacht reisten Begin und Sharon nach Beaufort, um sich dort fotografieren zu lassen. Begin erklärte, dass es bei der Eroberung keine israelischen Opfer gegeben habe. In seiner Autobiografie beschuldigte Sharon Rafael Eitan, Begin falsch informiert zu haben.

Eroberung des Gebäudes der wissenschaftlichen Fakultät im Reihan-Viertel am 16. Juni. Dadurch wurde der israelische Angriff auf West-Beirut zumindest etwas unterstützt. Die Maroniten verhielten sich immer etwas ambivalent in Bezug auf die Allianz mit den Israelis. Einerseits brauchten sie deren Unterstützung, um die scheinbar existenzielle Bedrohung ihres Überlebens als Gemeinschaft im Libanon zu bekämpfen. Andererseits wollten sie weiterhin als Teil der arabischen Welt und ihrer Kultur anerkannt werden, doch jede Zusammenarbeit mit Israel wurde als Verrat bezeichnet. Die Weigerung der Falangisten, West-Beirut einzunehmen, zwang Ariel Sharon zur Belagerung der Stadt. Er forderte die vollständige Evakuierung aller PLO-Kräfte und ihrer Führer. Am 25. Juni eroberten die israelischen Truppen schließlich die Region Bhamdoun-Aley, den Präsidentenpalast von Ba'abda und den internationalen Flughafen von Beirut. Etwa zu dieser Zeit versuchten die Kommandeure zweier Fallschirmjägerbrigaden, die damit beauftragt waren, die Stadt einzunehmen, Sharon und Eitan davon zu überzeugen, dass der Versuch auf jeden Fall ein Irrsinn wäre und auf beiden Seiten zu hohen Verlusten führen würde. Außerdem sei es schlicht unmöglich, dem Libanon das Gesetz der Maroniten aufzuzwingen und Bashir Gemayel als Präsidenten einzusetzen.

Die beiden Offiziere warnten, dass man Gemayel genauso ermorden würde wie König Abdullah und Anwar Sadat. Als Sharon und Eitan sich von den Argumenten der Offiziere nicht beeindrucken ließen, erklärte einer der beiden, Oberst Eli Geva, dem Stabschef gegenüber, dass er nicht bereit sei, seinen Soldaten einen solchen Befehl zu erteilen. Lieber würde er selbst an ihrer Seite als einfacher Soldat kämpfen. Sharon feuerte Geva sofort, lehnte aber die Bitte eines anderen Offiziers, General Amram Mitzna, um Entlassung ab.

Während der ganzen Zeit versuchten die amerikanischen Vermittler Philip Habib und Morris Draper, einen Kompromiss zu erzielen, um den Krieg zu beenden. Sie schlugen vor, dass die Guerilla-Einheiten der PLO ihre Quartiere und das Land verlassen sollten, dass die israelischen Truppen sich ebenfalls zurückziehen würden und internationale Streitkräfte dort stationiert würden. Das belagerte Beirut lag wochenlang unter schwerem Beschuss durch israelische Artillerie, Panzer und Bomber. Seinen Höhepunkt erreichte der Beschuss am 12. August (»Der schwarze August«), einen Tag, nachdem das israelische Kabinett Philip Habibs Vorschlag akzeptiert hatte, dass die PLO das Land verlassen sollte. Israel startete einen sieben Stunden dauernden Angriff auf die Stadt, der 300 Menschen das Leben kostete, die meisten von ihnen Zivilisten. Man muss sich vor Augen halten, dass es sich hier um eine Stadt handelte, deren wichtigste Zentren bereits zerstört waren, die ohne Strom- und Wasserversorgung war und dessen Einwohner hungerten und unter Krankheiten litten, die sich durch mehrere tausend nicht begrabene, herumliegende Leichen schnell ausbreiteten. Die Bombardierung erinnerte an den Angriff der Alliierten auf Dresden gegen Ende des Zweiten Weltkriegs. Noch am selben Tag forderte Sharon eine weitere Fallschirmjägerbrigade an. Laut Benziman gab Sharon auf die Frage, wofür er denn die zusätzlichen Soldaten benötige, zwei Gründe an: Er wolle das Leben der israelischen Soldaten retten und er wolle die PLO davon »überzeugen«, Habibs Kompromissvorschlag zu folgen. Im Grunde schien es eher so, als ob Sharon weniger an der Evakuierung der PLO aus Beirut interessiert war, sondern vielmehr an einem direkten Kampf, in dem er sie vollständig vernichten würde. Dieses Mal war sogar Begin wütend auf seinen Außenminister, der offenbar versuchte, Habibs Anstrengungen, die PLO aus dem Libanon zu vertreiben, zu torpedieren.

Am 13. August wurde schließlich entgegen den Absichten Sharons auf Druck der Vereinigten Staaten und ihrer Vermittler Philip Habib und Morris Draper hin ein Konsens erreicht.

Am 1. September verließen die letzten (nur leicht bewaffneten) palästinensischen Kämpfer Beirut und andere Teile des Libanon per Schiff in Richtung Tunesien und Jemen. Vor der Abreise bat Arafat darum, multinationale Streitkräfte einzusetzen, die die Palästinenser vor der Rache der Falangisten schützen sollten. Sharon lehnte ab und behauptete, die Palästinenser wollten nur verhindern, dass die versteckten Waffen in ihren Lagern und Wohnvierteln eingesammelt würden.

Der Horror von Sabra und Shatila

Am 27. August wählte das libanesische Parlament unter dem »Schutz« bewaffneter israelischer Truppen Bashir Gemayel zum neuen Staatspräsidenten des Libanon. Es schien, als ob Sharons weit reichende Pläne sich tatsächlich erfüllen sollten und er einen großen politischen Sieg errungen hatte, wenn auch auf Kosten tausender Menschenleben und eines zerstörten West-Beirut, ehemals eine der lebendigsten und fortschrittlichsten Großstädte der arabischen Welt.

Die Zahl der Toten auf Seiten der palästinensischen Guerilla, palästinensischer und libanesischer Zivilisten und syrischer Soldaten kann nur geschätzt werden, geht aber in die Tausende. Laut Robert Fisk starben während der ersten drei Monate der Invasion in den besetzten Gebieten etwa 18 000 Menschen. Allein in West-Beirut wurden 2500 Menschen durch Luftangriffe, Artillerie und Geschützfeuer der Marine getötet. Als die »Operation« begann, schätzte Menachem Begin die Zahl der israelischen Toten auf höchstens 25. Am 14. Juni sprach Stabschef Rafael Eitan von 170 Toten und 700 Verletzten. Vom Beginn des Krieges bis 1985, als der Rückzug begann, beklagte Israel über 1000 Tote in einem Krieg, der als »Israels Vietnam« in die Geschichte einging.

Nach der offiziellen Überlieferung zog Menachem Begin sich aus dem politischen Leben zurück und verfiel in Depressionen, als er erfuhr, wie gründlich Sharon ihn betrogen hatte. Aber es scheint heute wahrscheinlicher, dass Begin abgesehen von einigen besonderen Ereignissen wie dem furchtbaren Luftangriff auf Beirut im Großen und Ganzen wusste, was es mit der »Operation Grand Pines« auf sich hatte. In jedem Fall trägt er genau wie Sharon die volle moralische und politische Verantwortung für den Krieg. Begins Rückzug aus dem politischen Leben gründete vielmehr auf dem Scheitern und den hohen Kosten des Krieges. Der Krieg hatte nichts mit Selbstverteidigung zu tun, sondern wurde aus politischen Motiven geführt, und Begin hatte ihn als Premierminister mit seiner ganzen Autorität und moralischen Einflusskraft unterstützt.

Der Horror von Sabra und Shatila

Trotz der wiederholten Versuche Sharons war der Politizid an den Palästinensern noch nicht beendet, doch hatten sie eine schwere militärische, politische und moralische Niederlage erlitten. Abgesehen von der erfolgreichen Rettung der meisten PLO-Kämpfer und ihrer Führer bestand die einzige Leistung Arafats in dem vierten Artikel der »Habib-Draper-Erklärung«. Darin wurde die Sicherheit der »gesetzestreuen, friedenswilligen Palästinenser, die in Beirut verbleiben« garantiert. Allerdings war nicht festgelegt worden, wer denn diese Garantie umsetzen sollte.

Für Sharon war es jedoch noch zu früh, den Sieg zu feiern. Genau wie es einige von Sharons Offizieren erwartet hatten, platzierten syrische Agenten am 14. September 1982 um 16.30 Uhr einen Sprengsatz im Hauptquartier der Falangisten in Ashrafiya, der Bashir Gemayel tötete. Genau in diesem Moment fiel die ganze, sorgfältig geplante Operation in sich zusammen wie ein Kartenhaus, und Sharon verlor die Kontrolle über die folgenden Entwicklungen. Sein persönlicher Absturz begann jedoch erst, als die Welt von den entsetzlichen Massakern in Sabra und Shatila erfuhr.

Am Abend des 16. September drang eine »Eliteeinheit« der Falangisten unter der Leitung von Allies Houbeika, dem führenden Nachrichtenoffizier der christlichen Miliz, nach Absprache mit den israelischen Streitkräften in die palästinensischen Flüchtlingslager von Sabra und Shatila (Stadtviertel von Beirut) ein. In den folgenden 40 Stunden metzelte die Einheit zwischen 700 und 2000 Männer, Frauen und Kinder nieder. Viele weitere wurden zusammengeschlagen und vergewaltigt.* Die Falangisten versuchten noch innerhalb des Lagers, die Leichen mit Schaufelbaggern in Massengräbern zu verscharren. Das Massaker wurde äußerst »professionell« durchgeführt. Die Soldaten bewegten sich leise von Haus zu Haus, sodass die Bewohner überrascht wurden und weder fliehen noch Widerstand leisten konnten (die einzige Ausnahme war ein kurzer Schusswechsel mit einigen palästinensischen Jugendlichen,

---

* Der israelische Untersuchungsausschuss (das Kahan-Komitee) bestätigte die Zahlen des israelischen Geheimdienstes, der etwa 700 bis 800 Tote schätzte. Das palästinensische Rote Kreuz sprach von 2000 Toten, während die libanesischen Behörden 1200 Totenscheine ausstellten.

als die Maroniten in das Lager Shatila eindrangen). In dieser Zeit riegelten die israelischen Soldaten die Lager ab, und ein israelischer Militärposten beobachtete die »Operation« der Falangisten. Er bemerkte keine außergewöhnlichen Vorkommnisse, obwohl es mehrere Verdachtsfälle gab, die sogar den höheren Offizieren gemeldet wurden.

Offiziell wird gern behauptet, dass es sich bei dem Massaker um eine »spontane Reaktion« (also Rache) auf die Ermordung Bashir Gemayels drei Wochen zuvor handelte, aber das ist nur ein plumper Versuch, um dieses furchtbare Ereignis zu erklären oder gar zu verharmlosen. Innerhalb des tatsächlichen politischen Kontexts erscheint das Massaker sogar noch entsetzlicher. Nachdem die PLO-Kämpfer und die Syrer West-Beirut und seine muslimischen Viertel verlassen hatten, erhob sich die Frage, wie und von wem diese Gebiete übernommen werden sollten, denn man ging davon aus, dass sich dort noch viele Waffen und Munition der »Terroristen« befanden. Die Israelis sprachen sich für christliche Truppen wie die praktisch nicht existente libanesische Armee aus. Sharon erklärte: »Wir (die Israelis) wollten unsere Soldaten nicht bei Straßenkämpfen verlieren. Die Verfolgung der Terroristen war einfacher und effektiver durch arabisch sprechende Libanesen durchzuführen, da diese mit der Landessprache und dem *modus operandi* der PLO vertraut waren. Also sollten libanesische Truppen damit beauftragt werden, zusammen mit israelischen IDF (Verteidigungsstreitkräften) nach West-Beirut einzurücken. Ihre Aufgabe war es, die Viertel zu durchsuchen und alle Terroristen ausfindig zu machen.«

Als zweitbeste Wahl galten die Falangisten. Also versuchte Israel während der Invasion mehrfach erfolglos, diese beiden christlichen »Armeen« (und andere christliche Milizen) zusammenzuführen. In jedem Fall wollten beide Militäreinheiten Beirut und den Libanon »terroristenfrei« sehen, also ohne Palästinenser, aber sie verlangten, dass Israel die Arbeit erledigte. Letztlich trugen ohnehin die Israelis nach Meinung der christlichen Libanesen die Schuld an dem Ärger mit den Palästinensern, denn sie waren verantwortlich für den Palästinenseraufstand und die darauf folgende Flucht in den Libanon im Jahr 1948.

Als Sharon die Falangisten aufforderte, in West-Beirut einzudringen – im Gegensatz zu seiner Aussage vor der Khan-Kommission –, war er sich sehr wohl der gewalttätigen Tendenzen dieser Miliz in der Vergangenheit und Gegenwart bewusst. Er war bereits mehrfach vom Nachrichtendienst, einigen Offizieren und sogar Kollegen im Kabinett gewarnt worden. Man muss außerdem bedenken, dass Massaker und andere grausame Taten in Kriegen und Konflikten niemals nur aus Feindschaft und Hass folgen, sondern immer auch geplante Aktionen sind, die Menschen zwingen sollen, außer Landes zu fliehen. So versucht man, ethnische Säuberungen durchzuführen, ohne sie aufwendig organisieren zu müssen wie eine, wenn auch erzwungene, Evakuierung.*

Die Maroniten machten keinen Hehl daraus, dass sie die Palästinenser aus dem Land vertreiben wollten. Das Problem war nur, wohin sollten sie gehen? Weder Syrien noch Jordanien (und natürlich erst recht nicht Israel) würde sie willkommen heißen. Für die Maroniten wäre aber schon die Umsiedlung der Palästinenser aus Beirut in ein Randgebiet des Landes ein Teilerfolg gewesen. Im Übrigen gab es einen Interessenskonflikt zwischen Maroniten und Israelis. Schiff und Ya'ari berichten, dass Sharon zu Anfang der Invasion alle Palästinenser – nicht nur die Kämpfer – aus dem südlichen Libanon nach Norden treiben wollte. Deshalb wurden so viele Häuser wie möglich durch die Artillerie zerstört und durften nicht wieder aufgebaut werden. Dieser Plan wurde allerdings nicht lange verfolgt, da er einen eklatanten Verstoß gegen die Ziele von Israels Verbündeten darstellte.

Nach dem Massaker versuchte Israel, den eigenen Anteil und die eigene Verantwortung herunterzuspielen. So hoffte man, die internationale Entrüstung und den Unwillen im eigenen Land schnell zu besänftigen. Die mangelnde Sensibilität und egozentrische Einstellung äußerte sich auch in Begins berühmten Ausspruch: »Nichtjuden töten Nichtjuden und beschuldigen dann die Juden.« Was also haben die Juden damit zu tun?

---

* Daher konnte Begin in seinem Buch »Die Revolte« damit angeben, dass seine paramilitärische Organisation Lehis Aktion in Deir Yassin die Flucht der Araber aus dem Land gefördert hatte.

Die öffentlichen Proteste ließen jedoch nicht nach. Am 25. September versammelten sich ungefähr 400 000 Demonstranten im Zentrum von Tel Aviv und forderten eine unabhängige Untersuchungskommission. Prominente, Intellektuelle, Wissenschaftler und der Staatspräsident forderten außerdem eine Untersuchung der Vorfälle und Konsequenzen für die Verantwortlichen. Nach zehn angespannten Tagen setzte Begin eine Kommission ein, die vom Obersten Richter Yitzhak Kahan geleitet werden sollte.

Im Grunde war dieser einzigartige öffentliche Aufruhr nach dem Massaker der Höhepunkt eines wachsenden Gefühls der Unbehaglichkeit angesichts des Krieges.

Auch die Soldaten erkannten die wachsende Diskrepanz zwischen dem, was sie taten, den Fehlinformationen der Sprecher des Militärs und den Erklärungen des Premiers sowie des Verteidigungsministers. Außerdem konnten sie die militärische Logik, die hinter der Operation steckte, kaum verstehen. Erstmals in der israelischen Geschichte kam es zu Kriegsdienstverweigerungen, als manche Soldaten sich weigerten, auf libanesischem Gebiet zu dienen. Auch als dieses Phänomen ein zweites Mal auftrat, hatte es mit Sharons versuchtem Politizid an den Palästinensern zu tun.

Das Misstrauen gegenüber der Regierung und ihrer Politik wuchs. Nach dem Attentat auf Botschafter Argov, der folgenden öffentlichen Entrüstung und der Bombardierung nordisraelischer Städte unterstützten große Teile der Öffentlichkeit und der politischen Opposition die »Operation Frieden für Galiläa«. Solange der Krieg zu gewinnen schien und es kaum Verluste gab, blieb die Unterstützung durch die Bevölkerung bestehen.

Nachdem die steigende Zahl der Todesopfer und die Widersprüche zwischen dem Versuch, eine Pufferzone im Norden einzurichten und der tatsächlichen Kriegsführung bekannt wurden, kam es zu vielen öffentlichen Diskussionen und schließlich auch zu zivilem Ungehorsam.

Auch die verschiedenen Fraktionen, die im Libanon agierten und die internationale Gemeinschaft waren beteiligt. Arafat bat Syrien mehrfach vergeblich um Hilfe. Die Syrer führten nur dann heftige Kämpfe gegen die Israelis, wenn sie direkt bedroht waren. Die In-

Der Horror von Sabra und Shatila

vasion im Libanon hatte direkt nach der Annexion der Golan-Höhen begonnen, und die Syrer vermuteten, dass dieses Vorgehen Israels nur dazu dienen sollte, einen Krieg gegen Syrien und Hafez Assads Regime zu provozieren. Sie wollten Israel jedoch keinen Vorwand liefern.* Die anderen libanesischen Milizen sahen in den Palästinensern Rivalen und wandten sich erst gegen die Israelis, nachdem diese ihre Anwesenheit verlängerten. Die Sowjets und einige europäische Staaten sprachen ihre Anteilnahme aus, waren aber nicht in der Lage, auf diplomatischem oder militärischem Weg zu helfen.

Wichtigste außenstehende Beteiligte waren natürlich die Vereinigten Staaten mit Ronald Reagan als Präsident. Die US-Verwaltung hatte es mit zwei schwierigen »Patienten« und Alliierten zu tun: Saudi-Arabien und Israel. Die Araber waren der PLO und Arafat nicht gerade zugeneigt, aber angesichts der israelischen Invasion fühlten sie sich verpflichtet, zu intervenieren und ihren Einfluss in den USA zu nutzen.

Washington machte von Anfang seine Position klar, dass ein Attentat auf Botschafter Argov keine Invasion rechtfertigte, obwohl Innenminister Alexander Haig, ein früherer General und eher Falke als Taube, der viele Gemeinsamkeiten mit Sharon und der israelischen Regierung hatte und durchblicken ließ, dass die Reagan-Regierung eine kurze, »saubere« Operation im Libanon tolerieren würde. Haig stand den Israelis so nahe, dass er ihnen mehrfach mehr versprach, als seine Regierung bereit war zu halten. Er musste sich deshalb häufiger korrigieren und einige seiner früheren Versprechungen zurücknehmen.

Letztlich wurde Alexander Haig abberufen und durch George Shultz ersetzt. Die Spannungen zwischen den USA und Israel hatten schon früher begonnen, nämlich als Israel die Golan-Höhen besetzt hatte. Als Reaktion setzten die USA das Memorandum of

---

* Angesichts der verfahrenen Situation im Libanon überlegten Begin und Sharon, ob sie die Kontrolle über das Land nicht mit Syrien teilen sollten. Der südliche Teil sollte unter israelischer Kontrolle bleiben, während der nördliche Syrien unterstellt wurde. In den Jahren 1985 bis 2000 war dies im Grunde tatsächlich der Fall, bis Ehud Barak die israelischen Truppen aus dem Libanon abzog.

Strategic Understanding aus – einen Militärpakt, der erst kurze Zeit zuvor von Sharon und dem amerikanischen Verteidigungsminister Caspar Weinberger unterschrieben worden war. Washington bezog keine offizielle Position angesichts der Invasion. Der amerikanische Botschafter in Tel Aviv, Samuel Lewis, führte mehrere schwierige Gespräche mit Begin. Begin beschuldigte den Amerikaner, sich in die israelische Politik einzumischen, und Lewis reagierte wenig diplomatisch, als er Begin und Sharon vorwarf, die USA zu hintergehen.

Philip Habib und Morris Draper leisteten dagegen sehr gute Arbeit. Letztlich hinderten Sharon nur zwei Umstände an der Umsetzung seiner großen Vision – amerikanischer Druck und die öffentliche Meinung in Israel. Diese wurde eindeutig nicht nur durch die grausamen Geschehnisse in Sabra und Shatila beeinflusst, sondern auch durch die zahlreichen Kriegsopfer und durch den Eindruck, dass die Regierung das ungeschriebene Gesetz verletzte, dass die hauptsächlich aus Reservisten bestehende Armee nur einen Krieg führen durfte, der durch Mehrheitsbeschluss abgesichert war. Sharon lernte seine Lektion gut, wie wir anhand seiner politischen Rückkehr im Jahr 2000 noch sehen werden.

Am 9. Februar wurde der Bericht der Kahan-Kommission veröffentlicht: Einigen älteren Offizieren (darunter den Stabschef und den Chef des militärischen Nachrichtendienstes) wurden Mängel bei der Amtsausübung bescheinigt. Der Bericht empfahl ihre Entlassung. Die Kommission kam zu dem Ergebnis, dass der Premierminister zwar nicht direkt in die Affäre verwickelt war, aber dennoch einen Teil der allgemeinen Verantwortung trug. In seinem Fall wurde aber keine Empfehlung ausgesprochen. Tatsächlich trägt auch die US-Administration einen großen Teil der Verantwortung für das Massaker.

Die Verhandlungsführer der PLO waren sich der Gefahr bewusst, als sie die palästinensische Zivilbevölkerung schutzlos zurückließen. Sie waren daher bereit, Beirut nach vierzig Tagen Belagerung zu verlassen, verlangten aber Sicherheitsgarantien von den Amerikanern. Am 20. August schickten die USA ein Memorandum mit folgendem Inhalt an die PLO: »Alle gesetzestreuen palästinensischen Zivilisten, die sich noch in Beirut aufhalten, sowie die Familien derer, die bereits geflohen sind, sollen in Frieden und Sicherheit leben ... Die USA gründen ihre Garantie auf Abmachungen mit der israelischen Regierung und den Führungen weiterer libanesischer Vereinigungen (d.h. den Falangisten und der libanesischen Armee), mit denen sie in Kontakt getreten sind.« Der bekannte palästinensische Historiker Rashid Khalidi warf in seinem Buch über die Entscheidungsprozesse der PLO während des Krieges eine weitere interessante Frage über die Verantwortlichkeit der PLO-Führung auf. Er betonte die vollständige Abgeschnittenheit der Palästinenser von jeder potenziellen Unterstützung inklusive der Araber und anderer Supermächte.

Außerdem herrschte damals die Meinung vor, dass eine Fortsetzung der Kämpfe zur vollständigen Zerstörung Beiruts führen und allen Einwohnern des Libanon großes Leid zufügen würde. Rashid Khalidi schloss, dass »es schwer vorstellbar ist, wie eine verantwortungsvolle politische Führung eine andere Entscheidung hätte treffen können als die, die sie letztlich getroffen hat (nämlich zu evakuieren), auch wenn diese zu grausamen Konsequenzen führte«.

Sharon trug nach Ansicht der Kommission jedoch den größten Teil der Verantwortung. »Nach unserer Einschätzung ist die Verantwortung dem Verteidigungsminister zuzuschreiben, da er wusste, dass die Falangisten Rache an den Bewohnern der Flüchtlingslager nehmen und ein Blutbad anrichten könnten, aber dem keine Rechnung trug ... Wir sind der Meinung, dass der Verteidigungsminister persönlich verantwortlich ist ... [und] dass der Minister die angemessenen persönlichen Konsequenzen für seine Fehler ziehen muss, da er seine Pflichten vernachlässigt hat. Wenn nötig, muss der Premierminister seine Verfügungsgewalt demgemäß einsetzen ... [und] den Verteidigungsminister nach Unterrichtung des Kabinetts aus seinem Amt entfernen.«

Nach den Erkenntnissen und den eindeutigen Schlussfolgerungen der Kahan-Kommission war Ariel Sharon politisch ruiniert, in moralischer wie auch in juristischer Hinsicht. Gemäß ihres Auftrags untersuchte die Kommission aber nur die lokale »Affäre« der

Massaker in Sabra und Shatila, ohne dabei den weiteren Kontext der israelischen Invasion im Libanon und die politischen Gründe und gesellschaftlichen Konsequenzen dieses »Krieges« einzubeziehen.

Eine solche Untersuchung hätte ergeben, dass ein großer Teil der politischen und militärischen Führung Israels zumindest aus moralischer Sicht als Kriegsverbrecher zu bezeichnen war, nicht nur im Hinblick auf die Palästinenser und die Libanesen, sondern auch im Hinblick auf das jüdische Volk in Israel.

ZWEITER TEIL
Der Weg in den Sharonismus

Vom Bürgeraufstand zum Krieg zwischen den Gemeinschaften

Zum Verständnis sowohl der gegenwärtigen Lage im Heiligen Land als auch darüber hinaus der verschiedenen Folgen, die sich daraus ergeben mögen, ist es erforderlich, kurz auf vier Schlüsselereignisse einzugehen, die sich vor Ariel Sharons überwältigendem Wahlsieg 2001 abgespielt haben. Es sind dies die erste Intifada, der Abschluss der Abkommen von Oslo, die fruchtlosen Verhandlungen zwischen Ehud Barak und Yassir Arafat in Camp David unter der Schirmherrschaft von Bill Clinton und die Anfänge der zweiten Intifada (Al-Aqsa-Intifada), deren unmittelbarer Auslöser der demonstrative Besuch des damaligen Oppositionsführers Ariel Sharon am 28. September 2000 auf dem Tempelberg in Jerusalem war (siehe Seite 129).

Der zweite Teil dieses Buches soll vor allem Einsichten in die Hintergründe von zwei dramatischen – und widersprüchlichen – Entwicklungen im israelisch-palästinensischen Verhältnis vermitteln: nämlich des ersten bedeutsamen Versuchs einer Aussöhnung und dessen Zerfall in einen blutigen Krieg zwischen den Gemeinschaften, der beide Gesellschaften in erheblichem Maß entstellt und zersetzt hat und dessen Ende noch nicht abzusehen ist.

Am 9. Dezember 1987 geschah etwas, das durchaus vorhersehbar war und dennoch am allerwenigsten erwartet wurde: Nach 20 Jahren der Ruhe brach in Gaza ein allgemeiner Volksaufstand gegen die Besatzungsmacht aus, der sich schnell auf das Westjordanland, die Westbank, ausdehnte. Die PLO-Führung außerhalb dieser Territorien wurde davon nicht weniger überrascht als die Israelis. Dieser Aufstand, der später als Intifada bekannt wurde, begann als ein spontanes Ereignis, wurde jedoch im Lauf der Zeit immer besser koordiniert. Sowohl auf lokaler als auch landesweiter Ebene wurden geheime Volkskomitees gegründet, und eine so genannte »Einheitliche Aufstandsführung«, die in den Territorien agierte, gab der örtlichen Bevölkerung Anweisungen. Diese Anweisungen wurden von der PLO-Führung »draußen« förmlich ratifiziert und überwiegend per Flugblatt (*bayan*) bekannt gegeben. Ein Ergebnis der Intifada war, dass zum ersten Mal seit 1948 die politische Macht in der palästinensischen Gesellschaft von der Führung im Exil auf die noch jungen, unbekannten Anführer im Land selbst verlagert wurde.

Die Intifada war ein typischer Volksaufstand, der sich in vielen Formen manifestierte: in Massenaufmärschen in den Städten und Lagern, in Streiks, im Zeigen der »verbotenen« palästinensischen Flagge und im Steinewerfen durch Jugendliche und sogar Frauen, die israelische Truppen in den besetzten Gebieten angriffen. So wurde das Sinnbild der »RPG-Kinder« (siehe Seite 86) durch das der »Steinewerfer« verdrängt.

Zu dieser Zeit kam auch das Phänomen der *shuhada* auf, wonach junge Männer, die beim Aufstand getötet worden waren, als *shahid* (Märtyrer – ein Begriff, der sowohl mit religiösen als auch mit säkular-nationalistischen Assoziationen belegt ist) bezeichnet wurden. Gelegentlich wurden einzelne jüdische Bürger und Soldaten erstochen, hauptsächlich von jungen Frauen, die mit Messern bewaffnet waren. Manchmal wurden Molotow-Cocktails geworfen. Das israelische Militär stand dieser Art des Widerstands hilflos gegenüber und versuchte, die Demonstranten durch den Einsatz von Tränengas, Polizeiknüppeln und später auch Gummigeschossen* zu vertreiben.

Mit wenigen Ausnahmen unterließen die Palästinenser die klassische Guerillataktik und Terrorangriffe und schafften es so, die

---

* Bei Gummigeschossen handelt es sich um scharfe Munition, nämlich um Geschosse, die mit Gummi oder Kunststoff ummantelt sind, wodurch ihr Aufprall abgeschwächt wird, sodass es zu weniger Todesfällen kommt. Allerdings hat diese »weiche« Munition einige Palästinenser getötet und andere für den Rest ihres Lebens verkrüppelt.

militärische Übermacht der Israelis weitgehend zu neutralisieren und gleichzeitig die lokalen und ausländischen Medien als Sprachrohr zu nutzen, das ihre kompromisslose Forderung nach Freiheit in die Welt trug.

Yitzhak Rabin, in der damaligen Großen Koalition von 1984 bis 1990 Verteidigungsminister einer nationalen Einheitsregierung, versuchte, den Aufstand durch den Einsatz brutaler körperlicher Gewalt unter Verzicht auf Schusswaffen zu ersticken. Rabin befahl seinen Soldaten, palästinensische Steinewerfer zu verprügeln, ihnen die Arme oder Beine zu brechen und Tausende nach verwaltungsrechtlichen Vorschriften in Lagern festzuhalten. Der israelisch-palästinensische Konflikt nahm somit eine seltsame Wendung, indem er am Ende des zweiten Jahrtausends mit Steinen und Knüppeln ausgetragen wurde.

Allerdings zog Rabin als Soldat zwei wichtige Schlüsse aus dem Aufstand und der israelischen Reaktion darauf. Zum einen kam er zu dem Ergebnis, dass die andauernde Besatzung aus strategischer Sicht für die israelischen Streitkräfte und die Sicherheit Israels schädlich war, denn das israelische Militär lief Gefahr, sich von einer Truppe, die für die Kriegführung mit dem modernsten und technisch hochwertigsten Gerät ausgebildet war, in eine Polizeitruppe zu verwandeln, der die Fähigkeit zur Führung echter Kriege verloren ging.

Begrenzte militärische Mittel wurden eingesetzt, um Dutzende kleiner Siedlungen, deren Zufahrtsstraßen und die Busse zu schützen, mit denen die Kinder der Siedler zu ihren Schulen befördert wurden. Des Weiteren hatte die Armee die Aufgabe, Palästinenser vor Selbstschutztruppen der Siedler zu schützen.

Rabin kam zu dem Schluss, dass dadurch nicht nur wertvolles Humankapital vergeudet, sondern auch der richtige Soldatengeist untergraben wurde, weil die Soldaten nicht mehr wegen ihrer Kampffähigkeit, sondern aufgrund ihrer Verdienste als Polizisten befördert wurden. Seine zweite Schlussfolgerung aus seiner Amtszeit als Verteidigungsminister war – im diametralen Gegensatz zu jener, zu der Sharon fünf Jahre später gelangen sollte –, dass es keine »militärische Lösung« für den israelisch-palästinensischen

Konflikt gibt. Aber wie Sharon misstraute auch Rabin den Arabern im Allgemeinen und insbesondere den Palästinensern. Rabins allgemeine Schlussfolgerungen und seine komplizierte Sicht der Welt wurden zum Teil in die Tat umgesetzt, als er fünf Jahre später zum Premierminister gewählt wurde.

Oslo

Nach der Wahl von 1992 kam eine Minderheitskoalition, die von der Arbeitspartei und Yitzhak Rabin angeführt wurde, an die Macht. Dieser Koalition gehörte nur eine weitere Partei an, nämlich die mitte-linksorientierte Merez.* Eine stabile Regierung konnte sie nur mit Unterstützung von zwei weiteren kleinen Parteien bilden, die für arabische Wähler und Kommunisten standen, aber die Koalition war groß genug, um die Bildung einer rechtsorientierten Koalition zu verhindern.

Obwohl die Arbeitspartei in ihrer Wahlkampagne versprochen hatte, das Palästinenserproblem zu lösen, hatte sie dafür keinen eindeutigen Plan. Im Gegensatz zur Arbeitspartei, die schon immer gegen die Bildung eines palästinensischen Staates neben Israel war, befürworteten Merez und die beiden kleineren Parteien dieses Vorhaben.

Wie bereits oben erläutert, war Rabin selbst zu dem Schluss gekommen, dass der Aufstand der Palästinenser nicht militärisch zu beenden war. Folglich reagierte er ernsthaft und entschlossen, als ihm ein Vorschlag für Gespräche zwischen israelischen Akademikern und einigen PLO-Vertretern der mittleren Führungsebene unterbreitet wurde. Diese Gespräche, die unter der Schirmherrschaft der norwegischen Regierung und ihres Außenministers Johan Jurgen Holst stattfinden sollten, wurden nachträglich vom israelischen Außenministerium genehmigt und vom Vizeaußenminister Yossi Belin fortgeführt, wenn auch im Geheimen. In dem Moment, als die Palästinenser ihre Bereitschaft erkennen ließen, ein vorläufiges Abkommen abzuschließen, begann die israelische Regierung, mögliche Optionen zu sondieren. Kurz zuvor hatte die Idee, aus dem Gaza-Streifen – einem dichtbesiedelten Gebiet, das schwer zu be-

---

* Merez selbst besteht aus drei Parteien, die sich um die von Shulamit Aloni gegründete »Menschenrechtspartei« gruppieren. Schas, die traditionsverhaftete Partei der Mizrahim (Juden, die aus arabischen Ländern nach Israel eingewandert sind), sollte der Koalition beitreten, nahm jedoch davon Abstand, nachdem sich ihr politischer Kopf, Aryeh Deri, mit juristischen Problemen auseinandersetzen musste.

herrschen und ohne Ressourcen war – abzuziehen, bereits großen Anklang unter den »Machern« der israelischen Politik sowie einigen Politikern des rechten Flügels gefunden. Die Schwierigkeit bestand darin, eine Partei zu finden, die bereit war, die Kontrolle über den Gaza-Streifen und die Verantwortung dafür zu übernehmen, ohne gleich einen vollständigen Rückzug aus allen besetzten Gebieten zu verlangen.

Im Verlauf der inoffiziellen Gespräche in Oslo wurde klar, dass die PLO bereit war, die Verantwortung für den Gaza-Streifen sowie für einen weiteren, symbolischen Teil des Westjordanlands zu übernehmen, ohne auf der vorherigen Aushandlung eines Abkommens über den endgültigen Status zu bestehen. Diese Bereitschaft sollte in einem Abkommen verankert werden, das schrittweise verwirklicht werden sollte und die Bildung einer Palästinensischen Nationalbehörde (Palestinian National Authority, PNA) in der Westbank und in Gaza sowie letztendlich die Unterstellung beträchtlicher Teile der besetzten Gebiete unter die Selbstverwaltung der PLO vorsah.

Im August 1993 wurde dieses Abkommen offiziell bekannt gegeben und durch die Unterzeichnung der Osloer Prinzipienerklärung (Declaration of Principles, DOP: Grundlage zur Errichtung einer palästinensischen Selbstverwaltung) in Washington am 13. September besiegelt. Nach der ersten Stufe der DOP war Israel verpflichtet, den Großteil des Gaza-Streifens (mit Ausnahme der jüdischen Siedlungen im Katif-Quartier, das aus einigen hundert Familien bestand, die ein Viertel des am dichtesten besiedelten Gebiets der Welt besetzten) und das Gebiet um Jericho (gemäß dem Kairoer Abkommen von 4. Mai 1994) an die neu gebildete Palästinensische Nationalbehörde PNA zu übergeben. In den nachfolgenden Stufen sollte die PNA die alleinige Kontrolle über alle palästinensischen Städte und die dicht besiedelten Flüchtlingslager in der Westbank und im Gaza-Streifen erhalten (mit Ausnahme der jüdischen Siedlungsgebiete in der Stadt Hebron). Das gesamte Territorium, das alleiniger palästinensischer Kontrolle unterstellt werden sollte (Gebiet A) machte etwa vier Prozent des Westjordanlands und des Gaza-Streifens aus.

Des Weiteren wurde vereinbart, dass vorübergehend das restliche Territorium des Westjordanlands und des Gaza-Streifens in zwei Kontrollgebiete aufgeteilt werden sollte. Das Gebiet unter alleiniger israelischer Kontrolle umfasste das Jordantal, alle jüdischen Siedlungen im Westjordanland und deren Zufahrtsstraßen (Gebiet C), während das Gebiet unter gemeinsamer Kontrolle (Gebiet B) den Großteil des ländlichen Westjordanlands umfasste, darunter etwa 440 Dörfer und deren Umgebung. Im Gebiet B sollte die palästinensische Behörde die Verwaltungsmacht, Israel jedoch die militärische Macht ausüben; ferner wurden gemeinsame israelisch-palästinensische Patrouillen vereinbart.

Unter der Annahme, dass »Vertrauen schrittweise aufgebaut wird«, sollte dem Abkommen zufolge die gesamte palästinensische Bevölkerung des Westjordanlands und des Gaza-Streifens (mit Ausnahme von Ost-Jerusalem und der benachbarten Stadtgebiete) schrittweise palästinensischer Kontrolle unterstellt werden, während die jüdischen Siedlungen in den besetzten Gebieten sowie deren Zufahrtsstraßen unter israelischer Kontrolle bleiben würden.

Dieses vorläufige Abkommen sollte fünf Jahre lang gelten, und in diesem Zeitraum sollte ein endgültiges Abkommen ausgehandelt werden, das unzählige Fragen regeln würde – darunter den Status von Ost-Jerusalem, Grenzverläufe, das Flüchtlingsproblem, den endgültigen Status der PNA, die Aufteilung des gemeinsamen Grundwassers und die Nutzung des Luftraums.

Die Israelis waren auch verpflichtet, zwischen den beiden Teilen der PNA-Territorien freie und sichere Fahrt zu gewährleisten, Gefangene und Häftlinge freizulassen und (zusammen mit den USA und den europäischen Ländern) Projekte wie den Bau eines internationalen Flughafens und eines Handelshafens in Gaza zu unterstützen, mit denen eine wirtschaftliche und soziale Infrastruktur in den PNA-Gebieten aufgebaut werden sollte. Im Gegenzug versprachen die Palästinenser neben der Anerkennung Israels nur eine Beendigung des Partisanenkriegs gegen Israel und die Ergreifung von Maßnahmen, um terroristische Angriffe auf Israel, Israelis und sogar Bewohner der jüdischen Siedlungen in den besetzten Gebieten zu unterbinden. Zu diesem Zweck wurde die Gründung einer palästinensischen Polizei und verschiedener Sicherheitsdienste (z. B. der »Preventive Security Forces«, etwa: Präventivschutztruppe) vereinbart.

Die PNA selbst war aus verschiedenen Gründen an der Bildung solcher Milizen interessiert. Dadurch wurde es möglich, einen Großteil der paramilitärischen Einheiten nebst Familienangehörigen, die vom Libanon nach Tunesien deportiert worden waren, nach Palästina zurückzuführen. Auch andere Einheiten der Palästinensischen Befreiungsarmee, die über mehrere Länder verstreut waren, durften zurückkehren. Diese letzteren Einheiten sowie lokale Truppen (hauptsächlich Veteranen der Fatah) wurden mit den aus Tunesien zurückgekehrten Verbänden verschmolzen und wurden so zum militärischen Rückgrat der PNA-Führung, die sich als im Entstehen befindlicher Staat betrachtete. Heute werden diese Verbände als »Alte Garde« angesehen, im Gegensatz zur »Jungen Garde« lokalen Ursprungs.

Diese Organisationen waren Teil einer riesigen Bürokratie – ein häufiges Merkmal nicht industrialisierter Entwicklungsländer. Wo produktive wirtschaftliche Infrastrukturen fehlen, haben solche Apparate eine Funktion, die über die Wahrnehmung ihrer offenkundigen institutionellen Aufgaben hinausgeht. Als Arbeitgeber und Einkommensquelle für eine breite Bevölkerungsschicht fördern sie den legalen Zustrom von Kapital und helfen, die Loyalität zur Regierung zu erhalten. Die »Palästinensische Armee« mit ihren Uniformen und leichten bis mittelschweren Waffen stellte ein beruhigendes und notwendiges nationales Symbol der Palästinenser dar. Nach dem Abkommen konnte diese Miliz insgesamt 9000 Mann haben, aber in Wirklichkeit wurde diese Zahl bald überschritten. Später – und hauptsächlich aufgrund der Zunahme bewaffneter Aufstände und Terroranschläge gegen Israel ab Oktober 2000 – wurde die Abgrenzung zwischen den offiziellen Milizen und diversen anderen bewaffneten Gruppen, die in unterschiedlichem Maß von der PNA unterstützt und kontrolliert wurden, äußerst diffus. Die berühmteste dieser örtlichen halbamtlichen Milizen war die *Fatah-Tanzim* (die »Organisation«), die aus jungen Einheimischen (im Gegensatz zu den aus Tunesien Heimgekehrten) bestand, die gegenüber der Fatah, der PNA und Arafat ihre persönliche Loyalität erklärt hatten. Sie betrachteten sich selbst sowohl als internen Sicherheitsdienst, der die ineffiziente blau uniformierte Polizei ergänzte, als auch als Truppe, die notfalls gegen Israel eingesetzt werden konnte.

Das palästinensische Volk selbst war in der Frage der Anerkennung Israels wie auch in der Bewertung der vorläufigen Abkommen, die die Gründung der PNA vorsahen, geteilter Meinung. Sogar unter den Gründern der Fatah – aber auch unter den Angehörigen der Demokratischen Front, der Populären Front und der Islamischen Bewegung – gab es einige, die das Abkommen uneingeschränkt ablehnten. Aus ihrer Sicht stellte die Zustimmung der Fatah-Führung zur Gründung der PNA und vielleicht später eines abhängigen und entmilitarisierten Staates auf einem zersplitterten Territorium, das nur einen winzigen Teil des historischen Palästina beinhalten würde, eine Katastrophe und einen Verrat dar. Das Abkommen stieß bei den Palästinensern im Exil auf erheblichen Widerstand, weil sie sich durch die PLO-Führung, die auf das Rückkehrrecht der Exilierten verzichtet hatte, verraten fühlten. Sie hielten am Kernprinzip der palästinensischen Diaspora fest: nämlich, dass das Rückkehrrecht ein Grundrecht sowohl einer jeden einzelnen Person als auch der Gemeinschaft ist, die gewaltsam aus ihrer Heimat vertrieben wurde.

Der vielleicht bekannteste Gegner des Abkommens war Edward Said, ein heftiger Kritiker des »orientalistischen« Ansatzes in der westlichen Kultur. Said, der die PLO und Arafat unterstützte und generell als moderat gilt, äußerte sich spontan gegen die Osloer Prinzipienerklärung und sah in den Abmachungen die vollständige Unterwerfung unter den Zionismus und den Westen. Aus dieser Sicht hatte Israel die klassische Kolonialstrategie angewandt, die durch Ausnutzung von (palästinensischen) Kollaborateuren und den Einsatz der eigenen wirtschaftlichen, technologischen und militärischen Überlegenheit darauf abzielt, die direkte Militärherrschaft in eine indirekte Kontrolle zu verwandeln.

Andere palästinensische Kritiker des Abkommens – überwiegend »interne« Persönlichkeiten wie Haidar Abdel al-Shafi und

Mahmud Darwish) waren zwar bereit, den Grundsäzten des Friedensabkommens mit Israel zuzustimmen und den Staat anzuerkennen, kritisierten jedoch die Bedingungen, unter denen Arafat und die zentrale PLO-Führung dem Abkommen zustimmen wollten. Diese Bedingungen schienen ihnen vollkommen unzulänglich und ließen Zweifel an den wahren Absichten der Israelis aufkommen. Die Kritiker protestierten unter anderem dagegen, dass jüdische Siedlungen in den palästinensischen Territorien (hauptsächlich im Herzen von Hebron und im Gaza-Streifen) während der Übergangszeit bestehen bleiben sollten, dass die Verhandlungen über den endgültigen Status von Jerusalem vertagt und die Freilassung von palästinensischen Gefangenen verzögert wurden und dass das Territorium, das der PNA übertragen werden sollte, so klein war.

Die Gründung der Palästinensischen Nationalbehörde

Arafat und seine Anhänger gefährdeten ihre politische Position und riskierten vielleicht sogar ihr Leben, indem sie die israelischen Bedingungen – die sie selbst als drakonisch erachteten – akzeptierten. Allerdings waren sie hauptsächlich auf das endgültige Abkommen fixiert, wonach die Palästinenser angeblich zum ersten Mal in ihrer Geschichte einen eigenen, unabhängigen und souveränen Staat bekommen sollten. Dieser Staat sollte im Wesentlichen das Territorium des Westjordanlands und des Gaza-Streifens umfassen, Ost-Jerusalem zur Hauptstadt haben und nur eine kleine Minderheit von jüdischen Siedlern und Siedlungen innerhalb seiner Grenzen beherbergen. Er sollte sein eigenes »Rückkehrgesetz« erlassen und die selektive Rückwanderung von Palästinensern aus der Diaspora in den neuen Staat fördern, je nach der Aufnahmefähigkeit der Wirtschaft, den ideologischen Bedürfnissen und dem jeweils als angemessen erscheinenden Tempo.

Als die zentrale PLO-Führung das Abkommen unterzeichnete, sah sie darin – auf kurze Sicht – anscheinend sowohl das Minimalprogramm als auch das optimale Programm.* Jedenfalls kamen die Palästinenser damit zum ersten Mal überhaupt in die Nähe einer Staatsgründung, das heißt der Schaffung einer politischen Einheit, die innerhalb eines bestimmten Territoriums – Teil des historischen Palästina – die unabhängige Zentralgewalt ausüben würde, mit der Hoffnung, seine Autorität und Macht über diese Gebiete und ihre Bewohner auszudehnen.

---

* Als Teil der Erfüllung des Abkommens stimmte der PNC in Anwesenheit des US-Präsidenten am 14. Dezember 1998 zu, Artikel der Palästinensischen Nationalcharta zu streichen, die die Vernichtung Israels zum Gegenstand hatten, und ein Komitee zur Ausarbeitung einer Neufassung der Charta einzusetzen. Aufgrund weiterer Entwicklungen ist dies immer noch nicht geschehen, und der rechtliche Status der Charta bleibt unklar. Zwei Tage zuvor, am 12. Dezember, hatten sich acht Oppositionsgruppen aus der PLO, der Hamas und des Islamischen Dschihad in Damaskus getroffen, um ihren Widerstand gegen den »Prozess von Oslo« und die Änderungen in der Nationalcharta zu bekräftigen.

Zum ersten Mal seit 1948 kehrte die palästinensische Führung (oder zumindest ein Teil von ihr) nach Palästina zurück und ließ sich unter der Bevölkerung nieder – was nicht immer für beide Seiten angenehm war. Viele Jahre getrennten Lebens unter sehr unterschiedlichen Bedingungen hatten zu kulturellen Unterschieden sowie zu auseinander driftenden Auffassungen im Blick auf die nationalen Interessen geführt, oft noch verschärft durch Generationskonflikte.

Die Palästinensische Nationalbehörde selbst nahm die Maneriertheit und die Rituale eines Staatswesens an. Aus dem PLO-Vorsitzenden wurde ein »Präsident«; jene, die die verschiedenen Geschäftsbereiche betreut hatten (und deren Anzahl bis zum Jahr 2002 auf 35 anstieg), wurden zu Ministern; aus den diversen Abteilungen wurden Ministerien. Die Palästinensische Nationalbehörde führte eine Flagge und eine Nationalhymne ein und schickte diplomatische Gesandte ins Ausland. Sie gründete einen Radiosender sowie mehrere regionale Fernsehsender, die hauptsächlich Verlautbarungen der Regierung und manchmal sogar Sitzungen des Legislativen Rats (dessen Aufgaben überwiegend repräsentativer Natur waren) »live« sendeten.

Die neue Regierung gründete ein Justizwesen, das – ohne besonderen Erfolg – versuchte, sich als von der Exekutive unabhängiges Organ zu profilieren. Am 25. Januar 1996, kurz nach der Unterzeichnung der Abkommen, fanden in den Palästinensische-Nationalbehörde-Territorien allgemeine Wahlen unter ausländischer Aufsicht statt. Die Palästinenser sahen den neu gewählten Legislativen Rat mit seinen 88 Mitgliedern praktisch als Parlament an.

Die Fatah und die Kandidaten, die mit ihr identifiziert wurden, erhielten die überwältigende Mehrheit der Stimmen. Bis heute sind dies die einzigen Wahlen, die jemals abgehalten wurden.

Eines der vorrangigen Ziele der Palästinensische Nationalbehörde war die Schaffung eines gemeinsamen Nationalbewusstseins in der gesamten Bevölkerung und möglichst auch unter den Palästinensern im Exil. Das wesentliche Instrument dazu war die Errichtung eines Schulsystems mit eigenen Lehrplänen und Schulbüchern, die die neue palästinensische Identität definieren würden, die aus dem alt-neuen soziopolitischen Gebilde erwachsen sollte, das die Palästinensische Nationalbehörde repräsentierte. Bis zu diesem Zeitpunkt basierte das Schulsystem hauptsächlich auf jordanischen Lehrplänen und war darauf ausgerichtet, die Schulabgänger auf die jordanischen Zulassungsprüfungen zur Immatrikulation (*tawjihi*) vorzubereiten. Der übrige Teil des Lehrplans wurde von Schulen der UNRWA (United Nations Relief and Works Agency for Palestine Refugees in the Near East: UNO-Hilfswerk für Palästina-Flüchtlinge im Nahen Osten) ausgestaltet und dort gelehrt.

Ein unabhängiger palästinensischer Lehrplan – zu dessen Zielen auch der Unterricht in der Geschichte des palästinensischen Volkes und die Schaffung eines Nationalbewusstseins gehörten – war bereits in den 1960er Jahren in ersten Ansätzen in Kuwait und im Libanon erarbeitet worden, aber der völlige Mangel an Autonomie machte es unmöglich, ihn zu verwirklichen. Die Palästinensische Nationalbehörde versuchte, die besten lokalen Lehrkräfte und Intellektuellen einzustellen, um einen Lehrplan auszuarbeiten und Schulbücher zu verfassen, aber dieses Vorhaben hat sich als langwieriges und teueres Projekt erwiesen.

Eine vorläufige Ersatzmaßnahme bestand in dem Versuch, die Massenmedien für die Aufgabe der Schaffung einer palästinensischen Identität zu gewinnen. Obwohl es keinen Mangel an Feinden und Gegnern gibt, um ein Sinnbild der »anderen« im Gegensatz zu »uns« zu entwickeln, muss man dennoch vermeiden, die »anderen« auf übermäßig vulgäre Art und Weise darzustellen. So standen die Medien recht bald vor dem Dilemma, dass sie einerseits positive Propaganda für den Friedensprozess (bevor dieser scheiterte und zu einem bewaffneten Konflikt mutierte) und die Aussöhnung mit Israel verbreiten mussten, andererseits aber den Zionismus, Israel und die Kollaborateure als das »Andere« – nämlich als feindlichen Unterdrücker – darstellen sollten. Dieses Dilemma wurde umso größer, als der Friedensprozess nach Rabins Ermordung zum Erliegen kam.

Zuvor war der zugleich alte und neue Streit über das Wesen des künftigen palästinensischen Staates und seiner Gesellschaft erneut ausgebrochen und mit der bitteren Auseinandersetzung über das Verhältnis zu Israel und zum Judentum verquickt worden. Die Befürworter der politischen Hauptrichtung und anscheinend künftigen Sieger in dem Streit wehrten sich gegen verschiedene Oppositionsgruppen hauptsächlich islamischer Orientierung. Die islamische Hamas-Bewegung war innerlich gespalten zwischen jenen, die – zumindest in den anfänglichen, euphorischen Stadien des Friedensprozesses – eine Integration in Arafats populäre »neue Ordnung« befürworteten, und jenen, die an den traditionellen Zielen des heiligen Krieges (*jihad*) gegen die Juden, der Befreiung des Heiligen Landes und (erst dann) der Gründung einer islamischen Theokratie festhielten.

Beide Parteien innerhalb der islamischen Bewegung waren aus taktischen Gründen an der erneuten Aufnahme des *jihad* interessiert. Die Integration würde die Fatah zwingen, diese Gruppen mit zu berücksichtigen und ihnen einen angemessenen Platz in der *sulta* (Regierung, Regime) einzuräumen – und das würde Anerkennung, entsprechende Vertretung in den nationalen Institutionen, Erhalt der traditionellen Werte der palästinensischen Gesellschaft und hauptsächlich einen Anteil an politischen Posten und Zuteilungen aus dem Etat bedeuten. Für jene, die gegen die Abkommen waren, sollte die Wiederaufnahme des Partisanenkriegs zum Scheitern der Abmachungen mit Israel führen und so den Beweis erbringen, dass die Palästinensische Nationalbehörde ihre Territorien nicht beherrschte und damit auch nicht in der Lage war, Israel die am dringendsten benötigte »Ware« – nämlich innere Sicherheit – zu verschaffen.

Zwischen dem 6. April 1994 und dem 21. August 1996 verübten die Hamas und Anhänger des Islamischen Dschihad eine Reihe von Terroranschlägen in Israels wichtigsten Städten, bei denen sie sich Selbstmordattentätern bedienten, die Sprengsätze an ihren Körpern trugen. Inmitten dieser Städte wurden Dutzende von Personen getötet und Hunderte verwundet.

Dadurch schien die »koordinierte Sicherheit«, die durch Abmachungen zwischen den israelischen und palästinensischen Sicherheitskräften vereinbart und aus Sicht der israelischen Regierung und der öffentlichen Meinung eine Voraussetzung für die Fort-

Die Gründung der Palästinensischen Nationalbehörde

setzung des Friedensprozesses war, hinfällig zu sein, weil den palästinensischen Behörden die Fähigkeit oder der Wille fehlte, gegen ihre Brüder vorzugehen. Es schien, als ob die islamische Bewegung ein Veto gegen die Aussöhnung zwischen Israelis und Palästinensern ausüben könnte. Beide Führungen waren vor ihrer jeweiligen Wählerschaft und voreinander beschämt worden.

Die Reaktion der israelischen Führung fiel im Vergleich zu der der israelischen Öffentlichkeit verhältnismäßig moderat aus. Erst zwei Jahre zuvor waren die Aufgabe von Territorien innerhalb des »Landes Israel« oder die Anerkennung der PLO und Verhandlungen mit Arafat (der der israelischen Öffentlichkeit als Dämon und größter Feind Israels und der Juden seit der NS-Herrschaft präsentiert wurde) aus jüdisch-israelischer Sicht ebenso undenkbar gewesen, wie es der Verzicht auf »Großpalästina« auf palästinensischer Seite war.

Nichtsdestoweniger wurde das plötzliche und überraschende Abkommen, das auf der einen Seite von Yitzhak Rabin (dem angesehensten patriotischen Militärführer Israels zu jenem Zeitpunkt) und auf der anderen Seite von Yassir Arafat (der Symbolfigur des palästinensischen Kampfes um einen Nationalstaat schlechthin) herbeigeführt wurde, von allen Beteiligten mit Gefühlen der Erleichterung, Hoffnung, des Zweifels, der Ungewissheit und Ablehnung aufgenommen. Die israelische Opposition konnte keine alternative Politik anbieten, und die Massen, die auf beiden Seiten gegen den »Verrat« hätten protestieren müssen, gingen noch nicht auf die Straße (mit Ausnahme der rechtsradikalen religiös-zionistischen Gruppen und einiger messianischer jüdisch-orthodoxer Sekten).

Doch die gewaltigen Verluste, unter denen die israelische Bevölkerung in den Zentren der großen Städte zu leiden hatte, bewirkten eine Änderung der positiven öffentlichen Meinung, die zuvor die Abkommen befürwortet hatte. Sie waren der Beweis für die Behauptung der Opposition, dass »dies kein Frieden« sei. Jedesmal, wenn erneut Terroranschläge bestätigt wurden, verfügte Israel örtliche Absperrungen, die Abriegelung ganzer Regionen und andere kollektive Strafmaßnahmen in den Territorien der Palästinensischen Nationalbehörde sowie in Gebieten, die unter israelischer Kontrolle standen. Israel schob die Realisierung der Abkommen auf (Übertragung weiterer Gebiete an die Palästinensische Nationalbehörde, Freilassung von Gefangenen und Häftlingen, Bewegungsfreiheit für Studenten zwischen dem Westjordanland und Gaza, Überweisung von Steuergeldern an die Palästinensische Nationalbehörde und Bewegungsfreiheit für palästinensische Arbeitskräfte, die in Israel beschäftigt wurden) und brach die Gespräche ab.

Diese und andere Verzögerungsmaßnahmen steigerten den Hass der Palästinenser auf Israel und bewegten weitere Einzelpersonen und Gruppen dazu, sich dem erneuerten bewaffneten Kampf anzuschließen. Nach der Zunahme der Terroranschläge im Jahr 2000 beschloss die israelische Führung, allen Gegnern und all jenen, die anscheinend für den palästinensischen Untergrundkampf verantwortlich waren, mit begrenzter militärischer Gewalt zu begegnen, und liquidierte sie systematisch.

Der Teufelskreis von Terror und Absperrungen verschlechterte die wirtschaftliche Lage der Bewohner der besetzten Gebiete (aus dem Gaza-Streifen kamen Berichte über Hungersnot) und steigerte das Prestige der islamischen Widerstandsbewegung, wodurch sich palästinensische Helden einer neuen Art hervortaten: die *shahadin* oder Märtyrer.

Der berühmteste war Yahya Ayasch, genannt »der Ingenieur«; er war höchstwahrscheinlich für die Vorbereitung und Ausführung der meisten Selbstmordangriffe in dieser Zeit verantwortlich. Dass Yahya Ayasch schließlich vom israelischen Nachrichtendienst ermordet wurde, vergrößerte nur die Aura des Helden, die ihn umgab.

In der Anfangszeit hatte die Palästinensische Nationalbehörde keinen Nachrichtendienst, der fähig war, solche Aktivitäten – die ja die Autorität und gar die Existenz der Palästinensischen Nationalbehörde bedrohten – zu unterbinden. Auch wollte Arafat keine direkte gewaltsame Auseinandersetzung mit diesen Gruppen, sondern zog es vor, sie durch Einbindung in Ämter und durch Begünstigung zu zersplittern und zu beherrschen. Wahrscheinlich kam noch eine natürliche Abneigung hinzu, Einzelpersonen und Gruppen zu jagen und zu verhaften, die den bewaffneten Kampf vorantrieben und von zumindest einem Teil der palästinensischen Bevölkerung als Helden, ja sogar als Heilige verehrt wurden. Darüber hinaus gelang es Teilen der Milizen, die die Palästinensische Nationalbehörde aus dem Ausland mitgebracht hatte, nicht immer, das Vertrauen und Wohlwollen der Bevölkerung zu gewinnen. Diese Palästinenser, die größtenteils im Ausland geboren waren, kamen den Einwohnern Palästinas wie Fremde vor. Als die Palästinensische Nationalbehörde ihre Absicht bekannt gab, Schusswaffen, Munition und Kriegsgerät bei der Bevölkerung einzusammeln, protestierte die islamische Bewegung unverhohlen. Am 22. November 1994 kam es in Gaza zu einer blutigen Auseinandersetzung zwischen der palästinensischen Miliz und der örtlichen Bevölkerung, in deren Verlauf zehn Menschen getötet wurden.

Die Palästinenser hatten unter anderem gehofft, dass die Übergabe der Macht von den Israelis an die Palästinensische Nationalbehörde eine Anhebung ihres Lebensstandards zur Folge haben würde. Dieser war seit der ersten Intifada und der Vertreibung der Palästinenser aus Kuwait gesunken – seit die Gelder ausblieben, die von den dort Beschäftigten an ihre Verwandten in den besetzten Gebieten überwiesen wurden.

Die Hoffnung auf Besserung knüpfte sich an das Versprechen, dass ausländisches Kapital und Darlehen zur Entwicklung der wirtschaftlichen Infrastruktur und sozialer Einrichtungen einströmen würden. Der gesamte Friedensprozess hing von der zweifelhaften Annahme ab, dass beide Seiten ein ökonomisches Interesse daran hätten, zu einem funktionierenden Frieden zu kommen – und falls ein solches Interesse nicht vorhanden wäre, dann müsste es eben geschaffen werden. Auch Shimon Peres' Vision eines »neuen Nahen Ostens« basierte auf dieser Annahme.

Dennoch – wenn es zu so tiefgreifenden Konflikten zwischen Völkern und Religionen kommt, können gemeinsame wirtschaftliche Interessen (selbst wenn es sie gibt) niemals ausreichen, um derart eingefleischte Gefühle zu besiegen, und schon gar nicht in so kurzer Zeit. Ferner muss gesagt werden, dass die Palästinenser – wie viele andere Araber auch – eine Annäherung aus diesen Gründen fürchteten und darin eine Art wirtschaftliche Kolonisierung sahen, die die israelische Militärherrschaft in der Region durch eine technologische und wirtschaftliche Kontrolle ersetzen sollte.

Tatsächlich hatte bis 1998 der Zustrom von Hilfsgeldern eine Besserung der wirtschaftlichen Lage zur Folge gehabt, aber diese Entwicklung brach mit dem Beginn der zweiten Intifada im September 2000 und der tiefen Rezession, die darauf folgte, schlagartig ab.

Im Jahr 2000 ging das tatsächliche Pro-Kopf-Einkommen um zwölf Prozent und im Jahr 2001 nochmals um 19 Prozent zurück. Am Ende des Jahres 2001 lag das Pro-Kopf-Einkommen um 30 Prozent unter dem Stand von 1994, als die Abkommen über Gaza und Jericho unterzeichnet worden waren. Nach Schätzungen der Weltbank lebte die Hälfte der Bevölkerung in den Palästinensische-Nationalbehörde-Territorien unterhalb der Armutsgrenze. Bis September 2000 hatten 70000 bis 80000 Palästinenser ihre Arbeitsstellen in Israel und den Siedlungen verloren; hinzu kamen weitere 60000 Arbeitslose in den PNA-Territorien selbst.

Es besteht kein Zweifel, dass die Autonomie anfangs zwar die Hoffnung auf einen höheren Lebensstandard aufkeimen ließ, diese Hoffnung jedoch größtenteils enttäuscht wurde, wovon möglicherweise nur jene dünne Schicht der palästinensischen Gesellschaft ausgenommen blieb, die vom Übergang der Macht des israelischen Militärs an die Palästinensische Nationalbehörde profitierte.

Tatsächlich ging es bergab: Der Lebensstandard der meisten Palästinenser, insbesondere jener, die im Gaza-Streifen lebten, ging zurück, und seit Beginn der weiträumigen Abriegelungen ist ein allgemeiner Rückgang um 25 Prozent festgestellt worden. Die wild kursierenden Gerüchte über Korruption, in denen häufig die Namen von Palästinensische-Nationalbehörde-Führern vorkamen, dämpften die Entwicklung an der Basis, stärkten der Opposition den Rücken, trugen zur Demoralisierung der Bevölkerung bei und steigerten die Kriminalität.

Die Gründung der Palästinensischen Nationalbehörde

Während der vorausgegangenen 20 Jahre dauernden Besetzung war die palästinensische Gesellschaft durch eine wachsende Zahl von nicht amtlichen Verbänden und Organisationen freiwilliger Helfer gekennzeichnet. Viele dieser Aktivisten und Dienstleister erhielten oft Gehälter und noch andere Entschädigungen für ihre Arbeit.

Anfang der 1990er Jahre beschäftigten diese Organisationen zwischen 20 000 und 30 000 Angestellte. So hatten die Palästinenser in Ermangelung eines Staatswesens alternative Institutionen entwickelt, die den Einrichtungen einer bürgerlichen Gesellschaft ähnlich waren.

Allerdings wurden die Etatgelder dieser Verbände und Institutionen größtenteils von ausländischen Geldgebern zur Verfügung gestellt. Während der ersten Intifada spielten diese Organisationen eine immer größere Rolle und erbrachten Mitte der 1990er Jahre fast die Hälfte aller medizinischen Versorgungsleistungen, etwa ein Drittel der Ausbildungs-, Beratungs- und Unterstützungsleistungen für ehemalige Häftlinge und die Armen sowie nahezu sämtliche Hilfe- und Rehabilitationsleistungen für Behinderte.

Nach der Gründung der Palästinensischen Nationalbehörde war es nur folgerichtig, dass diese die meisten – wenn nicht sogar alle – Funktionen übernehmen würde, die ehedem von den genannten Organisationen wahrgenommen worden waren. Tatsächlich wurden zu diesem Zweck innerhalb der Palästinensischen Nationalbehörde verschiedene Ministerien gebildet. Es erwies sich jedoch als schwierig, Zivilbehörden zur Erbringung von Dienstleistungen aufzubauen, die nach bestimmten Normen arbeiteten, und meistens wurden diese »Ämter« mit den Personen identifiziert, die ihnen vorstanden – und dem Präsidenten eng und loyal verbunden waren.

Die Palästinensische Nationalbehörde begann sogar, auf radikale Weise ihre Autorität gegenüber den freiwilligen Hilfsorganisationen geltend zu machen, entweder um ihre eigene »Souveränität« und Macht unter Beweis zu stellen, oder aus Angst, dass sich mit der Zeit parallele, subversive Institutionen herausbilden könnten. So oder so war es deutlich, dass der »Staat« zumindest im Anfangsstadium seiner Existenz wesentlich weniger effizient als die freiwilligen Organisationen arbeitete und weniger Dienstleistungen als diese erbrachte. Er konnte nicht einmal das Dilemma lösen, die altgedienten Institutionen entweder in das Staatswesen zu integrieren oder zu versuchen, sie anzugreifen und auszulöschen.

Vom Beinah-Abkommen zum Patt

Am 4. November 1995 wurde Israels Premierminister Yitzhak Rabin von einem nationalreligiösen Jugendlichen ermordet, der hoffte, so die Übergabe von Gebieten an die Palästinensische Nationalbehörde zu verhindern. Das Attentat war der Höhepunkt nach monatelangen, noch nie dagewesenen Hetzkampagnen und gewaltsamen Demonstrationen gegen die Abkommen von Oslo im Allgemeinen und gegen Rabin persönlich, der als Verräter an der Idee von »Großisrael« dargestellt wurde.

Zur Taktik gehörte auch die Verbreitung eines Plakats, auf dem Rabin in einer SS-Uniform abgebildet war. Oppositionsmitglieder wie Sharon und Benjamin Netanyahu, der neue Star auf der politischen Bühne, spielten in diesen Hetzkampagnen eine wesentliche Rolle, indem sie sich einer hemmungslosen Rhetorik von Blut, Boden und Verrat bedienten.*

Die Verschmelzung der gemeinsamen Interessen von islamischen Bewegungen und von säkularistischen rechtsradikalen sowie religiös-messianisch-fundamentalistischen Parteien auf der israelischen Seite hatte viel mehr Gewicht als die gemeinsamen Interessen all jener, die die problematischen Abkommen von Oslo befürworteten.

Wie bereits weiter oben erläutert, hatte Rabin eine Minderheitsregierung gebildet. Nach seiner Ermordung schaffte sein Partner Shimon Peres es nicht, die Wahlen von 1996 zu gewinnen. Ein Grund dafür war die Kettenreaktion, die nach dem Attentat auf Yahya Ayasch (genannt »der Ingenieur«) am 6. Januar 1996 einsetzte. Peres, zu jenem Zeitpunkt amtierender Premierminister, hatte die »gezielte Tötung« von Ayash – einem Hamas-Experten für Sprengladungen und Bomben, der von vielen Bewohnern im Gaza-Streifen als Held angesehen wurde – genehmigt, um in der

---

* Am 5. Oktober 1995 traten Sharon, Netanyahu und Rafael Eitan auf einer Kundgebung in Jerusalem auf und hetzten die Zuhörer dermaßen auf, dass diese den Tod der »Verbrecher von Oslo« – Rabin und Peres – forderten. Dieser Vorfall ist Bestandteil des kollektiven Gedächtnisses der Israelis geworden.

Öffentlichkeit den Ruf eines harten Durchgreifers zu gewinnen. In den Monaten vor dem Attentat hatte sich Hamas ruhig verhalten und keine »Aktionen« von Bedeutung ausgeführt. Dieser »Waffenstillstand« hielt auch nach Rabins Ermordung.

Nach der üblichen muslimischen Trauerperiode von 40 Tagen nahm Hamas mit einer Serie von blutigen Bombenattentaten in Israel Rache. Die Reaktion der jüdischen Öffentlichkeit ließ nicht auf sich warten. Sowohl der gewaltige Vorsprung der Arbeitspartei bei den Meinungsumfragen als auch die Unterstützung für die Aussöhnung schmolzen dahin, während der Likud und seine rechtsradikalen Verfechter eines harten Kurses außerordentlich große Zustimmung erhielten.

Peres und die Arbeitspartei verloren auch die Unterstützung der arabischen Israelis. Viele von ihnen (und auch einige jüdische Wähler, die ihrem Gewissen folgten) gingen nicht zur Wahl aus Protest gegen das »Unternehmen Trauben des Zorns«, einer Reihe von Luftangriffen gegen den südlichen Libanon nach Artillerieangriffen der Hisbollah. Die Luftangriffe zwangen etwa 200 000 Einwohner, ihre Häuser zu verlassen, und durch den irrtümlichen Artilleriebeschuss von Kfar Qana kamen 100 libanesische Bürger ums Leben.

Zu diesem Zeitpunkt gewannen die Siedler und Rechtsradikalen wieder politisch an Kraft. Sie hatten keine Mühe gescheut, Benjamin Netanyahus Wahl zum Premierminister zu erzwingen. Entgegen der Erwartungen vieler seiner Wähler hat Netanyahu dann nicht die »internationalen Abkommen« (das heißt die von Oslo) verworfen, sondern sogar unter US-amerikanischer Schirmherrschaft die Gespräche mit den Palästinensern fortgeführt. Er handelte weitere vorläufige Abkommen aus, von denen einige auch in die Tat umgesetzt wurden, wie beispielsweise die Rückgabe von Hebron (mit Ausnahme der jüdischen Enklave) und das Abkommen von Wye (16. November 1996).

Im Rahmen des Abkommens von Wye wurde der Palästinensischen Nationalbehörde die Macht über weitere palästinensische Gebiete übertragen, sodass die Palästinensische Nationalbehörde nunmehr über die gesamte städtische Bevölkerung (mit Ausnahme der Einwohner von Jerusalem und der meisten Bewohner der Flüchtlingslager) herrschte. Teile dieses Abkommens wurden erst später während Baraks kurzer Amtszeit umgesetzt. Dennoch haben die radikalen Rechten wegen des Abkommens von Wye den Likud verlassen und die Nationale Einheitspartei gegründet, die schließlich Netanyahus Sturz herbeiführte.

Schon zu Zeiten der Regierung Netanyahu war eine Veränderung im Klima und in den Beziehungen zwischen Israel und den Palästinensern spürbar geworden: Das gegenseitige Vertrauen begann zu bröckeln. Neben der offenkundigen Feindseligkeit der neuen Regierung gegenüber den Palästinensern trug auch die Öffnung der Tunnel unter den westlichen Mauern Jerusalems dazu bei, die brüchigen Abkommen zu untergraben. Diese Tunnel, die unter dem *Haram al-Sharif* (dem jüdischen Tempelberg) verliefen, wurden am 25. September 1996 eröffnet und von der muslimischen Bevölkerung als Bedrohung ihrer heiligen Stätten empfunden. Es kam zu Demonstrationen und Krawallen, in deren Verlauf etwa 40 Palästinenser getötet und 100 verletzt wurden.

Zu weiteren Spannungen kam es, als der arabische Teil von Jerusalem und die Siedlungen in Bebauungspläne mit einbezogen wurden. Eine radikal-nationalistische Rhetorik auf israelischer Seite und die Verachtung, die man den Palästinensern entgegenbrachte, steigerten deren Gefühl der Entfremdung und trugen dazu bei, dass die Kontrolle über die islamischen Elemente (Hamas und Islamischer Dschihad), die ihre Terroranschläge in Israels Städten wieder aufgenommen hatten, immer mehr dahinschwand.

Der wachsende Verlust an persönlicher Sicherheit für die jüdische Bevölkerung in Israel trug auch zum Fall Netanyahus (wie später auch Baraks) bei, obwohl das persönliche Verhalten beider Politiker sowie ihre Unfähigkeit, einen anständigen persönlichen Umgang zu pflegen, dabei ebenfalls eine bedeutende Rolle spielten.

Am 17. Mai 1999 wurde Ehud Barak als Kandidat der Arbeitspartei mit der Parole »Fortsetzung des Erbes von Rabin« zum Premierminister gewählt. Mit seiner Wahl wurden Hoffnungen auf eine Wiederherstellung des Vertrauens zwischen Israel und den Palästinensern sowie der arabischen Welt im Allgemeinen verbunden, aber zumindest zu Beginn seiner Amtszeit schien Barak unter dem Trauma von Rabins Ermordung zu agieren. Ehud Barak versuchte mit einer Koalitionsregierung, die aus einer »stabilen jüdischen Mehrheit« bestand – also ohne Unterstützung der arabischen Wähler, von denen 95 Prozent für ihn gestimmt hatten und denen er in beachtlichem Maß seinen Sieg in Israels erster Direktwahl zum Premierminister verdankte –, den diplomatischen Prozess wieder in Gang zu bringen.

Doch von Anfang an arbeitete die Regierung mit religiösen und rechtsgerichteten Parteien zusammen (darunter die National-Religiöse Partei, Schas und die Partei Russischer Einwanderer) und erreichte damit, dass gerade die zionistische Partei, die sich dem Aussöhnungsprozess am meisten verschrieben hatte – nämlich Merez –, aus der Koalition austrat, einfach um nur den Hauch einer Zugehörigkeit zu »Rabins Koalition« zu vermeiden.

Rückblickend hatten viele, darunter auch beispielsweise Yossi Belin, den Verdacht, dass Barak seine Schritte im Voraus berechnet hatte, damit er seine Angebote als gewaltige Kompromisse Israels darstellen konnte, obwohl er wusste, dass sie für die Palästinenser völlig inakzeptabel sein würden. So konnte er scheinbar das »wahre Gesicht« der Palästinenser demaskieren und erklären: »Israel hat keinen wirklichen Partner im Frieden.«

Es dürfte eher wahrscheinlich sein, dass Barak wirklich glaubte, Israel sei stark genug, um die Palästinenser zur Annahme eines Abkommens zu zwingen, das auf von ihm diktierten Bedingungen beruhte.* Darum hat er auch das erste Jahr seiner Amtszeit darauf verwendet, eine Abmachung mit Syrien zu treffen und so die Palästinenser zu isolieren. Nach Baraks eigenen Worten »würde ein Friedensschluss mit Syrien die Möglichkeiten der Palästinenser, den Konflikt auszuweiten, erheblich einschränken«.

---

* Beilins Behauptung ist noch aus einem weiteren Grund ohne Sinn: Selbst ein unerfahrener Politiker wie Barak kann nicht seine politische Karriere opfern, nur um zu »beweisen«, dass die Palästinenser nicht in der Lage sein würden, die (aus israelischer Sicht) großzügigsten Angebote anzunehmen, die ihnen je unterbreitet worden waren, oder das am weitesten Gehende, das noch innerhalb des »Rahmens der Möglichkeiten« blieb.

Aber der fremdenfeindliche Hafez Assad war nicht geneigt, mit den Israelis Frieden zu schließen – selbst dann nicht, wenn er als Gegenleistung das gesamte Gebiet, das 1967 besetzt und 1973 erneut besetzt worden war, zurückerhalten sollte, denn das hätte bedeutet, dass er seine Grenzen für Fremde und neues, gefährliches Gedankengut hätte öffnen müssen.

Tatsächlich unterschied sich Baraks Ansatz von dem Rabins*: Er weigerte sich, weiterhin die Abkommen stufenweise zu erfüllen, was schließlich zum vollständigen Rückzug in die Grenzen von 1967 gemäß der anerkannten Auslegung der Resolution Nr. 242 des UN-Sicherheitsrats vom 22. November 1967 geführt hätte.

Stattdessen dachte er, er könnte mit einer Koalitionsregierung aus diversen rechtsorientierten und gemäßigten Parteien ein endgültiges Abkommen mit den Palästinensern aushandeln, das die Gründung eines entmilitarisierten Palästinenserstaats sowie deren Zustimmung zu einem »Ende des Konflikts« beinhalten würde, ohne dass Israel sich auf seine Grenzen von 1967 zurückziehen müsste.

Gleichzeitig hoffte er, das Flüchtlingsproblem auf eine Dimension zu reduzieren, die es erlauben würde, das Thema einfach mit einem Hinweis auf eine moralische Verantwortung für sein Entstehen zu erörtern, den Tempelberg unter alleiniger jüdischer Kontrolle zu halten und die Räumung der großen jüdischen Siedlungsgebiete nahe der »Grünen Linie« zu vermeiden. Barak meinte, er könnte seine eigene Regierung und sogar die Knesset umgehen, indem er über ein Referendum an das »Volk« appellierte – ein beispielloser Vorgang in der israelischen Politik –, einem Abkommen zuzustimmen, das er nach eigener Überzeugung mit der palästinensischen Führung aushandeln könnte.

---

* Als Generalstabschef unter Premierminister Rabin hatte er sich gegen die Abkommen von Oslo ausgesprochen, was er während seines Wahlkampfs nicht einmal erwähnte, geschweige denn erläuterte. Diese Tatsache wurde von den Massenmedien, die ihn fast allesamt gegen Netanyahu unterstützten, ignoriert. Die öffentliche Meinung scheint praktisch alle Ereignisse außer denen der jüngsten Vergangenheit zu ignorieren, und Verantwortlichkeit ist etwas, das der israelischen politischen Kultur nahezu völlig fremd ist, wie die Wahl und Wiederwahl von Ariel Sharon exemplarisch belegen.

Allerdings bestand sein erster (und wie sich später herausstellen sollte, einziger) Erfolg darin, die israelischen Streitkräfte aus dem südlichen Libanon abzuziehen, wo die Hisbollah (eine Bewegung, die als Reaktion auf den israelischen Einmarsch 1982 gegründet wurde) einen erbitterten Partisanenkrieg gegen die israelische Besatzungsarmee führte.

Es schien, als ob Barak keinerlei Vorstellung davon hatte, was für ein endgültiges Abkommen die Palästinenser akzeptieren würden, und wahrscheinlich hatte er auch selbst keine Vorstellung von einem derartigen Abkommen, außer dass es den Palästinensern maximale Konzessionen abringen und einen minimalen politischen und territorialen Preis kosten sollte.

Des Weiteren mangelte es ihm an solider politischer Erfahrung und an einem sachkundigen politischen Arbeitsstab, sodass er das Amt des Premierministers wie den Generalsstab der Streitkräfte führte. Darüber hinaus war es nicht klar, ob sowohl die palästinensische wie die israelische Führung als auch die Öffentlichkeit auf beiden Seiten politisch bereit waren, die notwendigen Konzessionen zur »Beendigung des Konflikts« zu machen, nachdem die anfängliche Euphorie über die Abkommen von Oslo verflogen war.

Das Debakel von Camp David*

Vom 11. bis 25. Juli 2000 veranstaltete der amerikanische Präsident Bill Clinton in Absprache mit Ehud Barak eine israelisch-palästinensische Friedensgipfelkonferenz in Camp David, einem symbolträchtigen Ort, an dem bereits 1979 das Friedensabkommen zwischen Israel und Ägypten ausgehandelt worden war. Die Gipfelkonferenz scheiterte, was auf beiden Seiten tragische Folgen hatte.

Die Amerikaner und Israelis machen die Palästinenser im Allgemeinen und Yassir Arafat persönlich für das Debakel verantwortlich, während die Palästinenser den Amerikanern und Israelis die Schuld zuweisen, obwohl jede Seite rückblickend einen Teil der Verantwortung für Fehler auf der taktischen Ebene der Verhandlungen übernommen hat. Der einen oder anderen Seite die Schuld zuzuweisen ist selbst Teil des Konflikts geworden, aber das soll nicht Thema dieses Kapitels sein. Allerdings ist dieser Punkt für ein Verständnis der Ursachen und der Dynamik wichtig, die zum Zusammenbruch und zur Zersplitterung der israelischen Friedensfront sowie zu Ariel Sharons unerwarteter politischer Wiederauferstehung geführt haben.

Yassir Arafat stand der Gipfelkonferenz von Anbeginn an skeptisch gegenüber. Er misstraute Barak und dessen Absichten, und das aus gutem Grund. Barak setzte weitere Maßnahmen der vorläufigen Abkommen nicht um (auch nicht jene, die von Netanyahu zugesagt worden waren). Er weigerte sich, den Siedlungsbau einzufrieren – während seiner kurzen Amtszeit wuchs die Anzahl der Siedlungen um mehr als zehn Prozent an; er ließ Häftlinge und Lagerinsassen nicht frei und – wie bereits oben ausgeführt – er versuchte, eine Annäherung an Syrien zu erreichen, um die Palästinenser zu isolieren. Arafat glaubte nicht, dass ein US-ameri-

---

* Unter den Gesprächen von Camp David (II) sind sämtliche Verhandlungen zwischen Israelis und Palästinensern zu verstehen, die in diesem Zeitraum stattgefunden haben, einschließlich derer im Mai 2000 in Stockholm, im Juli 2000 in Camp David und im Februar 2001 (hauptsächlich in den USA und in Taba/Ägypten).

kanischer Präsident als ehrlicher und neutraler Vermittler zwischen den Israelis und den Palästinensern fungieren könnte. Des Weiteren war er davon überzeugt, dass eine erfolgreiche Gipfelkonferenz besser vorbereitet werden müsste und dass das Gipfeltreffen zwischen Barak und Clinton angesichts der inoffiziellen Angebote, die Israel während des Treffens in Stockholm im Mai 2000 unterbreitet hatte, verfrüht war.

Arafats anfängliches Gefühl mag prophetisch oder eine sich selbst bewahrheitende Voraussage gewesen sein, aber wie dem auch sei, haben Clintons gönnerhafte Tonart und Baraks berüchtigte Arroganz nicht zu einer entspannten Atmosphäre beigetragen, die gedeihlichen und kreativen Verhandlungen unter gleichberechtigten Parteien förderlich ist. Die Vorschläge, die Barak gegen Ende der Gespräche unterbreitete* und Clintons brückengsschlagende Ideen oder »Parameter« waren nicht weit von dem entfernt, was die palästinensischen Unterhändler zu akzeptieren bereit waren und hätten die Grundlage für weitere Verhandlungen bilden können, aber anscheinend wurden sie von Arafat wegen der fehlgesteuerten Dynamik abgelehnt, die sich vor und während der Gespräche entwickelt hatte**. Shlomo Ben Ami, Baraks Chefunterhändler, beschrieb Baraks Ausgangsposition so:

> ... Barak zeigte mir eine Landkarte, auf der auch der Jordangraben eingezeichnet war, und die eine Art erweiterten Allon-Plan darstellte. Er war sehr stolz darauf, dass nach dieser Landkarte

---

* Eine Landkarte, auf der die israelischen Vorschläge in Camp David mit jenen verglichen werden, die in Taba vorgelegt wurden, ist auf der Webseite von Le Monde Diplomatique veröffentlicht worden: http://www.monde-diplomatique.fr/cartes/taba2001

** Es ist zugleich interessant und sinnvoll, festzustellen, dass sich die Beschreibungen der inneren Dynamik der Gespräche überraschend ähnlich sind, und zwar selbst dann, wenn deren Verfasser unterschiedlicher Meinung sind, wer letztendlich für das Scheitern der Gespräche verantwortlich ist. Ich meine damit unter anderem Robert Malley, der von 1998 bis 2001 Präsident Bill Clintons Sonderbeauftragter für arabisch-israelische Angelegenheiten war und dazu neigt, den israelischen und amerikanischen Unterhändlern die Hauptverantwortung für das Scheitern zuzuschreiben; außerdem Dennis Ross, Clintons Sondergesandten im Nahen Osten, der eindeutig die Version von Clinton und Barak vertritt, Shlomo Ben Ami, einen der israelischen Hauptunterhändler, und Ehud Barak selbst.

etwa ein Drittel des Gebiets bei Israel bleiben würde. Wenn ich mich recht erinnere, gestand er den Palästinensern nur 66 Prozent des Gebiets zu. Ehud [Barak] war davon überzeugt, dass die Karte einen äußerst logischen Sachverhalt darstellte. Er hatte eine gönnerhafte, von Wunschdenken geprägte und naive Einstellung dazu und sagte voller Begeisterung: »Sehen Sie, dies ist ein [palästinensischer] Staat, jedenfalls sieht es für alle praktischen Zwecke wie ein Staat aus.«

Neben den bereits erwähnten Faktoren wirkten noch einige weitere zusammen, um das endgültige Scheitern der Verhandlungen herbeizuführen. Zum einen hatte keiner der beiden Teilnehmer eine klare und genaue Vorstellung der eigenen Ziele. Die Palästinenser, die sich ihrer Schwäche sehr wohl bewusst waren, hatten das vordringliche Ziel, den Schaden auf ein Minimum zu begrenzen.

Sie gerieten so in eine kalkulierte Passivität, die sie einerseits daran hinderte, eigene Vorschläge zu unterbreiten, und andererseits dazu brachte, jeden Vorschlag der Israelis oder Amerikaner abzulehnen, zumal sie letztere – zweifelsohne zu Recht – im Verdacht hatten, ihre Angebote mit Israel abzusprechen.

Anfangs mag dies eine durchaus logische Taktik gewesen sein, weil sie die Israelis zwang, ihre anschließenden Angebote zu verbessern, aber als das »Nein« zur automatischen Antwort wurde, selbst wenn die Israelis realistischere Vorschläge unterbreiteten, führte diese Taktik in den Abgrund. Allerdings hat Arafat mindestens einmal seine kalkulierte Passivität aufgegeben und Clinton ein informelles Angebot unterbreitet. Ben Ami berichtet darüber so:

Gestern [am 17. Juli] hat Arafat Clinton einen Vorschlag in Bezug auf das Szenario des vorigen Abends gemacht*. Er ist bereit, auf acht bis zehn Prozent des Gebiets zu verzichten. Er

---

* An einem Punkt war Ben Ami während eines Planspiels mit einigen Mitgliedern der palästinensischen Delegation irrtümlicherweise zu der Schlussfolgerung gelangt, dass es einen Durchbruch in den Verhandlungen über den Status des »heiligen Beckens« gegeben hätte, das alle heiligen Stätten der drei Religionen in Jerusalem beinhaltet.

sagte Clinton: »Ich lege die Angelegenheit des Gebietsaustauschs in Ihre Hände – Sie entscheiden.« Er ist bereit, Sicherheitsabkommen zu akzeptieren, wie sie beschlossen werden. Er legt großes Gewicht auf eine internationale Truppe. Wir werden auch in der Flüchtlingsfrage zu einer Lösung kommen. Jetzt steht und fällt alles mit der Jerusalem-Frage. Arafat will dafür eine Lösung, mit der er leben kann ... Aber kurze Zeit später machte Arafat einen Rückzug. Er übermittelte Clinton eine Botschaft, in der er seine Zusagen zurücknahm.

Als Reaktion auf die palästinensische Taktik des Nein-Sagens führte Barak eine Basartaktik ein. Er begann damit, den Palästinensern das kostspieligste Angebot – in enger Anlehnung an den Allon-Plan – zu unterbreiten, ließ jedoch durchblicken, dass dies lediglich eine Ausgangsposition sei.

Die Teilnehmer an diesen Verhandlungen (und wahrscheinlich Barak selbst) wussten nicht, wohin dieser Verhandlungsprozess führen würde. Und weil Barak die Ansichten seiner Wählerschaft berücksichtigen musste, war jeder seiner Vorschläge zugleich ein »Nichtvorschlag« oder »Nichtpapier«, um seine Position in den Augen seiner militanten und religiösen Kabinettsmitglieder zu wahren. Überdies hat seine Delegation bis zur letzten Phase der Verhandlungen im Dezember und Januar niemals ein Paket mit sämtlichen Vorschlägen zur Regelung aller offen Fragen von Bedeutung vorgelegt.

Stattdessen wurde jedes Thema – wie zum Beispiel Gebietsaustausch, Grenzverläufe, Siedlungsgebiete, Flüchtlinge, Überflugrechte, Rechte an Wasservorkommen usw. – einzeln und von verschiedenen Unterhändlern erörtert, eine Taktik also, die für Kompromisse oder ein wechselseitiges Geben und Nehmen keinen Raum lässt.

Auch redete und dachte jede Seite im Rahmen der eigenen metahistorischen und mythischen Überlieferungen und Gebote. Ein hervorragendes Beispiel dafür war der wütende Streit über die Frage, ob sich die Ruinen des biblischen Tempels des Königs Salomon unter dem zweiten Tempel befinden oder nicht. Arafat argumentierte, dass sich nichts unter dem *Haram al-Sharif* befände, und wenn es einen ersten Tempel gäbe, dann wäre dieser in Nablus. Dieses metahistorische Argument verletzte die säkularen jüdischen Unterhändler zutiefst, und sie schlossen sofort daraus, dass Arafat damit die historischen Bande des jüdischen Volks zu Jerusalem und zum Heiligen Land negierte. Der Protestant Bill Clinton war ebenfalls betroffen und sagte zu Arafat:»... nicht nur die Juden, sondern auch ich glaube, dass sich die Reste von Salomons Tempel [dort] unter der Erde befinden. Das hat mir mein Pfarrer am vergangenen Sonntag in der Kirche gesagt.« An dieser Stelle meldete sich einer seiner jüdischen Berater zu Wort und riet Clinton, Arafat zu sagen, dass es sich bei jener Äußerung um seine persönliche Meinung und nicht um eine offizielle Stellungnahme der amerikanischen Regierung handelte.

So wurde für beide Seiten die Frage der Hoheit über das so genannte »heilige Becken« – jenes Areal außerhalb der Mauer der Altstadt, auf dem sich die »Stadt Davids« und die »Gräber der Propheten« längs der Straße zum Ölberg befinden – zu einem Streitpunkt, über den anscheinend weniger verhandelt werden konnte als über das Rückkehrrecht der Flüchtlinge oder die Räumung der Siedlungen.

Der Todesstoß für den Friedensprozess (und ein Akt, der eng mit der mythologischen Dimension des Konflikts verwoben war) kam in Form des spektakulären und äußerst medienträchtigen Auftritts von Ariel Sharon auf dem Tempelberg, der sich in der Nähe der Al-Aqsa-Moschee befindet, die unter den heiligen Stätten des Islam an dritter Stelle rangiert.

Sharon wollte mit dieser Aktion den israelischen Anspruch auf die heiligen Stätten unterstreichen, gleichzeitig jedoch seine eigene Position gegenüber dem soeben rehabilitierten Likud-Populisten Benjamin Netanyahu festigen.

Sharon löste mit seiner Aktion auf dem Tempelberg eine neue gewaltsame Protestwelle unter den Palästinensern aus, auf die Israel ebenso mit Gewalt reagierte, woraus sich bald ein Krieg zwischen den Gemeinschaften entwickelte, denn die blutigen Ausschreitungen eskalierten rapide, wobei die israelische Seite den

Vorwurf äußerte, die Zusammenstöße würden direkt von Arafat gesteuert, was in dieser Form jedoch nicht zutrifft.

Die weiteren Verhandlungen standen unter dem Schatten dieses neuen Zyklus von Gewalt und Gegengewalt, der schnell den emotionsgeladenen und religiös schlagkräftigen Namen Al-Aqsa-Intifada erhielt. Die Israelis waren davon überzeugt, dass der Ausbruch der Gewalt im Voraus geplant worden war, um weitere Konzessionen zu erpressen, während die palästinensische Führung darin eine Warnung des Volkes vor dem Abschluss eines »Kapitulationsabkommens« sah.

Unter diesen Umständen konnten die Gespräche zwischen den Palästinensern und Israelis unmöglich zu einer Übereinkunft führen, insbesondere da die Abkommen von Oslo getreu Kissingers Doktrin der »konstruktiven Undurchsichtigkeit« abgefasst worden waren – ein Konzept, das bei Konflikten dieser Art grundsätzlich nicht funktionieren kann.

Der Kerngedanke der »konstruktiven Undurchsichtigkeit« besteht darin, dass sich die verhandelnden Parteien auf einige sehr allgemeine Prinzipien einigen, die dann jede Partei nach ihrem eigenen Wunschdenken auslegt. Es mag sein, dass dies ein genialer Ansatz war, um Abkommen zwischen den USA und China oder Vietnam – also zwischen Nationen, die Tausende von Meilen auseinander liegen – zustande zu bringen, aber er taugte nicht für zwei ethnisch unterschiedliche Volksgruppen, die auf so engem Raum nebeneinander leben. In einer solchen Situation kann jede kleine Reiberei und jeder kleine Vorfall sofort Spannungen hervorrufen und das Potenzial für einen unbeherrschbaren Großbrand in sich bergen.

So stellten aus Sicht der Palästinenser die Abkommen von Oslo, die die Grundlinie für ein endgültiges Abkommen vorgaben und wonach sie 78 Prozent ihres angestammten Gebiets im historischen Palästina abtreten sowie das Existenzrecht eines jüdischen Staates in diesem Gebiet anerkennen sollten, weit reichende, schmerzliche Konzessionen dar, die von einem beachtlichen Teil der palästinensischen Bevölkerung als Verrat angesehen wurden. In der Tat stellte sich die pragmatische Fatah-Führung der Palästinenser ein Abkommen wie das zwischen Israel und Ägypten vor, wonach als Gegenleistung für Frieden und Anerkennung *sämtliche* Gebiete, die im Krieg von 1967 besetzt worden waren, zurückgegeben wurden. Die Palästinenser sahen in Netanyahus Wahlsieg 1996 ein Zeichen dafür, dass die Mehrheit der israelischen Juden die Prinzipien und den »Geist« von Oslo ablehnten, ohne zu bedenken, dass die israelische Ablehnung der Osloer Abkommen weitgehend auf die Gewalt zurückging, die durch die palästinensische (und hauptsächlich islamische) Ablehnung wieder entfacht worden war.

Baraks Wahl zum Premierminister ließ erneut Hoffnungen aufkommen, die sich jedoch allmählich verflüchtigten. Selbst als die Palästinensische Nationalbehörde über den größten Teil der Bevölkerung in den palästinensischen Städten, Flüchtlingslagern und Dörfern herrschte, wurden die Verbindungsstraßen zwischen diesen überwiegend von den Israelis kontrolliert. Israelische Vorposten, Kontrollpunkte, bewaffnete Siedler und Absperrungen schränkten die Freiheit der Bevölkerung ein und demütigten sie täglich – sechs Jahre nach Oslo.

Die islamische Bewegung lieferte ein alternatives Weltbild, Selbstachtung und Hoffnung. Die Al-Aqsa-Intifada war und ist immer noch ein Aufstand nicht nur gegen Unterdrückung und Besetzung durch die Israelis, sondern auch gegen die eigene Führung und das eigene Regime (*sulata*), die als korrupt und zu unterwürfig gegenüber Israel gelten. Darüber hinaus – und dies gilt auch auf der anderen Seite der Barrikaden – übt die Mischung aus fanatischem Nationalismus und religiösem Fundamentalismus eine starke Anziehung aus, besonders in Krisenzeiten.

Während die erste Intifada ein echter Volksaufstand war, entwickelte sich die zweite schnell zu einer bewaffneten Rebellion. Anders als bei der ersten Intifada befand sich kein israelisches Militär mehr in den Lagern und Städten. Folglich richtete sich die Gewalt gegen die Siedler auf den Straßen und gegen die Zivilbevölkerung in Israel.

Sehr bald schlossen sich Mitglieder der palästinensischen Milizen einzeln oder in Gruppen dem Kampf an, schossen auf die Israelis und steigerten so die Gewalt, die bis Anfang 2002 die Form eines ethnischen Kriegs zwischen den Israelis und der Palästinensischen Nationalbehörde angenommen hatte. Die Israelis versuchten (meistens ohne Erfolg), die palästinensischen (»präventiven«) Sicherheitskräfte und die gemeinsamen Sicherheitskomitees gegen die Angreifer zu mobilisieren und schlugen zurück, ohne mit der palästinensischen Führung zusammenzuarbeiten.

Die erschreckendste Taktik der »militanten Flügel« der beiden islamischen Bewegungen (Hamas und Islamischer Dschihad) bestand im Einsatz von Selbstmordattentätern. Dieses Vorgehen hatte man von den Islamisten in Indonesien kopiert, die gegen die britische Herrschaft protestiert hatten. Später haben andere Gruppen – darunter auch einige der Fatah – sich zur Nachahmung entschlossen, nachdem es sich als erfolgreich erwiesen hatte.

Zunächst waren die Selbstmordattentäter eine Reaktion auf die enorme Diskrepanz zwischen der Macht der israelischen Streitkräfte und der Macht der palästinensischen Kämpfer. Als genau gesteuerte menschliche Raketen verursachten sie hohe Verluste – hauptsächlich unter Zivilisten – in der israelischen Bevölkerung, lähmten das Alltagsleben fast vollständig und erschütterten den Kampfgeist der Israelis. In der palästinensischen Bevölkerung genossen die Selbstmordattentäter und ihre Familien höchstes Ansehen als Märtyrer für die patriotische Sache. Vor und während der Gespräche befanden sich Arafat und die gesamte Führung der Palästinensischen Nationalbehörde in einem beachtlichen Dilemma hinsichtlich ihrer ideologischen sowie moralischen Reaktion auf die Islamisten und insbesondere auf das Phänomen der Selbstmordattentäter.

Ein offener Konflikt mit den Islamisten bedeutete die Entfesselung eines Bürgerkriegs, während die Fortsetzung des *jihad* den Israelis einen wichtigen Grund lieferte, die Erfüllung der Vereinbarungen zu verweigern. Nachdem Sharon zum Premierminister gewählt worden war, diente ihm der *jihad* als sehr gewichtiges Argument, um die USA zu drängen, im Kampf gegen den weltweiten Terrorismus nach dem 11. September Arafat und die gesamte Palästinensische Nationalbehörde als Gegner einzustufen. Folglich

Das Debakel von Camp David

versuchte Arafat, die Islamisten entweder einzubinden oder zu Vereinbarungen über eine Aussetzung der Terroranschläge zu bewegen, die der nationalen Sache irreversiblen Schaden zufügten. Er scheiterte schließlich jedoch, weil ihn sein Unvermögen, mit den Israelis so umzugehen, wie es die Palästinenser gewünscht hatten, Prestige und Autorität gekostet hatten.

Hinzu kam, dass seine eigenen Leute (insbesondere die so genannten Al-Aqsa-Brigaden) im Wettstreit mit rivalisierenden Gruppen selbst Terroranschläge durchführten – auch mit Selbstmordattentätern. Arafat befand sich somit in einer Falle: Er konnte den Terror nicht aufhalten, weil er schwach und unentschlossen war, während der anhaltende Terror ihn immer weiter schwächte, indem er ihn daran hinderte, die Verhandlungen in Camp David und Taba richtig zu führen.

Die Israelis fanden schließlich eine Möglichkeit, nicht nur mit den Selbstmordattentaten umzugehen, sondern sie auch noch zu eigenen Zwecken auszunutzen, wie später noch erläutert wird. Der Schrecken, den diese Anschläge verbreiteten, wurde instrumentalisiert, um die uneingeschränkte Anwendung militärischer Mittel im In- und Ausland zu legitimieren und später allmählich die Palästinensische Nationalbehörde zu demontieren und die Osloer Abkommen aufzuheben.

Die Selbstmordattentäter insbesondere und die Kette von immer gewaltsameren Anschlägen im Allgemeinen waren keineswegs der Grund für das Scheitern der Verhandlungen in Camp David und Taba, aber sie trugen in erheblichem Maß zu den Schwierigkeiten bei, mit denen sich beide Parteien konfrontiert sahen.* Das unmittelbare Ergebnis des Debakels in Camp David und der Eskalation des Terrors war, dass sich auch noch der letzte Rest von Zu-

---

* Tatsächlich gingen die Selbstmordattentate den Verhandlungen voraus; sie begannen fast sofort, nachdem die Osloer Prinzipienerklärung von Washington veröffentlicht wurde. Seither – so der in den Medien veröffentlichte Bericht der israelischen Sicherheitsdienste – wurden mehr als 500 Selbstmordattentäter in ihren verzweifelten Einsatz geschickt. Einige Explosionen konnten verhindert werden. Während der ersten zwei Jahre der Al-Aqsa-Intifada verdoppelte sich ihre Zahl auf 145, von denen 40 als Anhänger der Fatah identifiziert wurden.

stimmung zur Aussöhnung und Kompromissbereitschaft in den jüdischen und arabischen Bevölkerungsteilen in Luft auflöste. Diese Welle der Enttäuschung und Wut ebnete den Weg für Ariel Sharons Rückkehr und ließ seinen Wahlsieg als Mandat zur Bewältigung der »patriotischen Aufgabe« erscheinen, das Abkommen mit den Palästinensern zunichte zu machen, die Palästinensische Nationalbehörde allmählich zu demontieren, den Politizid an den Palästinensern zu vollziehen und die Kontrolle über das gesamte »Land Israel« wiederzuerlangen. Dies war ein beispielloser Sieg für das selbst ernannte »nationale Lager« in Israel, der die gegenwärtige, chaotische Lage in der Region nur verschärft hat.

DRITTER TEIL
Die Rückkehr

Die Veränderung der israelischen Gesellschaft

Die Dominanz von Ariel Sharons politischer Philosophie – beziehungsweise die Vorherrschaft einer soziopolitischen Kultur und Wirklichkeit, die es ermöglichte, dass Ariel Sharon ohne jeglichen bedeutsamen Widerstand, ohne Verantwortlichkeit oder wesentliche Kontrollmechanismen wiedergewählt werden konnte – ist kein Zufall. Diese Ideologie drang in ein Machtvakuum vor, das schrittweise von der etablierten politischen Elite der Aschkenasim hinterlassen worden war. Diese Elite war niemals eine homogene Schicht, und ihre Kerndogmen widersprachen sich in wichtigen Punkten. Allerdings waren es eben diese Widersprüche, die zum geradezu beispiellosen Erfolg des Zionismus führten, und um sie zu verstehen, ist es angezeigt, die ursprüngliche Darstellung der nationalen Identität Israels genauer zu betrachten.

Zu dieser kollektiven Identität gehören zwei grundsätzliche Ausrichtungen, die sich sowohl gegenseitig ergänzen als auch widersprechen und in der Tat einander beinah ausschließen: zum einen eine »primordiale« (»ursprüngliche«) oder »stammesbezogene« Identität – eine Mischung aus religiösen und nationalistischen Elementen –, und zum anderen eine »zivile« Identität, die auf der Idee der universellen Menschen- und Bürgerrechte basiert. Das relative Gewicht und die Hervorkehrung dieser Identitäten, die die Regeln bestimmen, nach denen sich der israelische Staat verhält, sind schon immer Gegenstand eines andauernden Wettstreits zwischen den verschiedenen Segmenten des Staates und der Gesellschaft gewesen.

Die Zugehörigkeit zum »primordialen« oder ursprünglichen Gemeinwesen wird durch die ethnische und religiöse Identität bestimmt. Die legitime Gesellschaft umfasst alle Juden (einschließlich jener, die in der Diaspora leben), schließt aber alle Nichtjuden als gleichberechtigte Bürger des Staates aus. Die ideale Gesetzgebung basiert auf der *Halacha* (so die Bezeichnung des traditionellen jüdischen Religionskodex), und zumindest als utopische Wunschvorstellung gibt es das Ziel, das gegenwärtige Staatswesen in ein System zu verwandeln, das dem jüdischen Gesetz unterliegt.

Die Welt wird als eine duale Ordnung gesehen, in der wir (also die Juden) denen (das heißt dem Rest der Welt) gegenüberstehen, und stellt somit eine homogene und feindliche Einheit dar. Der ewige und unausweichliche Kampf ums Überleben ist ein Grundmerkmal der kosmischen Ordnung. Zwischen all den historischen Feinden des jüdischen Volkes – darunter Assyrer, Römer, Christen, Nazis und Araber – bestehen keine wesentlichen Unterschiede: Im kollektiven jüdischen Gedächtnis wird allen die Absicht des Völkermords an den Juden zugeschrieben.

Obwohl der Krieg hinausgeschoben werden sollte, bleibt er doch unausweichlich. Aus dieser Sicht wird das Überleben der Juden auch durch einen inhärenten Mechanismus der Selbstzerstörung gefährdet, der Juden dazu bewegt, ihre Kultur aufzugeben und hedonistische nicht jüdische Kulturströmungen wie den Hellenismus, das Christentum, die Aufklärung und den Modernismus zu übernehmen, wodurch das jüdische Volk vom Zerfall der Moral und der Aushöhlung seiner Kultur bedroht wird. Der Kampf ums Überleben besteht folglich darin, mit einem zweischneidigen Schwert gegen die Feinde außerhalb und die Verräter innerhalb der Gesellschaft vorzugehen.

Jegliche Kritik an den Juden, am jüdischen Staat oder seiner Politik wird als Antisemitismus gebrandmarkt, und »jüdische Verräter« müssen rigoros denunziert werden. Die stärker am Konzept des Ursprünglichen orientierten Teile der Gesellschaft – insbesondere jene Randgruppen, die am äußersten Ende des politischen Spektrums stehen – vertreten eindeutig die Position »Judentum vor Demokratie« als Leitfaden des Staatswesens. Dagegen sprechen die gebildeten Elitegruppen von »jüdischer Demokratie« und meinen damit ein Regime, in dem nur Juden kollektive oder nationale Bürgerrechte genießen, allen nicht jüdischen Minderheiten jedoch bestenfalls (beziehungsweise notfalls) »Einzelrechte« zugestanden werden.

Allerdings wäre ein reiner, ausschließlich jüdischer Staat – was immer man darunter verstehen mag – eindeutig vorzuziehen. Demokratie ist ausdrücklich »kein jüdischer Wert«, und wenn der Begriff zum Zweck der Öffentlichkeitsarbeit im In- oder Ausland verwendet wird*, dann ist damit tatsächlich eine *Herrenvolk*-Demokratie gemeint, wie Seite 35 ff. beschrieben.

Die zweite Komponente der israelischen Identität – nämlich die bürgerliche – ist im Grunde genommen das Spiegelbild der ersten. Die Zugehörigkeit zum abgegrenzten soziopolitischen Gemeinwesen beruht auf der universellen Vorstellung von der *Staatsbürgerschaft*. In diesem Konzept besteht ein Gleichgewicht zwischen universellen Pflichten (wie beispielsweise die Entrichtung von Steuern, Leistung des Wehrdienstes und Befolgung der Gesetze) einerseits und universellen Rechten (darunter Anspruch auf staatliche Wohlfahrtsleistungen, soziale Absicherung, Justiz, Recht und Ordnung, Bürgerrechte und Freiheit) andererseits. Gesetze werden nach säkularen, allgemein gültigen Grundsätzen von einem demokratisch gewählten Parlament verabschiedet, das gemäß den Normen der »westlichen Aufklärung« handelt, die von den Revolutionen in Frankreich und Amerika geprägt wurden.

Die Gesellschaft wird als pluralistisches Gebilde gesehen, das rechtmäßig in Subkulturen gegliedert ist, die befugt sind, inner-

---

* Im gegenwärtigen politischen Klima muss ein Staat behaupten, eine Demokratie zu sein, zum Teil deshalb, weil ein undemokratischer Staat sich der Gefahr aussetzt, von rivalisierenden Staaten angegriffen zu werden, die ihn »demokratisieren« wollen – wie es Afghanistan und dem Irak ergangen ist. In Bezug auf das Thema dieses Kapitels ist es wichtig, festzuhalten, dass Präsident George W. Bush am 24. Juni 2002 die Gründung eines palästinensischen Staates irgendwann in der Zukunft davon abhängig machte, dass der Terror beendet und die gegenwärtige palästinensische Führung durch freie Wahlen und »Demokratisierung« der Palästinensische Nationalbehörde ausgetauscht werde.

halb eines gemeinsamen öffentlichen Umfelds (manchmal bürgerliche Gesellschaft genannt) zu agieren. Offene wie verdeckte Konflikte sind integrale Bestandteile der sozialen Ordnung, die jedoch von soziopolitischen Einrichtungen wie Gerichten, der staatlichen Bürokratie und Institutionen der bürgerlichen Gesellschaft (zum Beispiel nicht amtlichen Organisationen, politischen Parteien, den Massenmedien) gelenkt, verwaltet und sogar gelöst werden. Im Zentrum dieser Gesellschaft steht das Individuum, reichlich mit Rechten und Eigeninteressen ausgestattet. Die internationalen Beziehungen beruhen auf einem Geflecht aus gegenläufigen Interessen, und der Staat als Teilnehmer am internationalen Geschehen handelt getreu seinen wechselnden Interessen und laviert dabei zwischen Verbündeten, Konkurrenten und Feinden. Krieg gilt als vermeidbar, wenn militärische Macht (Abschreckung) und Diplomatie weise miteinander kombiniert werden. Tatsächlich hat die zivile Ausrichtung den israelischen Staat sowohl begrifflich als auch psychologisch von seinem geografischen und kulturellen Umfeld getrennt und dazu geführt, dass ihn andere Völker des Nahen Ostens als eine Art »Zufall« der Geschichte betrachten.* Die stammesbezogene Komponente der israelischen Identität sieht das Land zwar im Nahen Osten positioniert, aber zugleich in einem ewigen Konflikt mit seinen Nachbarn – kulturell, politisch und militärisch.

Obwohl die ursprünglich herrschenden Klassen die kollektive israelische Identität mit ihren beiden Komponenten – der stammesbezogenen und der universellen – besaßen, verstanden sie es, beide Elemente erfolgreich auszubalancieren und eine Politik zu machen, die zumindest im Hinblick auf den jüdischen Bevölkerungsteil beiden Dogmen gerecht wurde. Die großen Einwanderungswellen führten jedoch zu weit reichenden demographischen Veränderungen, denen dann politische und kulturelle Umwälzungen folgten. In den ersten drei Jahrzehnten nach Gründung des

---

* Seit Anfang der 1950er Jahre träumten Ben-Gurion und viele andere von der Aufnahme Israels in die damals gerade entstehende Europäische Union als vollberechtigtes Mitglied. Die meisten internationalen, kulturellen und sportlichen Veranstaltungen Israels finden in Europa statt.

Die Veränderung der israelischen Gesellschaft 139

Staates Israel konnte die etablierte politische Elite* der Aschkenasim – von denen viele im ersten Teil dieses Buches eine »Hauptrolle« spielten – die alte Ordnung erhalten, indem sie die Einwanderer, insbesondere aus den islamischen Ländern, kulturell und politisch unterjochten**. Als allerdings der stetige Niedergang dieser hegemonischen Klasse einsetzte, trat eine betont stammesbezogene und ethnozentrische Definition der kollektiven Identität verstärkt hervor. Diese »Minderheitengruppen« hatten jedoch noch nicht genügend politische Macht und Erfahrung, um ihre eigenen Machtapparate zu gründen – also wandten sie sich an die altgediente, chauvinistische rechtsextreme Opposition, nämlich die Herut-Partei (später: Likud) unter Menachim Begin, um ihrem Hass auf die sozialistischen Unterdrücker und die säkulare nicht jüdische Kultur, die sie gezwungenermaßen annehmen mussten, Ausdruck zu verleihen.

So war die Wahl von 1977 nicht nur die Folge öffentlicher Frustration nach dem Krieg von 1973, sondern auch Folge der Bildung einer Koalition unterprivilegierter jüdischer Gruppen, die für populistisch-chauvinistische Parolen wie »Gutes für das Volk tun« empfänglich war und sich um die patriarchalische Figur des Menachim Begin scharte. Die Bildung einer stabilen und immer größer werdenden Koalition aus verschiedenen objektiv oder subjektiv verbitterten Gruppen wurde durch zwei weitere politische Vorgänge vorangetrieben. Der erste war die Gründung und der Aufbau von Schas, einer soziopolitischen Bewegung »orientaler« und religiöser Juden der zweiten Generation. Anfangs stand die Schas-Führung – und insbesondere ihr Gründer Rabbi Ovadia Yosef – dem jüdischen-

---

* Diese Schicht hatte soziale, wenn auch nicht kulturelle Ähnlichkeit mit der nordamerikanischen WASP-Bevölkerung [»*white Anglo-Saxon Protestants*« = *weiße angelsächsische Protestanten – Anm. d. Übersetzers*].
** Viele von ihnen wurden in den Grenzgebieten angesiedelt, unter anderem in den 450 arabischen Dörfern und Gemeinden, die 1948 geräumt worden waren. Sie wurden auch »rehabilitiert«, was bedeutete, dass viele Menschen, die zuvor in ihren Heimatländern mittelständische Kaufleute oder Handwerker gewesen waren, nunmehr gezwungen wurden, Bauern zu werden. Ihre Kultur galt als »primitiv«, und sie wurden als »Juden zweiter Klasse« bezeichnet. Gleichzeitig wurden sie gewaltsam säkularisiert.

arabischen Konflikt verhältnismäßig moderat gegenüber. Die Wählerschaft hat die Partei jedoch immer stärker zur Einnahme einer kompromisslosen Position gedrängt, sodass sie heute eindeutig zu den Rechtsparteien gehört.

Die russisch sprechenden Mitbürger, deren Anzahl derzeit eine Million übersteigt, bilden eine zweite Gruppe von Einwanderern, die in vielerlei Hinsicht das Spiegelbild der Juden aus den islamischen Ländern ist.

Zunächst waren sie die politischen Hoffnungsträger der herrschenden aschkenasischen Elite. Die meisten von ihnen waren mittelständische Freiberufler, die den herrschenden Aschkenasim ähnlich waren. Allerdings zogen sie es vor, im Mittelstand »aufzugehen« und gleichzeitig ihre eigene kulturelle und politische Identität beizubehalten, was allein schon wegen ihrer großen Zahl möglich war. Obwohl die meisten von ihnen sehr weltlich und antiklerikal* orientiert sind, haben sie ein ausgeprägtes Nationalbewusstsein, das sie aus ihrem Herkunftsland mitgebracht haben. In der Sowjetunion waren sie eine verfolgte Minderheit. Nun, da sie zur Mehrheit in ihrer neuen Heimat gehören, äußert sich ihr Patriotismus in der Verfolgung und Unterdrückung von Minderheiten. Da sie aus einem geografisch sehr großen Land kamen, stellte die Winzigkeit des israelischen Staatsgebiets für sie ein großes Hindernis dar, und sie konnten sich nicht vorstellen, dass eine »gesunde« Nation irgendwelche Gebiete aufgeben könnte. In den Augen der Russen stellte Israels Bereitschaft, Gebiete an die Palästinenser abzutreten, ein Zeichen der Schwäche, ja sogar Verrat dar, und ihre Parteien sehen es als Teil ihrer Aufgabe, die Nation von ihren Schwächen und Krankheiten zu heilen.

---

* Nach den strengen Kriterien der *Halacha* sind rund 30 Prozent von ihnen keine Juden (»Ein Mensch gilt als Jude, wenn er eine jüdische Mutter – nicht einen jüdischen Vater – hat oder wenn er nach der orthodoxen Auslegung der *Halacha* konvertiert ist.«). Des Weiteren bekennen sich 10 bis 15 Prozent dieser Neuankömmlinge zum Christentum. Sie bilden eine neue Kategorie innerhalb der israelischen Gesellschaft, mit jüdischer – nicht israelischer – Nationalität und christlicher Religionszugehörigkeit. Der Politikwissenschaftler Ian Lustick vertritt die Meinung, dass das demografische Problem (siehe Kapitel 2) Israel derzeit von einem »jüdischen Staat« in einen »nicht arabischen Staat« verwandelt.

Eine weitere soziopolitische Veränderung, die in den letzten zwei Jahrzehnten stattgefunden hat, bestand in der zunehmenden politischen Tätigkeit vieler antizionistischer, religiös-orthodoxer Gruppen, die sich dem rechtsextremen Block im Parlament anschlossen. Diese Entwicklung wurde durch die Aktivitäten der »jungen Garde« der religiösen Zionisten ermöglicht, die um die Mitte der 1970er Jahre als Vorkämpfer der Siedlungspolitik – insbesondere im Westjordanland, das als Herzland des alten biblischen Königreichs galt – eine zentrale Rolle in der israelischen Politik einnahmen. Sie verwischten die Grenzen zwischen Religion und Nationalismus und erleichterten so den antizionistischen Parteien die Teilnahme am politischen Leben.

Bei den vorgenannten Korrelationen zwischen der sozialen Herkunft und der Zugehörigkeit zum rechtsextremen politischen Block handelt es sich zwar um Verallgemeinerungen, aber sie sind statistisch zutreffend, besonders in Zeiten von Krisen und politischer Polarisation, etwa nach dem Scheitern der Verhandlungen in Camp David. Allerdings wählen viele Juden, die aus Russland oder islamischen Ländern kommen, linke Parteien; andere wiederum sind Wechselwähler, die zwischen den rechten und linken Parteien hin und her pendeln.

Der jüngste Rückschlag des linken parlamentarischen Blocks ging auch auf die Wahlverweigerung der arabischen Staatsbürger Israels nach den Ereignissen im Oktober des Jahres 2001 zurück. In jenem Monat gingen die Einwohner fast aller arabischen Dörfer und Städte in wütendem Protest auf die Straße, blockierten Straßen, warfen Steine und brüllten Parolen gegen den Staat und seine Politik. In einigen Städten mit gemischter Bevölkerung (Nazareth, Acre und sogar Haifa, das für die jüdisch-arabische Koexistenz bekannt war) kam es zu gewaltsamen Zusammenstößen zwischen jüdischen und arabischen Bürgern. Die Polizei reagierte mit uneingeschränkter Gewalt – einschließlich des Gebrauchs von scharfer Munition –, die auch von den Besatzungstruppen in der Westbank und in Gaza angewandt wurde: Aber diesmal richteten sich die Schüsse gegen Staatsangehörige. Dreizehn Araber und ein Jude wurden getötet, etwa 700 verwundet und einige Hundert verhaftet.

Die arabischen Bürger Israels hatten den Eindruck, dass sie dabei waren, das politische Gewicht zu verlieren, das sie in den vergangenen zwei Jahrzehnten allmählich gewonnen hatten. Und sie fühlten sich von den meisten ihrer jüdischen Gesprächspartner verraten, mit denen sie zusammengearbeitet hatten, um eine historische Aussöhnung zwischen Juden und Arabern und die Gründung eines palästinensischen Staats neben Israel zu erreichen.

Alle diese politischen und demographischen Veränderungen ließen das Pendel des israelischen Nationalismus, das immer zwischen den Polen der bürgerlichen und der stammesbezogenen Identität hin und her schwingt, zum extremen, »primordialen« Ende des Bogens ausschlagen. Das ist auch der Hintergrund der politischen und militärischen Entwicklungen, die im dritten Teil dieses Buches geschildert werden.

Der »neue« Sharon

Nach Sharons erstem Sieg in einer Wahl, bei der die Wähler ihn direkt zum Premierminister gewählt hatten, erwarteten einige Analysten in Israel und im Ausland einen überraschend »neugeborenen« Sharon – eine Art israelischen DeKlerk oder de Gaulle, der Israel von seinen Kolonien befreien und die israelischen *pieds noirs* (»Schwarzfüße«: Bezeichnung für französische beziehungsweise französischstämmige Siedler in Algerien vor der Unabhängigkeit des Landes, Anm. d. Übers.) evakuieren würde.* Schließlich war Sharon am Busen der pragmatischen Arbeitspartei aufgewachsen und derjenige gewesen, der die jüdischen Siedlungen im Sinai räumte. Und tatsächlich ist der Sharon von 2001 bis 2003 nicht identisch mit dem Sharon des Jahres 1982. Er erkannte, dass er für seine Politik sowohl im Inland als auch international Unterstützung brauchen würde und dass es unmöglich gelingen könnte, langfristige Ziele allein mit nackter Gewalt zu erreichen. Heute ist seine Rhetorik verhältnismäßig moderat und zweideutig – im Gegensatz zu seinen Taten. Er hat mehrfach erklärt, dass ein Frieden möglich sein werde, wenn die Palästinenser ihre Ansprüche zurückgeschraubt hätten, und dass dies Israel schmerzliche Kon-

---

* Anfangs war das israelische Wahlsystem landesweit konzipiert; die Wähler mussten für eine »Liste« oder Partei stimmen. Der Vorsitzende der Partei, die die meisten Sitze in der Knesset erhielt, wurde vom Präsidenten aufgefordert, eine Regierungskoalition zu bilden, was deshalb erforderlich war, weil in der gesamten Geschichte des Landes keine einzige Partei jemals die absolute Mehrheit der 120 Sitze gewonnen hat. Dieses System schien die Zersplitterung der Knesset in viele kleine Parteien zu fördern und sie in ihrer Fähigkeit zu stärken, Konzessionen zu »erpressen«. Um dies zu vermeiden, hat eine Basisbewegung Ende der 1990er Jahre das Parlament gezwungen, ein duales Wahlsystem einzuführen: eine Direktwahl für das Amt des Premierministers und eine weitere Wahl für die politischen Parteien. Netanyahu und (in seiner vorigen Wahl) Sharon wurden so direkt gewählt. Allerdings schwächte das neue Wahlsystem die großen Parteien umso mehr, da die Wähler kleine Parteien wählen können, die ihre Partikularinteressen vertreten, und dann bei der Wahl des Premierministers ihre allgemeine Zustimmung zum rechten oder linken Block zum Ausdruck bringen können. Deshalb wurde das frühere Wahlsystem wieder eingeführt. Sharon hat seinen zweiten Wahlsieg der Tatsache zu verdanken, dass er Vorsitzender des Likud war, also der Partei, die in der Wahl die größte Anzahl von Sitzen für sich verbuchen konnte.

zessionen abverlangen würde. Er hat ferner erklärt, dass irgendein autonomer palästinensischer Staat innerhalb eines Zeitraums von etwa fünf Jahren gegründet werden soll, und sich geweigert, diese Erklärung selbst unter dem Druck rechtsextremer Politiker wie Benjamin Netanyahu zurückzunehmen, der ihm in einer Vorwahl kurz vor der allgemeinen Wahl 2003 entgegengetreten ist. Gleichzeitig schwor er, dass er unter keinen Umständen eine jüdische Siedlung entwurzeln würde.

Allerdings hat Sharon zu keinem Zeitpunkt jemals das kleinste Detail irgendeines Plans durchblicken lassen, obwohl er als wagemutiger und detailbesessener Planer bestens bekannt ist. Es gibt auch keinerlei Anzeichen dafür, dass er seine grundsätzlichen Auffassungen zum israelisch-palästinensischen Konflikt geändert hätte.

In einem ausführlichen Gespräch, das kürzlich in der Zeitschrift *Ha'aretz Magazine* veröffentlicht wurde, hat Sharon klargestellt, dass es seine historische Aufgabe sei, zu vollenden, was im Krieg von 1948 nicht vollendet wurde.

> Der Unabhängigkeitskrieg ist noch nicht zu Ende. Nein, 1948 war nur ein Kapitel davon. Wenn Sie mich fragen, ob sich der Staat Israel heute verteidigen kann, dann antworte ich: ja, absolut. Und wenn Sie mich fragen, ob für den Staat Israel die Gefahr eines Krieges besteht, dann sage ich: nein. Aber leben wir hier in Sicherheit? Nein. Und daher kann man unmöglich behaupten, wir hätten unsere Arbeit erledigt und könnten uns nun auf unseren Lorbeeren ausruhen ...

Der Journalist fragte nicht nach, was Sharon genau meinte, als er davon sprach, noch »ein weiteres Kapitel« im Unabhängigkeitskrieg zu schreiben, und in diesem einmaligen Dokument ließ Sharon jede Spekulation über seine Absichten zu, aber keinen Zweifel an seiner eigenen metahistorischen Auffassung von seiner Rolle aufkommen.

Seinen vielleicht weisesten politischen Schachzug machte er sofort nach seiner ersten Wahl zum Premierminister, als er der Arbeitspartei anbot, sich einer nationalen Einheitsregierung anzuschlie-

Der »neue« Sharon

ßen, obwohl er sie nicht für eine Koalition brauchte, sondern eine reine und stabile rechtsextreme Regierung hätte bilden können. Tatsächlich war dies ein kühl berechneter Zug, der sich hauptsächlich gegen Shimon Peres und Benjamin Ben-Eliezer richtete.

Ben-Eliezer (mit dem Spitznamen »Fuad«) war 1950 als Kind aus dem Irak nach Israel gekommen. Er wurde der erste Vorsitzende der Arbeitspartei, der kein Aschkenasi war – ein Vorgang, der symbolhaft war für die Bemühungen dieser Partei, sich einer veränderten sozialen Wirklichkeit anzupassen. Ben-Eliezer verbrachte den größten Teil seines Lebens – rund 30 Jahre – beim Militär, zeitweise auch unter Sharon.

Er war als gefügiger Bewunderer seiner Vorgesetzten bekannt, sogar während des Krieges im Libanon. Er galt als »Falke« und hatte in Baraks Kabinett einige unwichtige Positionen angenommen. Sharons Angebot, das Amt des Verteidigungsministers zu übernehmen, konnte er nicht ablehnen, da er hoffte, sein schwaches politisches Profil aufzubessern und zu stärken. Mit Peres war es eine andere Sache. Er ist ein alternder Politiker, der trotz seines internationalen Ansehens in Israel als ewiger Verlierer (bei der letzten Wahl des Parteivorsitzenden verlor er das Amt an Ben-Eliezer) und farbloser Zyniker gilt. Peres kann seine Einstellung jedem politischen Umstand »anpassen« und mal Falke, mal Taube sein, mal einen palästinensischen Staat befürworten und ein andermal ablehnen. Selbstredend nahmen Ben-Eliezer und Peres Sharons Angebot an und erläuterten ihren Entschluss, seinem Kabinett beizutreten, mit der Notwendigkeit, Sharon zu »bändigen«, ein Gegengewicht zur extremen Rechten zu bilden und den Prozess von Oslo fortzusetzen.*

Trotz heftiger Proteste einiger prominenter Mitglieder der Arbeitspartei zwangen Ben-Eliezer und Peres die unterlegene Partei, sich

---

* Benjamin Netanyahu ging in eine ähnliche Falle, als er Sharons Angebot annahm, seinem Kabinett als Außenminister beizutreten, nachdem die Arbeitspartei aus der »nationalen Einheitsregierung« ausgeschert war. Er tat dies vermutlich, weil er glaubte, dass er als Minister in einer besseren Lage sein würde, um Sharon wegen seiner »zu nachgiebigen« Haltung gegenüber den Palästinensern zu kritisieren, aber seinen Angriffen fehlte die Glaubwürdigkeit, da sie von einem Mitglied des Kabinetts kamen.

der nationalen Einheitsregierung anzuschließen. Bald wurde sehr deutlich, dass selbst wenn die Minister aus der Arbeitspartei in Sharons Kabinett Einfluss ausüben oder Widerstand von innen leisten wollten – was zu bezweifeln ist –, keine Möglichkeit dazu bestand.* Die nationale Einheitsregierung brach schließlich am 30. Oktober 2002 auseinander, als die Arbeitspartei gegen den Haushalt stimmte, vorgeblich weil darin zu viel Geld für die besetzten Gebiete zu Lasten der staatlichen Wohlfahrt und der im Aufbau befindlichen Städte vorgesehen war. Tatsächlich erfolgte dieser Schritt, nachdem mehrere nationale Umfragen ergeben hatten, dass die Arbeitspartei von der politischen Landkarte Israels verschwinden würde, wenn sie weiterhin in der Koalition bliebe. Aber anscheinend war es sowohl für die Partei als auch für das Land zu spät.

Sharons Nutzen aus der Beteiligung der Arbeitspartei an seiner ersten Regierung war offensichtlich: Indem er die größte Regierung in Israels Geschichte bildete, konnte er die interne politische Opposition erfolgreich ausschalten. Dadurch gewann er eine bis dahin nicht gekannte innenpolitische Legitimation. Jener Mann, der nach jeder allgemein gültigen Norm ein Kriegsverbrecher ist und der in den letzten 20 Jahren Israels berüchtigster Politiker war, hatte es geschafft, der populärste und hoch angesehene Premierminister des Landes zu werden.**

---

* Zu den Hauptgegnern gehörten auch der als »Taube« bekannte Yossi Belin, Abraham Burgh und Haim Ramon, die Ben-Eliezer vorwarfen, die Ideologie der Partei zu verraten, um seine eigene politische Karriere zu fördern. Ein weiterer »Falke« aus der Arbeitspartei, der Sharons Regierung beitrat, war der ehemalige »zivile« Gouverneur des Westjordanlands, Ephraim Sneh. Sharon gelang es sogar, Dahlia Rabin-Philosoff – die Tochter von Yitzhak Rabin – für das Amt des Vizeministers für Verteidigung zu gewinnen.

* Die einzigen beiden mittelgroßen »jüdischen« Parteien, die der Koalition fernblieben, waren die linksgerichtete Merez und die zentristische, antiklerikale Shinui, deren Vorsitzender – der konservative Journalist Tommy Lapid – für seinen Hass auf Araber und religiöse Juden gleichermaßen bekannt ist. Später traten einige rechtsextreme Splittergruppen aus dem Kabinett aus, um gegen Sharons »weiche« Politik gegenüber den Palästinensern zu protestieren, aber sie unterstützten die Regierung weiterhin von außen gegen die Linksparteien. In diesem Zusammenhang muss erwähnt werden, dass Mapai – die Hauptgruppe innerhalb der Arbeitspartei – niemals eine echte sozialdemokratische oder linksgerichtete Partei gewesen ist. Ihre Rhetorik war manchmal sozialistisch, aber sie agierte immer nationalistisch.

Es stimmt zwar, dass die meisten seiner Wähler – junge Leute und Einwanderer – noch nie etwas von seinen Taten gehört haben und das Debakel von 1982 als »geschichtliches Ereignis« betrachten, aber selbst diejenigen, die zufällig davon wussten, sahen darin keinen Sündenfall. Im Gegenteil, Sharon gilt als Held, als Retter, der Ägypten daran hinderte, den Staat zu vernichten – »der König Israels«. Es ist bezeichnend für das gegenwärtige politische Klima in Israel, dass die Medien seine Biografie nicht vor den Wahlen von 2001 veröffentlichten, dass seine recht ehrliche Autobiografie niemals auf Neuhebräisch erschienen ist, und dass Uzi Benzimans Biografie ziemlich schmeichelhaft ausfiel und sich hauptsächlich mit Sharons persönlichen Eigenschaften befasste.

So bleibt als einzige »zionistische Oppositionspartei« Merez übrig, die von Yossi Sarid mit eiserner Hand geführt wird. Sarid äußert sich zwar in der traditionellen Rhetorik des »Friedenslagers« und vertritt dessen Positionen, aber ihm fehlt der Mut, ein beherzter Oppositionsführer zu werden (im Gegensatz zur Gründerin und ersten Vorsitzenden der Partei, der Rechtsanwältin und Bürgerrechtlerin Shulamit Aloni). Sarid ist ein vorsichtiger Politiker, der zutiefst darum bemüht ist, innerhalb des »zionistischen Konsenses« (dessen imaginären Umfang er selbst bestimmt) zu bleiben. Dieses Vorgehen hat den politischen Einfluss der Partei eben zu dem Zeitpunkt geschwächt, als sie in der Lage war, eine echte Alternative sowohl zum Likud als auch zur Arbeitspartei zu bieten, die immer mehr als reiner Satellit des Likud gesehen wird.

Tatsächlich wurde Merez nur durch die eigene fehlende Bereitschaft, die politisch riskanten, aber notwendigen Schritte zum Ausbruch aus der gegenwärtigen geistigen Sackgasse zu unternehmen, daran gehindert, eine echte Oppositionspartei zu werden, die das Potenzial hatte, den selbstzerstörerischen Kurs des israelischen Staates zu ändern. Es gab zwei wichtige Themen, an die sich Sarid – im Gegensatz zu einigen anderen Merez-Mitgliedern wie Naomi Chazan oder der älteren Shulamit Aloni – nicht heranwagte: Kriegsverbrechen und Wehrdienstverweigerung. Sarid und andere so genannte liberale Parteiführer wie Amnon Rubinstein waren der Auffassung, dass die Ablehnung von Kriegsverbrechen und Unterstützung von Wehrdienstverweigerern außerhalb des »zionistischen Konsenses« und somit jenseits des Rahmens einer zulässigen Diskussion lagen. Ich werde später auf diesen Punkt noch zurückkommen (siehe Seite 162 ff.).

Der dritte Versuch des Politizids

Obwohl niemand Sharons Absichten kennt, sind seine Taten – und in manchen Angelegenheiten auch seine Unterlassungen – eindeutig und lassen kaum unterschiedliche Auslegungen zu. Am 27. März 2002, in der ersten Nacht des Passah-Festes, tötete ein Selbstmordattentäter 29 Personen und verletzte 150 weitere, die an einem *Seder* (dem rituellen Passah-Festmahl) in einem kleinen Hotel in dem Küstenort Netanya teilnahmen. Zwei Tage danach berief Israel viele Reservisten ein und erklärte den Beginn der Operation Verteidigungsschild. Die Operation war schon lange vorbereitet worden, aber der Selbstmordanschlag hatte im In- und Ausland die Öffentlichkeit erregt und somit den perfekten Vorwand geliefert, um den Politizid an dem palästinensischen Volk in Gang zu setzen.

Der Versuch des Politizids an den Palästinensern ist nicht neu. Seit 1948 hat es mehrere Anläufe gegeben – zunächst in Zusammenarbeit mit den Herrschern von Transjordanien und nach 1948 mit den Jordaniern –, aber die Operation Verteidigungsschild war eine Steigerung dieses Vorhabens.

Offiziell war das Ziel die »Zerstörung des palästinensischen Terrornetzwerks«[*]. Mit Luftunterstützung durch Apache-Hubschrauber drangen Panzer und Infanterie in Wellen in die Gebiete der Palästinensischen Nationalbehörde ein und überrollten Städte, Flüchtlingslager und Dörfer (außer Hebron und Jericho). Das israelische Militär versuchte, jedes Mitglied der offiziellen und inoffiziellen Milizen zu entwaffnen und Waffen- und Munitionslager aufzuspüren.

Die israelischen Streitkräfte nahmen Tausende von Verdächtigen fest und sperrten sie in Gefangenenlager. Nach Angaben von Amnesty International wurden zwischen dem 27. Februar und dem 20. Mai 2002 insgesamt 8500 Palästinenser verhaftet und in verschiedenen Gefängnissen festgehalten und verhört. Die meisten

---

[*] Dieses Ziel war dem der »Operation Frieden für Galiläa« ähnlich.

wurden nach und nach freigelassen*. Aber das israelische Militär ging noch weiter: Es zerstörte systematisch Gebäude und die Infrastruktur, Radio- und Fernsehsender, Datenbanken und Dokumente – von denen einige als »Kriegsbeute« nach Israel verbracht wurden – und vernichtete so, was sich die Palästinenser in jahrelanger harter Arbeit nach den Abkommen von Oslo aufgebaut hatten. Wasseraufbereitungsanlagen, Kraftwerke und Straßen wurden zerstört oder mit Planierraupen niedergewalzt. Die militärischen Aktionen zerstörten nicht nur politische Organisationen und ihre Einrichtungen, sondern auch zivile Institutionen wie Universitäten, Schulen, Kliniken, Kirchen und Moscheen – alles unter dem Vorwand, dass sich dort Terroristen versteckt hätten.

Die regulären wie irregulären palästinensischen Milizen leisteten nur minimalen Widerstand. Anscheinend gab es wegen der militärischen Übermacht der Israelis eine stillschweigende Übereinkunft, dass es unklug wäre, ihnen einen Vorwand zu liefern, um mit voller Wucht zuzuschlagen und so noch mehr Verwüstungen anzurichten und noch mehr Menschen zu töten oder zu verwunden. Außer in Nablus fanden nur noch im Flüchtlingslager Dschenin Kämpfe zwischen irregulären palästinensischen Gruppen und den israelischen Streitkräften statt. Die Palästinenser in Nablus leisteten auch Widerstand, aber weil es unter den Israelis fast keine Ausfälle gab, erregte der Kampf um Nablus nur wenig Aufmerksamkeit. Er dauerte vom 2. bis zum 21. April und wurde hauptsächlich in der Altstadt, der Kasbah und in den Flüchtlingslagern Balata und Asqar ausgetragen. Die Palästinenser meldeten 80 Tote und 300 Verwundete. Nablus gilt als traditioneller Hort des paläs-

---

* Die rund 2000 Häftlinge im Gewahrsam der Verwaltungsbehörden in den Monaten Februar und März wurden freigelassen, aber jene, die nach dem 29. März festgenommen wurden, blieben lange Zeit unter schwierigsten Bedingungen inhaftiert. Laut einem Militärbefehl vom 5. April 2002 konnte eine Person ohne richterlichen Haftbefehl und ohne Kontakt zu einem Rechtsanwalt oder der eigenen Familie 18 Tage lang im Gewahrsam der Verwaltungsbehörden festgehalten werden. Danach konnte eine Verlängerung der Haft bis zu 90 Tagen bei Gericht beantragt werden. Gegen Ende Mai war die Anzahl der Männer, die immer noch in Haft waren, unter 1000 gesunken, die Haftbedingungen wurden besser, und Vertreter des Roten Kreuzes durften die Häftlinge besuchen.

tinensischen Widerstands und die Kasbah als ein Ort, den Ausländer nicht betreten dürfen.

Noch bevor die Israelis in dem Lager einmarschierten, gründeten die verschiedenen Milizen wie Fatah, Hamas und Islamischer Dschihad ein »Allgemeines Führungskommando Lager Dschenin«, um das Lager zu befestigen und Sprengladungen zu verstecken. Israelische Truppen, die versuchten, in das Lager einzudringen, gingen in die Falle und konnten das Lager drei Tage lang – vom 2. bis zum 5. April – nicht einnehmen. Als Reaktion darauf brachten die Israelis Planierraupen heran und brachen den Widerstand, indem sie durch die Hauswände hindurch von einem Haus zum nächsten weiterfuhren. Mit dieser Taktik verwüsteten sie zwei benachbarte Lager im Süden, Damj und Hawashin, vollständig.

Am 9. April baten die Israelis um eine Feuerpause, um acht verwundete und 13 tote Soldaten aus einem Gebäude zu holen, das gesprengt worden war, während diese sich darin befanden. Als die Kämpfe vorbei waren, hatte es nur im Flüchtlingslager Dschenin und in geringerem Umfang in der Innenstadt von Nablus die von beiden Seiten so gefürchteten Straßenkämpfe gegeben. Das Ergebnis waren 50 tote und eine unbekannte Zahl verwundete Palästinenser sowie enorme Sachschäden, die etwa 5000 Menschen obdachlos machten und deren Eigentum vernichteten. Auf der israelischen Seite waren dabei im Kampf um Dschenin 23 Soldaten ums Leben gekommen und mehr als einhundert verwundet worden.

Weil die Israelis das gesamte Gebiet sogar für die Medien und für Rettungsmannschaften gesperrt hatten, kursierten Gerüchte, dass im Lager Dschenin ein Massaker stattfände und dass viele palästinensische Leichen in einem Massengrab im nördlichen Jordantal begraben worden seien. Diese Gerüchte erwiesen sich als gegenstandslos. Dennoch hat Israel selbst eingeräumt, dass bei den Kämpfen übermäßige Gewalt angewandt wurde, die gegen internationale Normen verstieß. Dazu gehörten der Einsatz von Menschen als Schutzschilder, Geiselnahme und die Verweigerung ärztlicher Hilfe für Verwundete und Verletzte – alles Maßnahmen, die *per definitionem* Kriegsverbrechen sind. UN-Generalsekretär Kofi

Annan ernannte eine Kommission, die die Vorgänge in Dschenin untersuchen sollte, aber Israel ließ die Mitglieder nicht in das Gebiet einreisen.

Was auch immer in Dschenin stattgefunden hat – für die Palästinenser nahm der Ort eine doppelte, etwas widersprüchliche Bedeutung an: Zum einen symbolisierte er die heldenhafte Geschichte eines palästinensischen Sieges über die mächtige israelische Armee (wie in Karameh), zum anderen stand er für Elend und Massaker (wie in Deir Yassin, Kfar Qasim, Sabra und Shatila sowie in Tal al-Zaatar). Später ereignete sich ein ähnlicher, wenn auch weniger bedeutsamer Vorfall in Hebron. Am Abend des 16. November – es war ein Freitag – geriet eine israelische Patrouille im Stadtteil Dschabel Dschuwarah in den Hinterhalt einer kleinen palästinensischen Einheit*. In den nächsten viereinhalb Stunden des Gefechts wurden neun israelische Soldaten getötet (darunter auch der Kommandeur der Region) und weitere 14 wurden verwundet. Des Weiteren wurden drei bewaffnete jüdische Zivilisten und drei Guerillakämpfer des Islamischen Dschihad getötet.

Im Lauf der Operation Verteidigungsschild ereigneten sich zwei weitere beachtenswerte Vorfälle. Der eine war die Belagerung der Geburtskirche in Bethlehem, der andere die Belagerung des Hauptquartiers von Yassir Arafat in Ramallah. Sofort nach dem Einmarsch der Israelis in Bethlehem Anfang April suchte eine große Schar palästinensischer Milizen Schutz in der Gebetskirche. Sie gingen zutreffend davon aus, dass Israel eine so bedeutende heilige Stätte des Christentums nicht angreifen würde. Dieser Vorfall lös-

---

* In der Stadt Hebron leben etwa 600 jüdische religiöse Fanatiker inmitten von 160 000 Palästinensern. Diese Siedler führen sich wie Herrscher über die Stadt auf und schikanieren die Araber andauernd. Zum Schutz dieser kleinen Schar wird eine ganze Brigade der israelischen Armee eingesetzt. Da ihre Siedlung in der Nähe eines Ortes liegt, der als »Ibrahamia-Moschee« oder auch »Höhle der Patriarchen« (*Machpelah*) bezeichnet wird und für Juden wie für Araber eine heilige Stätte ist, spielt die jüdische Gemeinde von Hebron regelmäßig den Gastgeber für Tausende von Juden, die zu »Gebeten« anreisen, die sich eher wie politische Demonstrationen ausnehmen. Folglich gilt für große Teile der arabischen Stadtbewohner die meiste Zeit eine Ausgangssperre. In Kiryat Arba, einer Siedlung am Ostrand von Hebron, leben 6500 Siedler.

te in der christlichen Welt große Empörung über Muslime und Juden gleichermaßen aus und unterstrich das einmalige, aufgeheizte Klima dieses Kampfes ums Heilige Land sowie das komplizierte Verhältnis der drei Religionen zueinander. Als es zu Gefechten im Umfeld des Gebäudes selbst kam, intervenierte der Papst persönlich wie auch die amtlichen Vertreter einiger europäischer Staaten, die zugesagt hatten, dass sie den christlichen Kämpfern Asyl gewähren würden. Die Angelegenheit wurde innerhalb eines Monats beendet.

Als die Israelis in Ramallah – der größten, modernsten und weltlichsten aller palästinensischen Städte – eindrangen, umstellten Soldaten Arafats Hauptquartier (*muqata*) in der Stadt und setzten Arafat sowie andere Politiker und Offiziere der Palästinensischen Nationalbehörde buchstäblich unter Hausarrest*.

Die Belagerung wurde nicht am 21. April beendet, als sich die israelischen Truppen aus den anderen Stadtteilen zurückzogen, weil Israel die Auslieferung der gesuchten Männer verlangte, die sich in der Gebetskirche aufhielten**. Während der ganzen Zeit der Belagerung stritten israelische Politiker, diverse Experten und Journalisten darüber, ob Arafat umgebracht oder deportiert werden sollte und ob es eine taugliche Ersatzfigur für ihn gab oder nicht. Arafat durfte nicht einmal zur Gipfelkonferenz der arabischen Staaten in Beirut ausreisen. Auf der Konferenz wurde beschlossen, Israel einen regionalen Frieden anzubieten, wenn es

---

* Zur gleichen Zeit wurde Marwan Barghouti, der Parteisekretär der Fatah, nach Israel verbracht und für längere Zeit im Gewahrsam der Verwaltungsbehörden festgehalten. Barghouti stand im Verdacht, der Kommandeur der Untergrundmiliz der Fatah – der Al-Aqsa-Märtyrer-Brigade – zu sein. Später veranstalteten die Israelis einen politischen Schauprozess gegen ihn. Er weigerte sich, die Autorität des israelischen Gerichts anzuerkennen, weil er der gewählte politische Führer eines anderen Volkes sei, und lehnte jede Verteidigung ab.

** Unter den Asylsuchenden befanden sich auch Ahmed Sadat, Sekretär der Volksfront und Verantwortlicher für die Hinrichtung des israelischen Tourismusministers Rehavam Zeevi – der Vorsitzende der Moledet-Partei, der ausdrücklich die ethnische Säuberung (»Transfer der Palästinenser«) gefordert hatte –, und Fuad Shubki, ein Finanzier, der angeblich die Reise der Karine A. organisiert hatte. Die Karine A. war ein kleines Schiff, das Waffen für die Palästinensische Nationalbehörde transportierte. Nach langen Verhandlungen wurden die Männer in ein Gefängnis in Jericho verbracht, das unter angloamerikanischemdem Schutz stand.

sich im Gegenzug auf die Grenzen von 1967 zurückziehen, die Gründung eines palästinensischen Staates mit Ost-Jerusalem als Hauptstadt zulassen und einer vernünftigen, annehmbaren Lösung für das Flüchtlingsproblem zustimmen würde*. Am Rande sei noch bemerkt, dass Israel diese beispiellose Resolution überhaupt nicht beachtet hat – nicht einmal als Grundlage für weitere Verhandlungen.

Die Belagerung wurde beendet, als die Amerikaner intervenierten, um Arafats Freilassung zu erreichen und er im Gegenzug die Männer, die von Israel gesucht wurden, an die Amerikaner überstellte, die sie dann in Jericho inhaftierten. Der Vorfall wird mit Sicherheit auf lange Sicht Konsequenzen für Arafat und vielleicht auch für die Palästinensische Nationalbehörde haben, denn Arafats Einlassung auf den Handel, seine eigene Freiheit auf Kosten anderer zu erkaufen, hat seinem Prestige geschadet. Die lange Belagerung verdeutlichte seine Schwäche und seine Abhängigkeit von Israel, den Amerikanern und den Europäern. Zum ersten Mal forderten sogar Mitglieder der Palästinensischen Nationalbehörde weitreichende Reformen der Regierung und der Justiz.

Dennoch ist es unwahrscheinlich, dass in diesen besonders schwierigen Zeiten echte Reformen durchgesetzt werden, selbst wenn Arafat dafür ist und der Legislative Rat zustimmt. Weitere Forderungen nach Reformen kamen aus Israel und den USA, aber die Absichten dahinter standen jenen des Legislativen Rats diametral entgegen. Arafat sollte aus dem Amt entfernt und eine »andere Behörde« gegründet werden, den palästinensischen Widerstand unterdrücken und »langfristigen Zwischenabkommen« zustimmen würde, die im Wesentlichen den israelischen Interessen entsprachen.

Der Generalstab der israelischen Streitkräfte hatte vier Monate lang von der politischen Führung verlangt, dem Militär zu erlau-

---

* Es ist auch möglich, dass Arafat selbst nicht besonders daran interessiert war, nach Beirut zu reisen, weil er einerseits befürchtete, dass er nicht wieder zurückkehren dürfte, und andererseits dem saudischen Friedensvorschlag skeptisch gegenüberstand, der den Hauptpunkt auf der Tagesordnung bildete und den er als eine amerikanische Initiative betrachtete.

Der dritte Versuch des Politizids   155

ben, wieder die Kontrolle über die palästinensischen Gebiete (einschließlich des Gaza-Streifens) zu übernehmen. Allerdings schien das politisch opportune Zeitfenster dafür hauptsächlich aufgrund der internationalen Reaktion verschlossen, und am 21. April hieß es offiziell, das Unternehmen sei abgeschlossen. Später wurden dann die Reservisten, die zur Besetzung des Gaza-Streifens einberufen worden waren, wieder entlassen. Tatsächlich jedoch drangen weiterhin israelische Truppen fast täglich in palästinensische Städte und Flüchtlingslager ein, um Personen zu verhaften, manchmal auch umzubringen. Israel setzte seine Politik der Belagerung und Zersplitterung des Westjordanlands in territoriale Fragmente ohne Verbindung zueinander fort, während die palästinensischen Gruppen weiterhin, wenn auch vermindert, Terroranschläge innerhalb Israels und gegen die Siedlungen und den Verkehr in der Westbank verübten. Bald nahmen sie jedoch die Selbstmordattentate wieder auf.

Im Juni begann Israel die Militäraktion Operation Determined Path (etwa: Operation Weg der Entschlossenheit), indem es das gesamte Gebiet A auf unbestimmte Zeit wieder besetzte. Dieser »interkommunale« Krieg, der jeden Unterschied zwischen Front und Etappe, Zivilisten und Militärs verwischte, eskalierte zu einer Kettenreaktion der Gewalt. Hinzu kommt, dass in diesen Auseinandersetzungen die Menschen auf beiden Seiten höchst emotionalisiert sind. Es ist charakteristisch für solche Konflikte, dass jedes Verständnis für die Hoffnungen, Gefühle, Auffassungen – und das Leiden – der Gegner verloren geht.

Waren die Steine werfenden palästinensischen Kinder das Symbol der ersten Intifada, so waren es die Selbstmordattentäter für die Al-Aqsa-Intifada, und zwar für beide Seiten. In der jeweiligen Reaktion beider Gegner zeigte sich die Unfähigkeit beider, Mitgefühl für die andere Seite zu empfinden.

Für die israelischen Juden stellte das Phänomen den »ultimativen Beweis« für das grausame, fanatische und primitive Naturell der Palästinenser dar; sie folgerten daraus, dass es unmöglich sei, vernünftig mit Leuten zu verhandeln, die ihre Kinder losschicken, um unschuldige Menschen und sich selbst umzubringen. Die israelischen Medien waren voller Berichte über Selbstmordattentäter, die als Helden und Märtyrer galten, während ihre Familien gesellschaftliches Ansehen genossen und materielle Entschädigungen erhielten. Zugleich ignorieren die Israelis akademische Studien wie die des Kulturforschers Idit Zertal, wonach auch sie einem Ethos des Todes huldigen, wenngleich sich dieser nicht in Form von Selbstmordattentaten äußert.*

Fehlendes Mitgefühl hat den Großteil der israelischen Bevölkerung blind gemacht gegenüber Armut, lebenslanger Schikanierung und Demütigung, Hoffnungslosigkeit, endloser Gewalt und Töten, wodurch das Leben so vieler Palästinenser zerstört wird und so viele junge Palästinenser zu solchen Verzweiflungstaten verleitet werden – Taten übrigens, die denen nicht unähnlich sind, die nach der Bibel Samson begangen haben soll, nachdem er von den Philistern gefangen genommen wurde. Derselbe Mangel an Mitgefühl machte die Palästinenser blind für die Trauer und Wut der Juden, als Selbstmordattentäter unschuldige Zivilisten mit in den Tod rissen – Emotionen, die noch gesteigert wurden, als viele Palästinenser nach jedem »erfolgreichen Unternehmen« öffentlich ihre Freude bekundeten. Oft gerieten die Begräbnisse auf beiden Seiten zu unbändigen politischen Demonstrationen und Riten des Hasses.

Neben den Ausgangssperren, die häufig wochenlang andauern, und den Abriegelungen, die die palästinensischen Gebiete in kleine Kantone zersplittern, den Menschen die Bewegungsfreiheit nehmen und ihnen den Zugang zu Nahrungsmitteln und medizinischer Versorgung versperren, sind aus palästinensischer Sicht die gezielten Tötungen die übelsten Taten überhaupt – gleichzusetzen mit den Selbstmordattentaten.

---

* Die Selbstmordattentäter werden oft verspottet, indem man ihnen sexuelle Beweggründe unterstellt: Angeblich opfern sie sich für die 70 Jungfrauen, die sie bei ihrer Ankunft im Paradies erwarten. Dieses Motiv gibt es tatsächlich im populären Islam, aber als »Erklärung« ist es zu einfach. Außerdem berücksichtigt diese »Erklärung« nicht die Tatsache, dass manche Selbstmordattentäter weltlich orientiert oder weiblich sind und politisch (sei es nationalistisch, religiös oder beides) motiviert sind.

Der dritte Versuch des Politizids

Am 17. Dezember 2000 begann Israel mit den Hinrichtungen ohne vorangehendes Gerichtsverfahren (als »gezielte Tötungen« bezeichnet) von jenen, denen man die Schuld für Terroranschläge oder bewaffneten Widerstand gab. Der Tanzim-Offizier Samih al-Malabi gehörte zu den ersten Mordopfern. Während die meisten der Hingerichteten tatsächlich für Terroranschläge verantwortlich waren, handelte es sich anscheinend bei anderen lediglich um greifbare Mitglieder der palästinensischen Führung. Kenner der Verhältnisse vermuteten, dass die israelische Regierung die Hinrichtungen ausführen ließ, um zynischerweise eine Reaktion seitens der Palästinenser zu provozieren und jedem Versuch, die Gewalt einzudämmen, zuvorzukommen.*

Aus zwei Gründen haben diese Tötungen so gewaltige Emotionen bei den Palästinensern und auch einigen Juden hervorgerufen: Zum einen waren die Mordopfer Personen des öffentlichen Lebens, und viele von ihnen wurden vom palästinensischen Volk bewundert. Zum anderen wurden die Aktionen oft nicht »sauber« ausgeführt, sodass außer der Zielperson auch andere, unschuldige Menschen dabei ums Leben kamen. Bei der Hinrichtung von Salah Shehada wurden zusammen mit ihm neun Kinder und acht weitere Erwachsene abgeschlachtet, als eine 1000-Kilo-Bombe auf das Gebäude abgeworfen wurde, in dem er sich befand. Ariel Sha-

---

* Das scheint zumindest auf einige Fälle zuzutreffen: das Attentat auf Dr. Thabat Thabat, den Generalsekretär der Fatah im Westjordanland am 30. Dezember 2000, das Attentat auf Raad al-Karmi, den Führer der Tanzim in Tulkaram am 14. Januar 2001, das Attentat auf Iyad Khadran, den Führer des Islamischen Dschihad in Dschenin am 4. April, das Attentat auf Abu Ali Mustafa, den Parteisekretär der Volksfront, am 25. August und das Attentat auf Salah Shehada, einen Hamas-Aktivisten, am 23. Juli 2002. Nach dessen Hinrichtung schrieb Akiva Eldar, ein bestens informierter Kommentator der Zeitung *Ha'aretz*: »Da das ›Material‹ in diesem Fall als ›streng geheim‹ eingestuft wurde, ist es unmöglich festzustellen, ob der israelische Geheimdienst – der von jedem Schritt wusste, den Salah Shehada und seine Gäste machten – auch wusste, dass die Tanzim am vergangenen Wochenende mit Hamas zu einer Konferenz zusammentraf, bei der unter anderem darüber beraten wurde, Shehada für eine sehr lange Zeit in den Urlaub zu schicken. Mit anderen Worten: In Gesprächen zwischen Vertretern der EU und Ahmed Yassin (dem geistigen und politischen Führer von Hamas) wurde dem Hamas-Führer erklärt, dass es nicht ausreichen würde, wenn der politische Arm von Hamas das Abkommen unterzeichnete, sondern der militärische Arm müsste auch unterzeichnen.«

ron rühmte dieses sorgfältig vorbereitete Unternehmen als großen Erfolg.

Nach dieser Aktion bezeichneten einige Vertreter der israelischen Öffentlichkeit solche Anschläge unverblümt als Kriegsverbrechen – ein äußerst seltener Vorgang in der Geschichte Israels. Der Befehlshaber der israelischen Luftwaffe, General Dan Halutz, reagierte auf diesen Vorwurf in einem Interview in der Zeitschrift *Ha'aretz Magazine*:

> Halutz: All die Leute, die von einem ganz offensichtlich illegalen Befehl sprachen und drohten, die Piloten an das Gericht in Den Haag zu überstellen, sind meines Erachtens einfach völlig durchgedreht. Ist das die Öffentlichkeit, für die die israelischen Streitkräfte tagein, tagaus kämpfen? All diese Weicheier, die sich erdreisten, die Kämpfer nach Art der Mafia zu erpressen – ich kann mich nicht erinnern, dass sie jemals gedroht hätten, einen der Erzterroristen, der Terroristen, die viele israelische Bürger umgebracht haben, an Den Haag zu überstellen. Was ich über solche Leute zu sagen habe, ist, dass dies eine Demokratie ist, in der jedermann jederzeit seine Meinung äußern darf. Aber nicht ein Verräter sein darf.
>
> Reporter: Wollen Sie damit sagen, dass den Mitgliedern von *Gush Shalom* (»Friedensblock«, eine winzige Gruppe aggressiver Friedensaktivisten), die sich so geäußert haben, wegen Verrats der Prozess gemacht werden sollte?
>
> Halutz: Wir müssen den richtigen Paragraphen im Gesetz finden und sie in Israel vor Gericht stellen. Ja. Sie wollten mit mir über Moral sprechen, und ich sage, dass ein Staat, der sich nicht selbst schützt, unmoralisch handelt. Ein Staat, der seinen Kämpfern keine Rückendeckung gibt, wird nicht überleben. Glücklicherweise gibt der Staat Israel seinen Kämpfern Rückendeckung. Diese lautstarke, aber unbedeutende Minderheit erinnert an dunkle Zeiten in der Geschichte des jüdischen Volkes, als eine Minderheit von uns losging und einen anderen Teil der Nation denunzierte. Das darf nicht wieder passieren. Wer hätte gedacht, dass Piloten der

Der dritte Versuch des Politizids

Luftwaffe ihre Autos mit wüsten Graffiti besprüht vorfinden würden, nur weil sie einen Auftrag ausgeführt haben.*

Ranghohe Offiziere und Beamte in Schlüsselpositionen in Sharons Regierung haben kürzlich Ansichten geäußert, die als Versuch, die israelische Öffentlichkeit auf weit reichende Maßnahmen gegen die Palästinenser vorzubereiten, zu werten sind. Beispielsweise hat der neu ernannte Generalstabschef Moshe Ya'alon in einem seiner ersten öffentlichen Auftritte am 30. August 2002 eine unvergessliche »Diagnose« für das *Ha'aretz Magazine* gestellt, die direkt aus dem *Stürmer* stammen könnte:

Ya'alon: Die Merkmale der Bedrohung [durch die Palästinenser] sind unsichtbar, wie beim Krebs. Wenn man von außen angegriffen wird, kann man den Angreifer sehen, man ist verletzt. Der Krebs hingegen ist etwas im Innern. Ich finde das also eher beunruhigend, weil in diesem Fall die Diagnose kritisch ist ... Ich behaupte, dass es sich hier um Krebs handelt ... Meine fachkundige Diagnose lautet, dass es ein Phänomen gibt, das eine existentielle Bedrohung darstellt.

---

* Tatsächlich wurde der Generalstaatsanwalt ersucht, den »Friedensblock« – der Soldaten und Zivilisten aufforderte, Beweise für Kriegsverbrechen zu sammeln, die von israelischen Soldaten in den besetzten Gebieten begangen wurden – vor Gericht zu stellen. Allerdings wurde die Untersuchung bald eingestellt, vermutlich weil man befürchtete, die Büchse der Pandora zu öffnen, wenn man die Begriffe »Kriegsverbrechen« und »Pflicht zur Verweigerung offensichtlich illegaler Befehle« überprüfen sollte. Diese Begriffe wurden 1957 vom Obersten Gerichtshof Israels nach dem Prozess gegen Teilnehmer am Massaker von Kfar Qassem anerkannt, sind aber seither niemals angewendet worden. Auch andere Länder haben sich mit der Möglichkeit befasst, israelische Amtspersonen wegen Kriegsverbrechen vor Gericht zu stellen. Am 30. September 2002 leitete Scotland Yard eine Untersuchung gegen Shaul Mofaz wegen angeblicher Kriegsverbrechen ein. Mofaz war in Großbritannien, um dort Spendengelder zu sammeln, flog jedoch nach Israel zurück, als ihm Sharon den Posten des Verteidigungsministers anbot. Ende des Jahres 2001 wurde bei einem belgischen Gericht eine Klage wegen Kriegsverbrechen gegen Ariel Sharon, Rafael Eitan, Amir Drori und Amos Yaron – denen eine israelische Kommission die Verantwortung für die Massaker in Sabra und Shatila angelastet hatte – von den Angehörigen der Opfer eingereicht. Im Juni 2002 entschied das Gericht, dass die Klage unzulässig sei. Dieses Urteil wurde am 12. Februar 2003 vom belgischen Kassationshof aufgehoben. Damit ist die Anklage Sharons nach seiner Amtszeit wegen Mordes an Hunderten Palästinensern zulässig.

Reporter: Soll das heißen, dass was Sie nun als Stabschef im Westjordanland und in Gaza unternehmen, eine Chemotherapie ist?
Ya'alon: Für Krebserkrankungen gibt es alle möglichen Behandlungen. Manche sagen, man muss operieren. Aber im Augenblick führe ich eine Chemotherapie durch. Ja.

Nachdem er Sharons Auffassung nochmals nachgebetet hatte, fuhr Ya'alon fort:

Ich habe keinerlei Zweifel, dass man, wenn diese Zeit einmal rückblickend betrachtet wird, zu dem Schluss kommen wird, dass der Unabhängigkeitskrieg [1947–1948] das wichtigste Ereignis unserer Geschichte war und der gegenwärtige Krieg sogar der zweitwichtigste ... [weil] er uns in die [Ära] vor der Staatsgründung, zum Vorschlag der Teilung und dem Unabhängigkeitskrieg zurückversetzt ... [die Palästinenser wollen] kein Abkommen mit einer Regelung ihrer Ansprüche, um den Konflikt in Gang zu halten und die Zeit gemäß [ihrer] Stufenstrategie [der schrittweisen Zerstörung Israels] ablaufen zu lassen.

Wie immer vermied es der Journalist, konsequent nachzufragen – zum Beispiel wie die Weigerung der Palästinenser, Baraks »großzügigstes Angebot« anzunehmen, in die mutmaßliche »Stufenstrategie« passte. Er hat auch nicht eruiert, was mit der »unsichtbaren Bedrohung« gemeint war und warum sie etwas »Inneres« sein soll, da es in Israel als Binsenweisheit gilt, dass die Palästinenser in den besetzten Gebieten sich außerhalb der Grenzen des israelischen Staates und seiner Gesellschaft befinden. Könnte es sein, dass Ya'alon mit dem Krebs auch die arabischen Bürger Israels meinte, oder vielleicht nicht nur die Araber?

Die beabsichtigte oder unbeabsichtigte Tötung von Kindern war für beide Seiten eine weitere äußerst emotionsgeladene Angelegenheit, aber auch ein Mittel zur Manipulation der öffentlichen Meinung vor Ort und weltweit. In einem am 1. Oktober veröffentlichten Bericht verurteilte Amnesty International beide Seiten wegen ihrer

»absoluten Missachtung« des Lebens der 250 palästinensischen und 72 israelischen Kinder, die in dem Konflikt ums Leben gekommen waren. Insgesamt sind seit dem Beginn der Intifada bis September 2002 bei 14 280 Anschlägen in den vergangenen zwei Jahren mehr als 625 Israelis getötet worden. Die israelischen Streitkräfte haben 1372 Palästinenser getötet. Bei den Terroranschlägen sind 4500 Israelis verletzt worden, während die Zahlen auf palästinensischer Seite viel höher sind: der Rote Halbmond berichtete von etwa 20 000 Verletzten.

Ist Sharon am Ende seiner ersten Wahlperiode immer noch ein »Enigma«, oder ist er ein Führer mit eindeutig erklärten Absichten? Ist er ein de Gaulle oder ein Miloševic? Zu welchem Schluss man auch kommen mag – man wird eingestehen müssen, dass er eines der Hauptziele seiner ersten Wahlperiode erreicht hat: nämlich wiedergewählt zu werden und so weitere vier Jahre zu bekommen, um seine Vorstellungen in die Tat umzusetzen.

Was ist von der Linken übrig geblieben?

Bevor man Sharons mögliche Absichten (die nicht notwendigerweise mit denen seiner radikalen Wählerschaft* identisch sind) und die Wahrscheinlichkeit, dass er diese in die Tat umsetzen wird, analysiert, muss man verstehen, was aus der israelischen Linken – genauer gesagt, aus der Friedensbewegung – geworden ist. Die Friedensbewegung, die sich im vergangenen Jahrzehnt gebildet hat und deren Meinungen oft an der Wahlurne zum Ausdruck kamen, entstand aus einem wackligen Zusammenschluss von diversen Gruppen mit höchst unterschiedlichen Ansichten und Beweggründen.

Barak, Sharon und religiöse Fundamentalisten auf beiden Seiten haben viel zur Zerschlagung dieser Koalition beigetragen. Der harte Kern der Friedensbewegung bestand aus Einzelpersonen und kleinen Gruppen, die der Meinung waren, dass Besetzung und Unterdrückung eines anderen Volkes nach universellen humanistischen Grundsätzen etwas Böses waren, während andere glaubten, dass die Besetzung ihr Land in eine *Herrenvolk*-Demokratie verwandelte, die die israelische Gesellschaft korrumpieren würde. Die meisten dieser Ideen wurden erst nach dem Krieg von 1982 formuliert und deutlich gemacht, obwohl sie schon vorher existiert hatten.

Ein zwingender Grund, mit den Palästinensern eine Vereinbarung zu treffen – selbst wenn dazu der Rückzug aus allen besetzten Gebieten und der Abbau aller Siedlungen gehören sollten –, ist die militärische Logik. Ein entmilitarisierter palästinensischer Staat kann für Israel keine existenzielle Bedrohung sein, aber die Polizeikontrolle über ein widerspenstiges, besetztes Volk auszuüben, birgt

---

* Ein beachtlicher Teil seiner radikalen Wähler hat bei den Vorwahlen zum Likud nicht für ihn, sondern für Netanyahu gestimmt, der seine eigene politische Rückkehr durch Einnahme einer rigoroseren Position sichern wollte; bei den allgemeinen Wahlen stimmten sie für die rechtsextreme Nationale Union oder die National-Religiöse Partei. Allerdings kam es Sharon sehr gelegen, dass er sich als moderater rechtsorientierter Kandidat profilieren konnte. Diese Strategie bewährte sich bei den Wahlen im Januar 2003. Der Likud konnte einen beachtlichen Teil der Dtimmen gewinnen, die sonst die Parteien der politischen Mitte erhalten hätten, und wurde mit 38 Sitzen in der Knesset die stärkste Partei in Israel.

auf lange Sicht ein Risiko, weil der zwangsläufige Verschleiß der israelischen Streitkräfte im Fall eines regionalen Krieges zu einer wirklichen Gefahr würde. Vermutlich war es diese Erkenntnis, die Yitzhak Rabin veranlasste, den Osloer Friedensprozess in die Wege zu leiten und die Abkommen so zu gestalten, wie er es getan hat. In einem Interview mit dem australischen Fernsehen hat sich der israelische Militärhistoriker Martin van Creveld kürzlich so dazu geäußert:

> Im Grunde genommen geht es immer um das Verhältnis [Gleichgewicht] der Kräfte. Wenn man stark ist und gegen einen Schwachen kämpft, wird man selbst geschwächt ... Wenn man stark ist und gegen die Schwachen kämpft, dann ist alles, was man tut, kriminell.

Auf dieser Denkweise beruht auch ein anderer Ansatz, der von einigen vertreten wird, die manchmal irrtümlicherweise dem Friedenslager zugeordnet werden: die »separatistische« Idee. In demselben Interview beschrieb van Creveld diese Ideologie in leuchtenden Farben:

> [Die einzige Lösung besteht darin,] eine Mauer zwischen uns und der Gegenseite zu errichten, die so hoch ist, dass nicht einmal die Vögel darüber hinweg fliegen können ... um jegliche Reibereien für eine lange, lange Zeit auszuschließen ... Wir könnten das Problem zumindest in Gaza innerhalb von 48 Stunden formell lösen, indem wir uns zurückziehen und eine richtige Mauer bauen. Und sollte dann irgend jemand versuchen, über die Mauer zu klettern, dann werden wir ihn selbstverständlich töten.

Verschiedene Versionen dieses Konzepts wurden unter israelischen Juden sehr populär, und auf die Initiative des ehemaligen Verteidigungsministers Benjamin Ben-Eliezer hin wurde mit dem Bau eines Zauns (mehr oder weniger längs der Grenzen von 1967) bereits begonnen. Tatsächlich wurde der Zaun um den Gaza-Streifen herum schon vor langer Zeit fertig gestellt, womit dieses Gebiet zum größten Konzentrationslager wurde, das es je gegeben hat. Die Separatisten gehören nicht zu jenem Teil des Friedenslagers, das für Frieden und die Koexistenz von Juden und Arabern im Allgemeinen – und mit den Palästinensern im Besonderen – eintritt, selbst wenn viele von ihnen als Linke eingestuft werden, weil sie, um die Palästinenser loszuwerden, bereit sind, die Siedlungen aufzugeben, Gebiete abzutreten und die Gründung eines palästinensischen Staates zu akzeptieren. Manche Separatisten wären sogar dafür, Teile israelischen Territoriums abzutreten, die dicht von Arabern besiedelt sind. Sie vertreten das Gegenteil von ethnischer Säuberung, aber in der Praxis und in psychologischer Hinsicht wäre das Ergebnis ähnlich.*

Ihre Ansichten wurzeln in einem Gemisch aus unterschiedlichen Gefühlen: Misstrauen, Angst und Hass, was die Araber anbelangt, sowie dem Wunsch, Israel von seinem unmittelbaren kulturellen Umfeld abzutrennen (wie Seite 35 ff. erläutert). Das erklärt auch, warum – wie alle Meinungsumfragen der letzten Jahre ergeben haben – die Mehrheit der israelischen Bevölkerung für den chauvinistischen Likud stimmt, die Beseitigung Arafats befürwortet und zugleich der Gründung eines palästinensischen Staates »zustimmt«. Die Separatisten optieren auch für die Bildung einer »Regierung der nationalen Einheit« in der Hoffnung, dass die Falken in der Arbeitspartei und moderate Mitglieder des Likud die Araber durch einseitiges Handeln aus dem jüdischen Staat verbannen werden. Die Separatisten waren *ad hoc* Verbündete des Friedenslagers, wie ihre Wahlstimmen für den Falken Ehud Barak zeigen, und sie könnten zur Arbeitspartei zurückkehren, falls Sharon nicht durch den »Bau einer Mauer so hoch, dass nicht einmal die Vögel darüber hinweg fliegen können« für Sicherheit sorgt.

Eine unerlässliche Komponente des Friedenslagers sind die Stimmen der Palästinenser und ihrer Parteien. Jedesmal, wenn der linke Block in dem vergangenen Jahrzehnt eine Wahl gewann, hatte er

---

* Dieses Konzept ist der Albtraum der Siedler, weil er nicht nur die vollständige Aufgabe der Siedlungen und Siedler bedeutet, sondern auch das Ende der Ideologie von »Großisrael«. Darum betrachten es die Siedler als die »ethnische Säuberung der israelischen Heimat von den Juden«.

dies hauptsächlich den arabischen Wählern zu verdanken, die rund 18 Prozent der Wahlberechtigten ausmachen. Die arabischen Wähler verfolgen mit der Unterstützung der jüdischen Linksparteien und des Friedenslagers mindestens zwei ureigene Interessen: Zum einen wollen sie damit die Freiheit und Selbstbestimmung ihrer palästinensischen Brüder erreichen und zum anderen hoffen sie, dass die Lösung des jüdisch-palästinensischen Konflikts ihre Position als Bürger verbessern und ihnen mehr – wenn nicht völlige – Gleichheit im jüdischen Staat verschaffen wird. Doch meistens hat sie die Hauptströmung der linken Politik befremdet. Selbst zu Rabins Zeiten gehörten sie nicht offiziell zur Koalition; sie erhielten zwar Gelder, aber keine Posten, sodass sie sich wie das politische Äquivalent der »anderen Frau« vorkamen. Während Baraks Amtszeit wurden sie bei Demonstrationen getötet. Da Barak und andere Partner unter den Linken sie enttäuschten, zogen sich viele von ihnen aus der Politik zurück – mit ganz verheerenden Folgen für das Friedenslager.

Die Hauptgründe für den Niedergang der Linken waren jedoch Baraks Unfähigkeit, in Camp David ein Abkommen zu erzielen, seine Verlautbarung, dass es keinen Partner gebe, der Beitritt der Arbeitspartei zur nationalen Einheitsregierung und die fehlende Unterstützung von Merez und der verbündeten Bewegung Peace Now für zwei Initiativen der politischen Basis, die mit langjährigen israelischen Konventionen in Bezug auf Krieg und Frieden gebrochen hätten.

Die erste Basisbewegung bestand aus aktiven Soldaten und Reservisten, die sich weigerten, in den besetzten Gebieten Dienst zu tun. Die meisten dieser Soldaten waren keine Pazifisten im üblichen Sinn (in Israel hat es nie eine echte pazifistische Bewegung gegeben).

Ihre Weigerung war selektiv, das heißt, sie waren bereit, im Fall eines notwendigen (»keine Wahlfreiheit«) Krieges zu kämpfen, aber sie verweigerten die Teilnahme an der Unterdrückung des palästinensischen Aufstands, der Verteidigung illegaler jüdischer Siedlungen in den besetzten Gebieten und an Taten, die sie als Kriegsverbrechen oder Menschenrechtsverletzungen werteten. Sie wurden allesamt vor ein Militärgericht gestellt und – oft mehrmals – zu unterschiedlich langen Freiheitsstrafen unter verschärften Bedingungen verurteilt.

So hat beispielsweise der Vater eines jungen Wehrdienstverweigerers folgende Mitteilung ins Internet gestellt:

> Am Sonntag dem 10. Nov. 2002, schrieb Matania Ben-Artzi: Liebe Freunde: [Mein Sohn] Jonathan Ben-Artzi wurde am Freitag, dem 8. Nov. 2002 aus der vierten Gefängnishaft entlassen. Heute, am Sonntag, dem 10. Nov., wurde er wieder einberufen. Er bat [das Militär], Zivildienst [statt Militärdienst] leisten zu können, weil ihm sein Gewissen den Dienst in der Armee nicht erlaubte. Dieser Antrag wurde abgelehnt, und er wurde zum fünften Mal zu einer Freiheitsstrafe verurteilt, diesmal 28 Tage. Der Oberst, der ihn verurteilte, ließ ihn nicht ausreden, aber hier folgt, was er ihm sagen wollte (und was ich auf seinen Wunsch hin verbreite): »Nach einem Bericht von Amnesty International wurden allein in den ersten sieben Monaten des Jahres 2002 mehr als 50 Kinder unter zwölf Jahren von der israelischen Armee erschossen. Sie haben nicht einen einzigen Teilnehmer an diesen Verbrechen verurteilt. Aber Sie verurteilen mich zum fünften Mal, weil ich mich weigere, dabei mitzumachen.«*

Es folgen einige Auszüge aus einem anderen berühmten Brief, den Yigal Bronner an einen israelischen General geschrieben hat:

> Sehr geehrter Herr General,
> In Ihrem Brief an mich schreiben Sie, dass ich »aufgrund des anhaltenden Krieges in Judäa, Samaria [dem Westjordanland] und dem Gaza-Streifen und angesichts der militärischen Erfordernisse« aufgefordert werde, »an Aktionen der Armee teilzunehmen« ... Ich schreibe Ihnen nun, um Ihnen mitzuteilen, dass ich Ihrer Aufforderung nicht Folge leisten werde.

---

* Im Dezember 2002 trat Jonathan Ben-Artzi seine sechste Haftstrafe in Folge an. Er ist zu insgesamt 161 Tagen Haft verurteilt worden.

In den 1980er Jahren hat Ariel Sharon Dutzende von Siedlerkolonien im Herzen der besetzten Gebiete errichtet – eine Strategie mit dem Ziel der Unterjochung des palästinensischen Volkes und der Enteignung ihres Landes. Heute beherrschen diese Kolonien nahezu die Hälfte der besetzten Gebiete und erdrosseln die palästinensischen Städte und Dörfer wie sie auch die Bewegungsfreiheit ihrer Einwohner behindern, wenn nicht ganz verbieten. Sharon ist nun Premierminister, und im vergangenen Jahr ist er dem Ziel seiner Unternehmung, mit der er vor 20 Jahren begonnen hat, ständig näher gekommen. In der Tat hat er den Befehl an seinen Lakaien, den Verteidigungsminister [Benjamin Ben-Eliezer] erteilt, und von dem wurde er entlang der Befehlskette weitergegeben ...

Ich bin jener Artillerist. Ich bin das kleine Rädchen in der perfekten Kriegsmaschinerie. Ich bin das kleinste und letzte Glied in der Befehlskette. Ich soll einfach Befehle ausführen – meine Existenz auf Impuls und Reaktion reduzieren, den Befehl »Feuer!« hören und den Abzug ziehen, um den großen Plan zur Vollendung zu bringen. Und ich soll all dies mit der Einfachheit und Natürlichkeit eines Roboters tun, der höchstens das Zittern des Panzers verspürt, wenn die Rakete auf das Ziel abgefeuert wird.

Aber wie Bertolt Brecht es formulierte:
General, dein Tank ist ein starker Wagen.
Er bricht einen Wald nieder und zermalmt hundert Menschen.
Aber er hat einen Fehler:
Er braucht einen Fahrer ...
General, der Mensch ist sehr brauchbar.
Er kann fliegen und er kann töten.
Aber er hat einen Fehler:
Er kann denken.

Und tatsächlich, Herr General, ... ich kann denken ... Vielleicht kann ich nicht viel mehr als das, [aber] ich kann sehen, wohin Sie mich führen. Ich sehe, dass wir töten und zerstören, verwundet und sterben werden, und dass kein Ende von alledem in Sicht ist. Ich erkenne, dass der »anhaltende Krieg«, von dem Sie sprechen, immer weitergehen wird. Ich kann erkennen, dass irgendetwas an diesen »Erfordernissen« schrecklich falsch ist, wenn wir aufgrund von »militärischen Erfordernissen« ein ganzes Volk belagern, hetzen und aushungern.

Ich bin daher gezwungen, Ihrer Aufforderung nicht zu gehorchen. Ich werde den Abzug nicht betätigen ... Also, Herr General, bevor Sie mich davonscheuchen, sollten vielleicht auch Sie anfangen, zu denken ...

Seit Beginn der Al-Aqsa-Intifada haben sich mehr als 180 Rekruten geweigert, in den besetzten Gebieten zu dienen, und viele andere haben einen schriftlichen Eid abgelegt, sich zu weigern, wenn sie einberufen werden. Ihre Zahl ist relativ groß, aber sie ist nicht groß genug, um jene kritische Masse zu bilden, die die Militärlogik und die Besatzungsmaschinerie untergraben würde. Diese Verweigerer wurden von kleinen linksradikalen Gruppen organisiert oder unterstützt.* Allerdings lehnten es sogar die Linkspartei Merez und ihr Ableger, die große, finanziell gut ausgestattete Bewegung Peace Now ab, die Verweigerer zu unterstützen. Sie argumentierten, dass in einem demokratischen System die Wehrdienstverweigerung nicht nur rechtswidrig, sondern auch unmoralisch sei.**

Selbstverständlich ist dieses Argument völliger Unsinn und hat nichts mit der soziopolitischen Wirklichkeit in Israel zu tun. Seine Definition der »israelischen Demokratie« wird religiös oder nationalistisch bestimmt, gilt nur für die Juden und berücksichtigt nicht die Millionen von anderen Menschen, die von Israel beherrscht werden.

Israel hörte schon vor langer Zeit auf, eine Demokratie zu sein: nämlich, als der Staat von der vorübergehenden Besetzung zur Annexion palästinensischer Gebiete überging und dabei die Be-

---

* Beispielsweise von der etablierten *Yesh Gvul* (»Es gibt eine Grenze«) und den neu gegründeten Gruppen »Neues Profil« und *Ha'ometz Lesarev* (»Mut zur Verweigerung«).
** Diese Behauptung wird meistens noch durch das zeitlose Argument ergänzt: »Und was, wenn die Soldaten mit religiösen oder rechtsorientierten Ansichten sich unter Berufung auf ihr Gewissen weigern, Befehle zur Räumung von Siedlungen oder zum Rückzug aus den besetzten Gebieten auszuführen?«

völkerung jener Landstriche von jeglicher Ordnung ausschloss, die ihnen Bürgerrechte und die elementarsten Menschenrechte garantierte. Wie bereits gesagt, kann Israel nicht mehr als liberale Demokaratie gelten, sondern ist zu einer *Herrenvolk*-Demokratie geworden. Zwar hat das Land nach Abschluss der Abkommen von Oslo einen Demokratisierungsprozess in Gang gesetzt, aber dieser wurde nach der Ermordung Rabins gestoppt, und die Fortschritte, die seine Amtszeit gebracht hatten, wurden schrittweise rückgängig gemacht.

Daher ist jede gewaltlose Aktion mit dem Ziel der Beendigung der Besetzung zweifelsfrei demokratischer Natur. Doch genau diesen Kernpunkt haben sowohl die Masse der Linksparteien als auch die Friedensbewegung außer Acht gelassen, als sie es ablehnten, die Wehrdienstverweigerung aus Gewissensgründen zu unterstützen und zu legitimieren. So hat beispielsweise Amnesty International am 19. Dezember 2002 folgende Denkschrift an den israelsichen Verteidigungsminister veröffentlicht:

Angehörige der israelischen Streitkräfte, die schwer wiegende Verstöße gegen die Menschenrechte und Kriegsverbrechen begehen – wie die Tötung von Kindern und anderen unbewaffneten Zivilisten, die rücksichtslose Beschießung dicht besiedelter Wohngebiete oder die Sprengung von Häusern samt ihrer Bewohner, die sie dann unter den Trümmern sterben lassen –, werden nicht vor Gericht gestellt und für ihre Taten zur Verantwortung gezogen [...] Gleichzeitig werden Rekruten und Reservisten, die den Wehrdienst verweigern, gerade um nicht an solchen Taten teilzunehmen, zu monatelangen Haftstrafen verurteilt. Was für eine Botschaft übermittelt eine solche Politik an die israelische Gesellschaft?

Nach Ansicht dieser Linksparteien würde die Unterstützung der Wehrdienstverweigerung dazu führen, dass diese enorm zunehmen würde. Man kann sich nur schwer vorstellen, wie die Regierung – und insbesondere das Militär – mit Tausenden von Wehrdienstverweigerern und ihren (sie unterstützenden) Familien umgehen würde.* In der Tat würde dies eine dramatische Wende in der militaristischen Kultur Israels bedeuten und würde jene Art moralischen Muts und der Bereitschaft, politische Risiken einzugehen, erfordern, die der israelischen Linken schon immer gefehlt haben. Ziviler Ungehorsam in solchem Umfang würde zu einer gravierenden Spaltung der israelischen Gesellschaft führen; ohne sie ist es jedoch schwer vorstellbar, wie das derzeitige tragische Patt beendet werden könnte.**

Eine israelische Intellektuelle, Tanya Reinhart, hat geschätzt, dass etwa ein Drittel der Bürger Israels dem »ideologischen Friedenslager« angehört, wobei dieser Anteil wahrscheinlich auch die israelischen Araber einschließt, die ohnehin nicht eingezogen werden. Jüdische ideologische Befürworter eines vollständigen oder fast vollständigen Rückzugs aus den besetzten Gebieten machen etwa 15 bis 20 Prozent der jüdischen Bevölkerung aus. Dazu gehören allerdings nicht die Separatisten, denen die friedliche Koexistenz mit den Palästinensern und die Siedlungen vollkommen gleichgültig sind. Obwohl das Friedenslager eine Minderheit ausmacht, liegt seine Schwäche nicht in der Zahl der Anhänger, sondern in der

---

* Es gibt eine hohe Dunkelziffer in der »Grauzone« der Verweigerung. Viele potenzielle Rekruten meiden es, ihre Weigerung moralisch oder ideologisch zu begründen, und beantragen eine Freistellung aufgrund medizinischer Probleme oder familiärer Härtefälle. Dem Militär ist dies durchaus bekannt, und meistens gewährt es solche Freistellungen, um die politischen oder moralischen Einwände nicht hervorzuheben. Schließlich wäre es für das System sehr peinlich, wenn es Tausende Personen, von denen die meisten aus gebildeten mittelständischen Familien stammen, wegen Wehrdienstverweigerung inhaftieren würde. Die relativ leichten Strafen – meistens 28 Tage Gefängnis, die manchmal in Raten abgesessen werden können – mit anschließender Freistellung, wenn der Mann nicht »klein beigibt«, spiegeln die Verwirrung des Militärs im Umgang mit einem Phänomen wider, dass in der israelischen Kultur ungewöhnlich ist. Meistens beantragen die Verweigerer, diesseits der »grünen Linie« zu dienen oder »Nationaldienst« (der hauptsächlich religiösen Frauen offen steht) zu leisten, werden jedoch abgewiesen und vor Gericht gestellt.

** Im Allgemeinen kann ein so tiefgreifender Wertekonflikt wie der zwischen den stammesorientierten und bürgerlichen Vorstellungen vom Judentum nicht ohne ein gewisses Maß an Bürgerkrieg gelöst werden, aber jede Befürwortung irgendeiner Form von Gewalt ist grundsätzlich unmoralisch. Israel kann sich jedoch keinen Bürgerkrieg leisten, auch wenn es sich bereits seit langem in einem erbitterten (aber nicht immer offenkundigen) Kulturkampf befindet. Massiver ziviler Ungehorsam ist das Gegenteil von Bürgerkrieg, führt aber zum gleichen Ergebnis.

Tatsache, dass diese »Stammtischaktivisten« sind. Die kleine Minderheit derer, die aktiv sind (wie die Wehrdienstverweigerer), wird sogar von ihren »linken« Kollegen als »linksradikal« bezeichnet. Würde jedoch diese Gruppe genauso aktiv werden wie die Siedler, die beachtliche persönliche und kollektive Opfer brachten und für ihren Glauben erhebliche Risiken eingingen, dann würde das Ergebnis ein massiver ziviler Ungehorsam sein, der das gesamte System der Kolonisierung und Unterdrückung zu Fall bringen würde. Die Hauptsünde der Merez-Partei und von Yossi Sarid persönlich besteht darin, dass sie die Wehrdienstverweigerer ignorieren, die von kleinen, radikalen »illegitimen« Gruppen unterstützt werden, und somit die Chance verpassen, einen großen Duchbruch zu erzielen.

Eine weitere kleine, aber symbolträchtige Chance wurde vertan, als Merez und die Arbeitspartei (nun mit Amram Mitzna als Vorsitzendem) es versäumten, die Regierung zur Ratifizierung des Römischen Statuts des Internationalen Strafgerichtshofs zu drängen. Der Vertrag über die Gründung dieses Gerichtshofs wurde von 120 Staaten unterzeichnet, darunter Russland, Frankreich und Großbritannien. Die USA, China, Libyen, der Irak, Qatar, der Jemen und Israel stimmten dagegen. Das Statut trat am 1. Juli 2002 in Kraft. Damit sie bei der Ernennung und Wahl von Richtern und Anklägern mitwirken können, müssen die Signatarstaaten den Vertrag bis zum 30. November 2002 ratifiziert haben, denn ohne Ratifizierung hat die Unterzeichnung lediglich deklaratorische Wirkung.*

---

* Israel und die USA haben seit langem alle Versuche vereitelt, einen Strafgerichtshof mit internationaler Zuständigkeit zu gründen. In den Verhandlungen in Rom haben die USA zum Beispiel gefordert, dass Staaten oder ihre Bürger dem Ermittlungsverfahren eines Anklägers zustimmen müssten. Kann man sich vorstellen, was passieren würde, wenn das amerikanische Gesetz vorschreiben würde, dass mutmaßliche Straftäter den Ermittlungen und dem Strafverfahren gegen sie zustimmen müssten? Auch befürchteten Israel und die USA, dass übereifrige oder politisch voreingenommene Ankläger Vorwürfe gegen sie erfinden oder verfälschen würden. Ein weiterer Ablehnungsgrund war, dass das Statut Terror nicht als Kriegsverbrechen einstuft – wahrscheinlich, weil eine genaue Definition schwierig und kontrovers ist (zum Beispiel die Definition von Staatsterrorismus). Allerdings behandeln viele Artikel des Statuts terrorähnliche Akte wie Verbrechen, auch wenn der Begriff »Terror« nicht verwendet wird.

Obwohl Israel das Römische Statut am 31. Dezember 2000 unterzeichnet hat, hat es damit nur seine grundsätzliche Zustimmung zum Ausdruck gebracht. Ein Signatarstaat ist erst dann an den Vertrag gebunden, wenn er ihn ratifiziert hat – was Israel noch nicht getan hat.

Das Römische Statut definiert Kriegsverbrechen als schwerwiegende Verstöße gegen die 4. Genfer Konvention und legt unter anderem auch Definitionen von Menschenrechtsverletzungen, Verbrechen gegen den Frieden und Verbrechen der Aggression fest. Nach dem Statut sind Kriegsverbrechen »schwere Verstöße gegen die Gesetze und Bräuche, die im etablierten Rahmen des Völkerrechts für internationale bewaffnete Konflikte gelten«.*

Das Statut ist der Höhepunkt von Bemühungen zur Eindämmung von Gewalt im Krieg, die Mitte des 19. Jahrhunderts einsetzten und 1899 und 1907 in Den Haag in multinationalen Konferenzen und Abkommen formale Gestalt annahmen. 1899 wurden drei Abkommen unterzeichnet, darunter eines, das die Grundsätze der Genfer Rotkreuzkonvention von 1864 auf den Seeweg ausdehnte. Am Ende der Konferenz von 1907 wurden 13 Abkommen unterzeichnet, die im juristischen Sprachgebrauch als I.–XIII. Haager

---

* Die Liste der Verstöße gegen völkerrechtliche Bestimmungen im Sinne der 4. Genfer Konvention ist lang. Hier werden jene aufgeführt, die für den israelisch-palästinensischen Konflikt wohl am bedeutendsten sind: absichtliche Angriffe auf die Zivilbevölkerung im Allgemeinen oder gegen einzelne Zivilisten, die nicht an Kämpfen beteiligt sind; absichtliche Angriffe auf zivile Objekte, also nichtmilitärische Ziele; absichtliche Angriffe auf Personen, Einrichtungen, Material, Einheiten oder Fahrzeuge, die gemäß der Charta der Vereinten Nationen an einem humanitären oder friedenssichernden Einsatz beteiligt sind, solange ihnen der Schutz gebührt, der Zivilisten oder zivilen Objekten nach dem Kriegsvölkerrecht zusteht; der absichtliche Beginn eines Angriffs in dem Bewusstsein, dass er nebenbei den Tod oder die Verwundung von Zivilisten oder die Beschädigung von zivilen Objekten oder weitreichende, langfristige und schwere Umweltschäden in einem Ausmaß verursachen wird, das angesichts des erwarteten konkreten und unmittelbaren militärischen Erfolgs offensichtlich unverhältnismäßig hoch sein wird; jegliche Art von Angriff auf und Bombardierung von Städten, Dörfern, Wohnungen oder Gebäuden, die nicht verteidigt werden und keine militärischen Ziele darstellen; der unmittelbare oder mittelbare Transfer von Teilen der Zivilbevölkerung einer Besatzungsmacht in die von ihr besetzten Gebiete, oder die vollständige oder teilweise Deportation oder der Transfer der Bevölkerung der besetzten Gebiete innerhalb dieser Gebiete oder aus ihnen hinaus.

Abkommen abgekürzt werden. Die Präambel des Haager Abkommens von 1907 besagt, dass »die Einwohner wie auch die kriegführenden Staaten weiterhin unter dem Schutz und dem Diktat der Grundsätze des Völkerrechts stehen, wie sie sich aus den etablierten Bräuchen unter zivilisierten Völkern, den Geboten der Menschlichkeit und den Geboten des öffentlichen Gewissens ergeben«.

Eine echte Oppositionsbewegung, die den Menschenrechten und einer universalistischen Gesinnung verpflichtet ist, sollte die Chance ergreifen, die dieses Statut und das weltweite Interesse daran bieten, und der israelischen Öffentlichkeit – insbesondere dem Militär – bewusst machen, welche Kriegsverbrechen gerade hier begangen werden.

Es gibt viele Gründe, warum es schwierig wäre, die israelische Öffentlichkeit auf diese Verbrechen aufmerksam zu machen. Viele Juden glauben, dass eine jüdische Armee nie solche Verbrechen begehen könnte und dass Kriegsverbrechen und Menschenrechtsverletzungen immer an Juden – aber niemals von Juden – verübt werden.

Wenn das israelische Militär etwas tut, das nicht streng »den Regeln entspricht«, geschieht dies stets aus Gründen der Selbstverteidigung oder irgendeiner anderen unausweichlichen Notwendigkeit. Andere meinen (wenn auch nicht unbedingt ausdrücklich oder bewusst), dass die Juden, nachdem die Nichtjuden ihnen so viel Leid zugefügt haben, völlig berechtigt sind, sich Nichtjuden gegenüber grausam oder anmaßend zu verhalten.*

Hinzu kommt eine Neigung, dem Militär eine säkulare und manchmal auch religiöse »Heiligkeit« beizumessen. All diese Faktoren lassen Politiker wie Parteien davor zurückschrecken, über mögliche Kriegsverbrechen seitens der Israelis zu diskutieren, was zwar verständlich sein mag, aber nicht zu rechtfertigen ist. So hat nur eine kleine, aber lautstarke Gruppe – der Friedensblock unter

---

* Eine der schlimmsten Formen der Selbstgerechtigkeit besteht darin, an den Holocaust zu erinnern. In Streitgesprächen unter Juden sowie zwischen Juden und Nichtjuden ist es ein »entscheidendes Argument« zu behaupten, man »spreche im Namen der Holocaust-Opfer« oder der Überlebenden.

Führung des altgedienten Journalisten und kompromisslosen Friedensaktivisten Uri Avneri – versucht, die Öffentlichkeit auf den neuen Internationalen Strafgerichtshof und dessen Bedeutung im Hinblick auf die kriegerischen Handlungen beider Seiten im israelisch-palästinensischen Konflikt aufmerksam zu machen, aber sie hatte nur mäßigen Erfolg.

Der Friedensblock war wohl nicht so naiv zu glauben, dass man israelische Offiziere und Anführer vor den Strafgerichtshof bringen könnte (immerhin werden Sieger nie wegen Kriegsverbrechen vor Gericht gestellt), hoffte aber, das Thema öffentlich zu machen und vielleicht so einige Aktionen gegen die Palästinenser – wie die Verwüstung von Dschenin, die Hinrichtungen ohne Gerichtsverfahren, die Masseninternierungen und das Aushungern der Bevölkerung – abzuwenden.

Die Kooptation der Arbeitspartei während Sharons erster Amtszeit, die wahllosen Angriffe auf israelische Zivilisten im Herzen des Landes und das Scheitern der Verhandlungen von Camp David führten einerseits zu einer Zersplitterung des Friedenslagers und der Lähmung der meisten seiner Anhänger, andererseits aber auch zur Wiederbelebung und Radikalisierung kleiner Gruppen und nicht amtlicher humanitärer Organisationen. Und es bildeten sich Dutzende von neuen Gruppen, darunter die selbstbewusste *Ta'ayush*, die im Oktober 2000 gegründet wurde. Ihr gehören jüdische und arabische Jugendliche und Studenten an, die humanitäre Aktionen wie die Bereitstellung von Konvois zur Lieferung von Hilfsgütern an bedürftige Palästinenser organisieren, aber auch politische Protestaktionen veranstalten oder an denen anderer Gruppen teilnehmen.*

Die Gruppe Peace Now, die Ende der 1970er Jahre gegründet wurde, hat sich zu einer Dachorganisation für diese kleinen Grup-

---

* In dem kürzlich erschienenen Buch in neuhebräischer Sprache »Wo stehe ich in dieser Angelegenheit?« beschreibt die Menschenrechtsaktivistin Daphna Golan-Agnon die verschiedenen humanitären, bürgerrechtlichen und politischen Aktivitäten, in denen sie und andere sich engagieren. Dr. Golan-Agnon, Dozentin der Juristischen Fakultät an der Hebrew University, hebt auch hervor, dass überwiegend Frauen in den nicht amtlichen Organisationen tätig sind.

pierungen entwickelt. Sie hat ein Sekretariat und einige intellektuelle Anführer und Anhänger, die mehr oder weniger der politischen Hauptströmung angehören (wie die Autoren Amos Oz und A. B. Yehoshua), aber keine aktuelle politische Tagesordnung (außer Parolen). Diese vielen kleinen und zersplitterten Gruppierungen füllen zwar das Vakuum, das die Linksparteien hinterlassen haben, aber sie können kein Gegengewicht zu den rechtsextremen Parteien bilden.

Der gewaltlose Guerillakrieg

In diesem vorletzten Kapitel werden drei Berichte veröffentlicht, die von drei verschiedenen nicht amtlichen Organisationen erstellt wurden, sowie Ausschnitte aus einer Studie, die von einer Forschergruppe der palästinensischen Gemeinde durchgeführt wurde. Die drei Berichte – die allesamt von Augenzeugen stammen, die sie im jeweils eigenen Stil verfasst haben – belegen, dass sich die politische Aktivität im Wesentlichen auf die Leistung humanitärer Hilfe vor Ort durch israelische und internationale Gruppen reduziert hat. Diese Antworten auf die Gewalt kann man als eine Art gewaltlosen Guerillakrieg gegen das Besatzungsregime betrachten, der von israelischen Juden, israelischen Palästinensern und anderen geführt wird. Die Studie belegt, welche tiefgreifenden Auswirkungen die durch den andauernden Politizid hervorgerufene Gewalt auf palästinensische Schulkinder gehabt hat.

Bemerkenswert ist außerdem, dass diese drei Berichte zwei gemeinsame Nenner haben: Sie schildern bestimmte Vorgänge im allgemeinen Rahmen des Krieges der Gemeinschaften zwischen Israelis und Palästinensern, und sie sind zudem sehr plastische, zutiefst persönliche Aussagen von Augenzeugen, Information also aus erster Hand, die von einer subtilen Ironie bezüglich der Lage und der eigenen Rolle der Handelnden gekennzeichnet sind.

Die erste Schilderung ist ein Tagesbericht von Mitgliedern einer nicht amtlichen Organisation namens *Machsom Watch* (eine hebräisch-englische Bezeichnung mit der Bedeutung Kontrollpunkt-Beobachtung). Die Soldaten an diesen Kontrollpunkten sollen jeden Palästinenser überprüfen, der aus dem besetzten Gebiet heraus will.

Die offizielle Begründung für die Einrichtung der Kontrollpunkte lautet, dass mithilfe dieser Kontrollpunkte Terroristen, Selbstmordattentäter und andere Verdächtige an der Einreise nach Israel gehindert werden. Tatsächlich schaffen die Kontrollpunkte keine echte Sicherheit, weil Palästinenser mit bösen Absichten einhundertundein andere Möglichkeiten haben, in das israelische Hinterland zu gelangen.* *Machsom Watch* wurde im Februar 2001 von jüdischen und palästinensischen Frauen gegründet, die freiwillig die Kontrollpunkte beobachten, um zu verhindern, dass die Soldaten Palästinenser schikanieren. Oft werden die Beobachterinnen jedoch selbst von den Soldaten misshandelt. Die Berichte werden weitestgehend unredigiert und ungekürzt wiedergegeben, um ihre Glaubwürdigkeit nicht anzutasten.

Bericht Nr. 1

Sonntagmorgen, 3. November 2002, an der Al-Khader-Straßensperre und einer höheren Schule für Mädchen
Beobachterinnen: Chaya O., Lauren E., Maya R.
Allgemeines: Während die Woche in Israel von dem verspäteten und sehr zu begrüßenden Ende der Regierungskoalition aus Arbeitspartei und Likud und der eher begrenzten Unsicherheit über dessen Bedeutung geprägt war, war die Woche in Palästina von viel Unsicherheit aufgrund von Tötungen, Ausgangssperren, Abriegelungen und Verhaftungen gekennzeichnet.
Die letzte dieser Greueltaten verdient besondere Beachtung: Wir sollten nicht vergessen, dass kaum ein Tag vergeht, an dem nicht Palästinenser verhaftet und eingesperrt werden. An manchen Tagen werden drei bis fünf neue Gefangene gemacht, an anderen Tagen sind es mehrere Dutzend. Allein die momentane Invasion von Dschenin, die nun bereits zwei Wochen anhält, hat eine »Ernte« von mehr als 160 neuen Gefangenen erbracht. Das lässt den Schluss zu, dass die israelischen Haftanstalten derzeit mit vielen Tausenden Palästinensern »vollgestopft« sind (ich meine, die Zahl liegt zwischen 7000 und 8000, aber ich kann mich irren – Maya), von denen die Mehrheit in der Zeit zwischen der Operation Verteidigungsschild und heute verhaftet

---

* Allerdings haben einige Selbstmordattentäter und andere Angreifer diese störenden Kontrollpunkte ins Visier genommen. Manche argumentieren, dass die Kontrollpunkte in Wahrheit die verängstigte jüdische Bevölkerung beruhigen und ihr zeigen sollen, dass die Sicherheitskräfte sie beschützen.

wurden. Die meisten von ihnen sind noch nicht vor Gericht gestellt worden, während viele andere als »Häftlinge im Gewahrsam der Verwaltungsbehörden« bezeichnet wurden. Die Familien der Inhaftierten werden am Besuch gehindert; einige – hauptsächlich die Familien jener, die im Anfangsstadium der Intifada oder noch früher eingesperrt wurden (die Veteranen unter den Gefangenen) – haben ihre Söhne/Brüder/Ehemänner/Väter seit über zwei Jahren nicht besucht.

Die Sprengung von Häusern gehört jetzt zum Alltag der israelischen Streitkräfte: Auch hier hat es den Anschein, dass die Gesamtzahl der letzten paar Monate höher ist als die Gesamtzahl der Häuser, die seit dem Ende der ersten Intifada zerstört wurden. Wenn das so weiter geht, wird von Dschenin bald nicht mehr viel übrig sein ...

In Hebron wurde vier ganze Tage lang eine Ausgangssperre verhängt, und zwar vor, während und nach den Feierlichkeiten des *Shabat Chaye Sarah* [der wöchentlichen Bibellesung], die von den Siedlern und ihren Besuchern veranstaltet wurden. Die militärischen Maßnahmen zur Absicherung der erfolgreichen Feier dieses Festes erstreckten sich auch auf das benachbarte Gebiet von Bethlehem, wo es von Donnerstag bis Samstag eine verschärfte Abriegelung und erhöhte militärische Präsenz gab.

Unser Einsatz:
Als wir an der Al-Khader-Kreuzung und den Straßensperren dort ankamen (etwa 7 Uhr 20), fiel uns eine »Prozedur« auf, die wir noch nicht kannten: Zwei Soldaten (reguläre), die inmitten einer großen Anzahl Palästinenser standen, die die Straßensperren passierten, befahlen diesen Fußgängern, sich in Reihen aufzustellen, während sie eine (kurze) Ausweiskontrolle durchführten. Einige Frauen und ältere Leute entzogen sich der Kontrolle und gingen an den Soldaten vorbei, aber die meisten »fügten« sich, ohne Fragen zu stellen oder ärgerlich zu werden. Wir hörten von einem Palästinenser und später von den Soldaten selbst, dass der »Grund« für diese Maßnahme eine »Warnung« [vor einem möglichen Selbstmordattentäter aus der Region] sei. Es bleibt

Der gewaltlose Guerillakrieg 179

festzuhalten, dass die Soldaten überhaupt nicht unhöflich waren und ihr Bestes taten, um die Leute nicht aufzuhalten (jeder benötigte nur wenige Sekunden, um seinen Ausweis zu zeigen und weiterzugehen). Dennoch ist es eine vollkommen unverschämte Prozedur, die sich immer weiter verbreitet und etabliert, Palästinenser »Grenzkontrollen« zu unterziehen, wenn sie sich innerhalb der (äußerst engen) Grenzen eines einzigen Gebiets im Westjordanland bewegen.

Weniger als 100 Meter östlich dieser Straßenkreuzung, an der improvisierten Haltestelle für Taxis und Minibusse, kamen wir in ein zunächst sehr hitziges Gespräch mit einigen Taxifahrern an der Strecke von Al-Khader nach Ramallah und zurück. Die Lage dieser Männer ist so verzweifelt, dass einige von ihnen beinahe vor Wut platzten, als wir sie beiläufig mit »Guten Morgen!« begrüßten. Wie sich herausstellte, war ihr Morgen nicht nur schlecht, sondern hatte bereits um 1 Uhr begonnen, als sie sich für die tägliche Schicht eingereiht hatten. Um 7 Uhr 30 konnten einige schon schnell in Tränen ausbrechen, hatten sie doch bis dahin noch nicht einmal den Motor angelassen.

Zunächst also brüllten sie uns an, weil wir »schichtweise« für die Menschenrechte eintraten und somit nicht vor Ort waren, wenn wir irgendwo am meisten gebraucht wurden – das heißt, wie sie es direkt ausdrückten, in Wad-a-Nar samstagsmorgens und donnerstagsnachmittags. Am Samstag fahren die Angestellten und Arbeiter aus der südlichen Westbank zu ihren Arbeitsplätzen in die Distrikte von Ramallah und Jericho, und am Donnerstag kehren sie zurück, um ihren freien Tag zu Hause zu verbringen. Die Armee und die Grenzpolizei sind zu diesen Terminen besonders unausstehlich und halten die Taxis stundenlang an (einige Fahrer berichteten, dass sie vier, sogar fünf Stunden inmitten dieser Wüstenei warten mussten, durch die die Straße nach Wad-a-Nar führt). Nachdem sie ihren Klagen über unsere Nutzlosigkeit Luft gemacht hatten, beruhigten sich die Fahrer jedoch und erzählten uns ihre Geschichte.

Die Männer, mit denen wir sprachen, gehören zu einer Gruppe von rund 15 Taxifahrern aus dem Distrikt Hebron. Alle erinnern sich gern an die Zeit vor dem September 2000, als sie überall hinfahren konnten: von Hebron im Süden bis Dschenin im Norden und zur Allenby-Brücke (über den Jordan, der die Grenze zur Westbank bildet) im Osten sowie gelegentlich nach Israel hinein. Obwohl die von der Palästinensischen Nationalbehörde erhobenen Steuern damals hoch waren, erklärten sie, dass sie nicht weniger als 8000 Schekel [etwa 1500 US-Dollar] im Monat eingenommen hätten.

Kurz nach dem Beginn der Intifada und der vollkommenen Absperrung – die wir in unseren Berichten wiederholt geschildert haben – durften sie nicht mehr auf den nunmehr »araberfreien« Hauptstraßen fahren, sondern mussten sich auf die (oft nicht asphaltierten) Nebenstraßen beschränken, an denen sich immer noch zahlreiche Kontrollpunkte, Straßensperren und Hindernisse befinden. Um die Schilderung einer seit zwei Jahren andauernden Situation kurz zu machen, diese 15 Fahrer haben sich entschlossen, gemeinsam ein Haus in Al-Khader (in der Nähe der Straßensperren) zu mieten.

Da die Zahl der Passagiere, die täglich aus dem Distrikt hinaus fahren, so klein geworden ist wie nie zuvor (infolge der unendlichen Schwierigkeiten unterwegs sowie der Wirtschaftskrise – die meisten Leute können die 15 Schekel für eine Fahrt von Al-Khader nach Ramallah nicht einmal aufbringen), kann jedem Fahrer nicht mehr als eine Hin- und Rückfahrt pro Tag garantiert werden!!! Und selbst dies erfordert entsprechende Abmachungen unter den Fahrern, um Konkurrenz und Streitigkeiten auszuschließen.

So muss man sich also vorstellen, wie es ist, den Tag um ein Uhr zu beginnen und manchmal sieben, acht oder gar zwölf Stunden auf die eine Fahrt zu warten, die unter den Umständen des Leidens in Wad-a-Nar [der Name bedeutet: ein plötzlicher Spalt in der Erde] eine Ewigkeit dauern kann. Tatsächlich verbringen sie fast den ganzen Tag und die Nacht an der »Haltestelle«, wo sie zu fettes und nicht sonderlich sauberes *Falafel* essen, bitteren Kaffee trinken und ewig herumstehen und plaudern. Am Abend ziehen sie sich dann in ihr gemietes Haus zurück, aus dem sie einige Stunden später wieder herauskommen. Am Ende der Woche fahren sie dann nach Hause zu ihren Familien, wo sie den freien Tag verbringen. Yusef – der Fahrer, der am meisten erzählt hat – kommt aus [dem Dorf] Yata und hat zehn Kinder. Er schätzt, dass sein gesamtes Monatseinkommen nach all diesen Entbehrungen zwischen 1000 [200 US-Dollar] und 1500 [300 US-Dollar] Schekel, allerhöchstens 2000 Schekel beträgt.

Wir verließen die Fahrer und machten uns schweren Herzens auf den Weg zu einer höheren Schule für Mädchen, wo wir das Glück hatten, von der Schulleiterin Um-Shadi begrüßt zu werden, als wir auf den Schulhof kamen. Sie wurde von einer elegant gekleideten Frau begleitet, die sich als Sportreferentin des Bildungsministeriums für das Gebiet um Bethlehem vorstellte. Beide wollten unbedingt mit uns sprechen, und Um-Shadi berichtete bald von den gestrigen Ereignissen (Samstag, 2. November), die damit begonnen hatten, dass den Armeesoldaten ein aus ihrer Sicht verdächtiges Fahrzeug auffiel, das in der Nähe des Al-Khader-»Klubs« unweit der Mädchenschule geparkt war. Die Soldaten beschlossen, das Fahrzeug ohne Vorwarnung und ohne weiteres Abwarten zu sprengen (es wurde nicht einmal versucht, den Besitzer ausfindig zu machen). Um-Shadi eilte los, um die Mädchen vorzuwarnen. Kurz nachdem die Sprengladung detoniert war, begannen die Soldaten – aus keinem ersichtlichen Grund – Tränengasgranaten in die Nähe der Schule abzufeuern. Der Wind trieb das Gas in Schwaden in den Schulhof, wo die Mädchen gerade mit dem Sportunterricht begonnen hatten, und kurz darauf auch in die Klassenzimmer. Um-Shadi brachte schnell drei schwangere Lehrerinnen in ein Hinterzimmer und eilte zu den Mädchen zurück, von denen viele über Schwindel und Schmerzen klagten. Obwohl es ihr gelang, alle wieder zu beruhigen, konnte der Unterricht unter diesen Umständen unmöglich fortgesetzt werden, sodass Um-Shadi die Mädchen nach Hause schickte.

Nach diesem Bericht waren Um-Shadi und Rabiha Atallah (die Sportreferentin) sowie die zwischenzeitlich hinzugekommene Sportlehrerin (Khawla) froh, sich über eher angenehmere Themen zu unterhalten, die von Gymnastik und Sprachkenntnissen bis zu den Unterschieden zwischen (Shaul) Mofaz (dem neu ernannten Verteidigungsminister und letzten Generalstabschef) und (Benjamin) Ben-Eliezer reichten. Die Frauen sind Flüchtlinge der zweiten, Frau Khawla sogar der dritten Generation. Um-Shadis Familie stammt aus Ein-Karem (einem Quartier in Jerusalem), Rabihas aus Zakaria und Khawlas aus Dschura (in der Nähe von Moshav Ora). Sie alle sind äußerst energisch und engagiert und begierig, den Kontakt und die Zusammenarbeit aufrechtzuerhalten.

Der nächste Bericht stammt von Sylvia Piterman und ist in Form eines Briefes an ihren Sohn verfasst, nachdem sie an einer Olivenernte teilgenommen hatte. Die Olivenernte findet in den Monaten Oktober und November statt. Oliven sind ein Hauptagrarprodukt der Palästinenser und bilden die Grundlage für dörfliche Betriebe, die das Öl pressen und Seife, Parfüm und weitere Produkte daraus herstellen.

Im Herbst 2002 beschlossen die (jüdischen) Siedler, ihr »Eigentumsrecht« an dem Land vor Augen zu führen, indem sie die Dorfbewohner verjagten und die Oliven selbst ernteten. Mehrere israelische Friedensaktivisten und -gruppen verabredeten – hauptsächlich von den Aktivisten Yaakov Manor (Peace Now) und Adam Keller (Friedensblock) sowie Ta'ayush-Mitgliedern organisiert –, den Palästinensern zu helfen, die ihrer Ernte beraubt worden waren.

Bericht Nr. 2

15. November 2002
Mein lieber Sohn,
gestern sind wir wieder zur Olivenernte in den besetzten Gebieten gegangen, nur diesmal haben wir unser Leben aufs Spiel gesetzt. Wir waren zehn insgesamt, Israelis und Ausländer, und hatten einen Fahrer – einen Palästinenser aus Ost-Jerusalem. Es war tatsächlich eine winzige Gruppe, was jedoch schön war,

denn in den vergangenen Wochen wurden die größeren Gruppen, denen ich mich angeschlossen hatte, viele Male von der Armee angehalten, sodass wir sehr spät in den Dörfern ankamen ... Wir fuhren nach Ein Abus, einem kleinen Dorf in der Nachbarschaft von Itzhar, einer Siedlung, die wegen ihrer radikalen Bewohner verrufen ist.

Als wir in Ein Abus ankamen, verbreitete der Lautsprecher am Minarett der Moschee die Nachricht, dass eine Gruppe von Friedensfreiwilligen bereit war, sich der reifen Oliven der Dorfbewohner anzunehmen. Wir wurden in zwei Gruppen geteilt und begaben uns auf den Weg in die Olivenhaine. Nur wenige Palästinenser schlossen sich uns an: eine Frau mittleren Alters (und Mutter von zwölf Kindern), deren alte Mutter, ein Kind auf einem Esel und noch ein anderer Junge. Unser Fahrer kam auch mit uns, und er war der Einzige von uns, der sowohl Arabisch als auch Hebräisch sprach.

Wir waren vielleicht zehn Minuten unterwegs, als wir den Mann zum ersten Mal sahen: Er war offensichtlich ein Siedler, der oben auf dem Hügel stand. Er brüllte uns auf Hebräisch an und verlangte, dass wir dorthin zurückgingen, wo wir herkamen. Wir gingen weiter auf den Olivenhain zu, und dann begann der Siedler, auf uns zu schießen. Es war ziemlich beängstigend, also drückten wir uns dicht an den Boden. Der Anführer unserer Gruppe, Hillel, rief über sein Handy die Armee, die Polizei, den Radiosender und jeden sonst an, der uns vielleicht helfen konnte. Dann schien es, als hätte der Siedler das Feuer auf uns eingestellt, und wir standen auf. Auf unsere Bitte hin gingen die Palästinenser zu einer Stelle, die vom Hügel aus nicht einzusehen war. Sie gaben uns Säcke und eine große Plane (oder Segeltuch), das man unter den Bäumen auf dem Boden ausbreitet, um die herabfallenden Oliven aufzufangen, und wir gingen weiter bergauf in Richtung des Olivenhains. Schließlich kamen wir dort an und begannen, die Oliven zu ernten.

Aber nach kurzer Zeit bemerkten wir, dass etwa ein Dutzend Siedler von der gegenüberliegenden Seite des Hügels auf uns zukamen.

Als sie nahe genug waren, fingen sie an, uns anzubrüllen und in die Luft zu schießen. Sie verfluchten uns und nannten uns Nazis. Wir beachteten sie nicht und fuhren fort, Oliven zu ernten, während der Anführer unserer Gruppe die Armee und die Polizei anrief, damit sie uns vor den Siedlern schützen sollten. Dann verlangte einer der Siedler in autoritärem Ton, dass wir ihm unsere Ausweise aushändigen sollten. Wir fragten ihn, ob er einen Polizeiausweis habe (den er offensichtlich nicht hatte). Der Siedler sagte, wenn wir noch einmal wiederkämen, würde er uns umbringen.

Die Siedler – mit langen Schläfenlocken und großen Scheitelkappen auf ihren kahlgeschorenen Köpfen – waren offensichtlich wütend, weil sie uns nicht vertreiben konnten. Sie versuchten, uns Angst zu machen, indem sie auf uns zurannten und mit ihren Gewehren drohten. Irgendwann liefen sie den Hügel hinab und wir befürchteten, dass sie die Palästinenser dort unten angreifen würden, also rannten zwei von uns hinunter, um die Dorfbewohner zu warnen, aber das war nicht mehr nötig – die waren bereits davongelaufen.

Endlich traf die Armee ein: drei offensichtlich junge Soldaten. Sie befahlen uns, den Ort sofort zu verlassen, da wir keine Erlaubnis der Armee hätten, uns dort aufzuhalten. Wir weigerten uns zu gehen und sagten, wir hätten sehr wohl eine Erlaubnis, was sie bitte überprüfen sollten. Die ganze Zeit ernteten wir weiterhin Oliven. Die Soldaten sagten dann, wenn wir nicht sofort abrückten, würden sie die Polizei holen, um uns alle zu verhaften, aber wir fuhren mit der Ernte fort.

Dann erschien die andere Gruppe Freiwilliger, angeführt von Yaakov, der eine der treibenden Kräfte hinter den Ernteeinsätzen war, in »unserem« Olivenhain. Es stellte sich heraus, dass einer von ihnen durch einen Stein, den ein Siedler geworfen hatte, am Kopf verletzt und mit dem Krankenwagen ins Krankenhaus gebracht worden war. Die Gruppe hatte beschlossen, nicht mehr weiterzumachen, und sich zu uns zurückgezogen. Tatsächlich gab es gar nicht mehr viele Oliven in jenem Hain, denn die Siedler hatten schon viele Bäume abgeerntet und die Oliven abtransportiert. Wir verstauten die geernteten Oliven in mehreren Säcken und trugen sie den Hügel hinab ins Dorf. Als wir dort ankamen, wurden wir von den Palästinensern sehr herzlich empfangen, und selbst wenn wir uns nicht mit ihnen unterhalten konnten, so zeigte ihre Körpersprache, dass sie uns freundlich gesonnen waren.

Heute morgen kam eine Gruppe von 60 Freiwilligen nach Ein Abus zurück, um die Arbeit zu vollenden, die wir gestern nicht erledigen konnten. Es war ein schwieriger Weg den Hügel hinauf. Greg – ein junger Kanadier etwa in Deinem Alter – half mir dabei. Er war am Vortag bei uns gewesen, wie auch eine andere christliche Freiwillige: Schwester Mary, eine erstaunliche Frau. Sie ist fast 70, hat aber die Energie einer Sechzehnjährigen. Greg ist Mitglied des CPT: Christian Peacemaker Team (etwa: Christliche Friedensschaffende). Und hätte es beim Abstieg nicht ihn und Moaz (ein palästinensisches Kind, das mich später stützte) gegeben, wäre ich wahrscheinlich nie aus dem Olivenhain dort oben heruntergekommen.

Im Olivenhain stießen viele Soldaten der israelischen Streitkräfte unter Führung eines Hauptmanns der Reserve zu uns. An den Bäumen waren nur noch wenige Oliven übrig geblieben; die Siedler hatten wohl gründlich abgeerntet. Ich kam nicht umhin, den Hauptmann zu fragen, ob er es für fair erachtete, dass die Dorfbewohner ihre Oliven nicht ernten konnten, ohne dass ihnen eine Gruppe von Freiwilligen zur Hilfe kam, die so die Armee zwang, Schutz vor den Siedlern zu gewähren.

Der Hauptmann war sehr freundlich, fast charmant, und versicherte mir, dass die Dorfbewohner von der Armee beschützt worden wären, wenn sie nur darum gebeten hätten. Aber sie hätten einfach nicht darum gebeten. Leider stimmte nichts von dem, was er sagte, denn in Wahrheit hatte die Armee die ganze Zeit mit den Siedlern unter einer Decke gesteckt und die Dorfbewohner unter allerlei Vorwänden daran gehindert, zu ihren Olivenhainen zu gelangen. Der Hauptmann betonte, dass es im Dorf eine gefährliche Hamas-Gruppe gäbe und die Siedler deshalb Waffen benötigten. Es ist interessant, dass die Armee es nicht für nötig hielt, uns zu begleiten und vor dieser Gefahr zu schützen, als wir gestern und heute ins Dorf gingen.

Ich habe den Hauptmann auch gefragt, was die Siedler hier machten. Er antwortete, dass deren Anwesenheit in jenen Hügeln eine politische Frage sei, die am 28. Januar (2003, dem Wahltag) entschieden werde.*

Da dieser Hauptmann einer von Sharons Beratern ist, heißt das auch, wenn Sharon die Wahl gewinnt, werden Itzhar, Itamar, Tapuach und Hebron (die radikalsten Siedlungen der Westbank) nicht zu den »schmerzlichen Konzessionen für den Frieden« (Zitat Sharon) gehören. Und das würde endlose Kämpfe und wirtschaftlichen Niedergang bedeuten.

Weißt Du, mein Sohn, mein Besuch in Ein Abus hat mich maßlos verärgert und frustriert, und ich weiß immer noch nicht, wie ich damit umgehen soll. Hast Du einen guten Rat für mich?

In Liebe, Ima (Deine Mutter)

In Nordamerika gelten die meisten protestantischen Gruppen als uneingeschränkte Befürworter Israels oder sogar als »christliche Zionisten«. Allerdings haben sich andere Christen der Aufgabe verschrieben, den Palästinensern humanitäre Hilfe zukommen zu lassen.

Zu einer dieser nicht amtlichen Gruppen gehört das Christian Peacemaker Team (CPT), eine ökumenische Bewegung, die Frieden schaffen will, indem sie sich weltweit für den Abbau von Gewalt einsetzt. Sie wird finanziell von caritativ tätigen Gruppen wie den Mennoniten unterstützt. Einer ihrer Berichte wird im Folgenden vorgestellt.

---

* Die Verfasserin dieses Augenzeugenberichts teilte dem Autor dieses Buches Folgendes mit: »Ein andermal hielt uns die Armee an und machte ein Theater, als ob sie Sprengstoff in einem Auto gefunden hätte. Wir warteten über vier Stunden lang und kamen um 15 Uhr ins Dorf. Zu der Tageszeit kann man nicht mehr viel tun. Dennoch fuhren wir – die Gruppe aus Jerusalem – nach Kfar Yanum und halfen einer Familie bei der Olivenernte ... Jener Sprengstoff wurde der ›berühmteste‹, der während der Intifada ›gefunden‹ wurde. Es wurde endlos im Radio darüber berichtet, und in der Zeitung *Ha'aretz* (3. November 2002) gab es eine halbseitige Reportage darüber.«

Bericht Nr. 3

Hebron, Aktualisierung vom Montag, dem 18. November 2002: Ausgangssperre in der ganzen Stadt. Die Gruppe erhielt viele Telefonanrufe von Familien, die wegen der strengen Ausgangssperre keine Lebensmittel mehr hatten. Einzelne gingen los, um in Läden, von denen man wusste, dass sie geöffnet waren, Nahrungsmittel zu besorgen und brachten diese – überwiegend Milch und Brot – zu verschiedenen Familien in der Umgebung.

Greg Rollins und John Lynes führten einen Besucher von *B'Tselem* (der Israelischen Menschenrechtsgruppe) in den Stadtteil Dschabel Dschohar zur Besichtigung der Stelle, wo die Schießerei vom 14. November stattgefunden hat. Siedler hatten dort einige Zelte aufgebaut und die Armee hatte begonnen, längs der Straße, die zu dieser Stelle führt, Mauern zu errichten. Rollins, Sue Rhodes und zwei Besucher brachten noch mehr Lebensmittel in die Häuser. Als sie den Kontrollpunkt in der Duboyya-Straße passierten, sahen sie, wie ein Palästinenser und sein Sohn festgehalten wurden. Die Soldaten hatten den Mann aufgegriffen, als er seinen Sohn zum Arzt bringen wollte. Die CPTler verhandelten zwanzig Minuten lang mit den Soldaten, ehe sie die beiden nach Hause gehen ließen.

Leanne Clausen hat Informationen über 18 Familien in Wadi Roos, dem Bekaa-Tal und Dschabel Dschohar zusammengetragen, denen Sprengungsbefehle für ihre Häuser zugestellt worden waren. Diese Familien hatten nichts mit dem Angriff zu tun, aber sie stehen der geplanten »Pufferzone« im Weg, die um Kiryat Arba [einer Siedlerstadt nahe Hebron] herum angelegt werden soll. Rollins begleitete einen Freund aus der Gruppe, um dessen Bruder abzuholen, der an einer Tankstelle neben einem neu eingerichteten israelischen Kontrollpunkt in Hebron festsaß. Unterwegs erfuhren sie, dass die Ausgangssperre für einige Stunden in Teilen von H1 (Gebiet unter palästinensischer Verwaltung in der Nähe der jüdischen Siedlung) ausgesetzt wurde; die Ausgangssperre in H2 (Gebiet um die Höhle der Patriarchen, unter israelischer Kontrolle) wurde von 20 Uhr 30 bis 23 Uhr ausgesetzt.

Die Dolmetscherin der Gruppe rief an und meldete, dass Soldaten dabei waren, in Häuser in ihrer Nachbarschaft einzudringen. Ein Soldat befahl einer älteren Frau, ihn nicht anzusehen. Als sie es dennoch tat, warf er ein Paar Schuhe nach ihr. Clausen blieb mit der Dolmetscherin am Telefon, bis Mary Lawrence und Kristen Anderson das Haus erreichten. Sie hörte, wie die Soldaten die Hausbewohner verbal und physisch angriffen. Kurz nachdem Lawrence und Anderson eintrafen, verließen die Soldaten das Haus.

Viele Familien und zwei Dolmetscher der Gruppe erzählten, dass die Stadt Hebron während der Ausgangssperren normalerweise Lebensmittel in Notrationen ausliefert, dies aber vom israelischen Militär untersagt worden ist, das gedroht hat, die Stadtbediensteten zu erschießen, wenn sie es dennoch versuchen sollten.*
CPT bot den Arbeitern an, sie bei der Auslieferung zu begleiten, wenn sie einen Versuch machen wollten.

Gegen 17 Uhr rief eine Familie aus der Nähe von Kiryat Arba die Gruppe in Panik an, weil Siedler ihr Haus umstellt hatten und es mit Steinen bewarfen. (Die Familie fürchtete um ihr Leben.) Lawrence, Mary Yoder, Rhodes, Anderson, Lynes und Jerry Levin begaben sich schnell dorthin, während Clausen und Christine Caton die Polizei von Kiryat Arba anriefen, die jedesmal auflegte. Dann rief Clausen einige israelische Freunde der Gruppe an, die für die Familie bei der Polizei anriefen. Als die CPTler bei dem Haus eintrafen, sahen sie, dass Jeeps der Armee in einem Halbkreis vor dem Haus und die Siedler etwas im Abseits standen. Die Familie berichtete, dass die Soldaten den Angriff unterbunden hätten, die Siedler ihn aber wohl fortführen würden, sobald die Soldaten abzögen. Die CTPler beschlossen, bei der Familie zu übernachten. Um 21 Uhr 30 gingen Rollins und eine Dolmetscherin in die Salaam-Straße, um deren Neffen abzuholen. Auf dem Rückweg fanden sie im Bab Zaweyya noch Gemüse, das

---

* Nach der 4. Genfer Konvention müssen Besatzungsmächte gewährleisten, dass die besetzte Bevölkerung Zugang zu Nahrungsmitteln, medizinischer Versorgung und humanitärer Hilfe hat.

die Dolmetscherin für palästinensische Familien in der Altstadt mitnahm.

Mittwoch, 20. November 2002
Ausgangssperre in der ganzen Stadt. Lawrence, Yoder und Rhodes verteilten weiterhin Lebensmittel in der Altstadt und dem H2-Gebiet. Rollins traf sich mit einer Gruppe des World Council of Churches Ecumenical Accompaniment Program, die gekommen war, um unsere Gruppe einen Tag lang zu besuchen. Um 11 Uhr nahmen Anderson, Caton, Levin und Lynes einen Anruf über eine bevorstehende Haussprengung im Hebroner Stadtteil Al-Manara entgegen. Clausen kontaktierte das Israelische Komitee gegen Haussprengungen, das erklärte, das israelische Obergericht habe der Sprengung der Häuser von »Militanten« stattgegeben.
Das israelische Militär sprengte den oberen Stock des Hauses, wo einer der Beteiligten an der Schießerei vom 15. November mit seiner Familie gewohnt hatte. Die Familie hatte dies bereits erwartet und ihre Habseligkeiten ausgeräumt. Die Soldaten führten noch eine zweite Sprengung durch, damit der obere Stock auch gründlich zerstört war.

Donnerstag, 21. November 2002
Ausgangssperre in der ganzen Stadt. Levin, Rollins, Rhodes und Lynes sind zusammen mit Mitgliedern des Israelischen Komitees gegen Haussprengungen (ICAHD) losgezogen, um die Nacht mit Palästinensern in Dschabel Dschohar zu verbringen. Israelische Soldaten hatten bereits die Küchenwand eines Hauses mit einer Planierraupe zum Einsturz gebracht und sagten, das ganze Haus werde am Morgen gesprengt. Die Soldaten befahlen Levin, Lynes und Katherine Maycock sowie Jeff Helper vom ICAHD, den Ort zu verlassen, versprachen aber, das Haus vor den Siedlern zu schützen. Die Gruppe konnte die Nacht in zwei anderen palästinensischen Häusern verbringen. Keine Vorfälle mit Siedlern.

Freitag, 22. November 2002

Ausgangssperre in der ganzen Stadt. Ein israelischer Anwalt des ICAHD konnte eine einstweilige Verfügung erwirken, um die drohende Sprengung des Hauses durch die Armee aufzuschieben. Clausen und Anderson lieferten Lebensmittel in Dschabel Dschohar aus. Unterwegs stießen sie auf israelische Soldaten, die rund 20 Palästinenser vor einer Moschee festhielten. Nachbarn berichteten, dass die Männer schon seit geraumer Zeit dort stünden. Die CPTler gingen vorbei und grüßten die Soldaten und festgenommenen Männer. Nachdem sie die Lebensmittel ausgeliefert hatten, stellten sie fest, dass bis auf drei Männer alle freigelassen worden waren. Sie hielten sich dann in der Umgebung auf, bis auch diese drei freigelassen wurden und die Soldaten abzogen. Anderson, Rhodes, Levin und Yoder verbrachten die Nacht zusammen mit Mitgliedern des ICAHD in Häusern (der Palästinenser). Nach ihren Beobachtungen hielten die israelischen Soldaten die Siedler anscheinend unter Kontrolle.

Zum Abschluss dieses Kapitels wird auszugsweise aus einer Studie zitiert, die von kommunalen Mitarbeitern* in Zusammenarbeit mit der Bir-Zeit University anhand von Befragungen zu den Auswirkungen der verschiedenen israelischen Einfälle auf das Gemeinschaftsleben und das Sozialwesen erstellt wurde. Ein Teil dieser Studie schildert die Auswirkungen auf das Schulwesen:

> Das vergangene akademische Jahr (2001/2002) war besonders traumatisch, da das Land unter zunehmender Armut litt und die Zerstörung von Umwelt und Infrastruktur, die Sprengung von Wohnhäusern und öffentlichen Gebäuden, Tod, Verletzungen, Invalidität, Verhaftung von Angehörigen und die erneute Besetzung der ganzen Westbank durch das israelische Militär den neuen, andauernden Lebensstil prägten. Das Schulsystem blieb davon nicht ausgenommen.

---

* Rita Giacaman, Anita Abdullah, Rula Abu Safieh und Luna Shamieh, die auch die Berichte verfasste. Die Auszüge wurden dem Bericht »Schooling at Gunpoint: Palestinian Children's Learning Environment in Warlike Conditions« vom 1. Dezember 2002 entnommen.

Am Ende des Schuljahrs 2001/2002 berichtete das Bildungsministerium, dass während der israelischen Invasion in der Zeit vom 29. März bis zum Ende des Schuljahrs 216 Schüler getötet, 2514 verletzt und 164 verhaftet wurden, ferner 17 Lehrer und Mitarbeiter im Schulwesen getötet und 71 verhaftet und 1289 Schulen für mindestens drei Wochen in Folge geschlossen wurden. Etwa die Hälfte aller Schüler und der 35 000 Mitarbeiter im Schulwesen wurde daran gehindert, ihre Schulen aufzusuchen. Dutzende von Lehrern und Schülern konnten vor und nach der Invasion nicht zwischen den Dörfern auf dem Land und den Städten pendeln. Die Schüler im letzten Schuljahr, die sich auf die Immatrikulation (*tawjihi*) vorbereiteten, hatten das ganze Jahr größte Schwierigkeiten, und die vorgesehenen Zulassungsprüfungen wurden durch Militäraktionen unterbrochen und um mehr als einen Monat verschoben. Die meisten dieser Kinder – besonders im Norden des Westjordanlands – verbrachten ihre verlängerten »Sommerferien« von zwei bis drei Monaten zu Hause, wo sie wegen der strengen Ausgangssperren und Abriegelungen festsaßen. Viele Wohngebiete, insbesondere dicht besiedelte Städte, Flüchtlingslager und verarmte Dörfer litten unter wiederholten Militäraktionen, Bombardierungen, Hinrichtungen ohne Gerichtsverfahren nebst der wahllosen Tötung und Verletzung von Zivilpersonen (fast zur Hälfte Kinder); hinzu kamen die nächtlichen Überfälle der Soldaten auf private Wohnungen, Verhaftungen und Misshandlungen von Familienangehörigen. Es hat eine andauernde Zerstörung von Wohnungen, der Landwirtschaft und anderem privaten wie öffentlichen Eigentum – Läden, Büros, Werkstätten und Dienstleistungseinrichtungen – gegeben.

Am Schluss des Berichts heißt es:

Wie diese Untersuchung des Schulwesens belegt, haben die Auswirkungen des israelischen Überfalls im vergangenen Schuljahr die Verwüstung der Infrastruktur im Umfeld der Kinder sowohl in der Schule als auch zu Hause übertroffen und ihre Lernfähigkeit, ihr Gefühl der Sicherheit, ihre seelische Verfassung, ihre Würde und sogar ihr Bewusstsein zutiefst negativ beeinflusst. Diese Kinder sind in jeder Hinsicht vergewaltigt worden und wachsen mit einem übermächtigen Gefühl des Hasses auf – ein Gefühl, das nur zu dem führen kann, was man »einen Hang zur Gewalttätigkeit« nennt. Tatsächlich ist Gewalttätigkeit aber keine Frage genetischer Veranlagung, sondern sie wird durch soziale Umstände erzeugt. Im Fall der Palästinenser beginnt und endet die Erzeugung von Gewalttätigkeit mit der Besetzung durch das israelische Militär.

Schlussfolgerungen:
Der Politizid in vollem Gang

Das erste Kapitel dieser Arbeit beschreibt die andauernde Krise, die seit 1967 integraler Bestandteil des israelischen Staats ist, und erläutert die logischen und ideologischen Widersprüche der israelischen Rechten. Die einzige »logische« Lösung dieser Krise und ihres Widerspruchs – nämlich der Wunsch, das ganze »Land Israel« zu besitzen, jedoch ohne die Palästinenser, die den »jüdischen Charakter« des Staats gefährden – besteht darin, die »unerwünschte« Bevölkerung loszuwerden oder sich auf die Grenzen von 1967 zurückzuziehen, eventuell sogar unter Aufgabe von Teilen Unter-Galiläas, wo die arabische Bevölkerung stark vertreten ist. Anders ausgedrückt: Eine partielle oder vollständige ethnische Säuberung scheint aus der Sicht der rechtsextremen Ideologie die einzige eindeutige Antwort auf die unerträgliche Kluft zwischen der herbeigesehnten Lösung und der Realität zu sein.

Für die meisten israelischen Juden ist ein weit reichender Kompromiss in Bezug auf das jeweilige Territorium die andere mögliche Lösung. Die anhaltende Krise wurzelt in der Tatsache, dass es dem politischen und kulturellen System Israels weder gelingt, eine ethnische Säuberung durchzuführen, noch einen echten Kompromiss auszuhandeln, der auch von der Mehrheit der Palästinenser getragen werden kann.

Obwohl die politischen und moralischen Schranken eine ethnische Säuberung derzeit nicht zulassen, scheinen einige Umstände sie zu einem künftigen Zeitpunkt wahrscheinlicher zu machen. Anders als in der jüngeren Vergangenheit betrachtet die israelische Öffentlichkeit heute den »Transfer« [einer Bevölkerung] – so der hebräische Ausdruck für ethnische Säuberung – als legitimes Diskussionsthema. Im vergangenen Jahr hat die israelische Rechte Gerüchte über ausführliche Pläne für die ethnische Säuberung gestreut. Überdies haben Palästinenser und einige israelische Intellektuelle vor dieser Möglichkeit gewarnt. Ein Beispiel dafür war das Interview, das das Knesset-Mitglied Benny Elon dem rechtsextremen Wochenblatt *Makor Rishon* gab, in dem er von angeblichen geheimen Gesprächen zwischen Israel und den USA sprach, wonach im Rahmen der geplanten neuen Ordnung im Nahen Osten nach der zu erwartenden Invasion der Amerikaner im Irak Hunderttausende Palästinenser dorthin umgesiedelt werden sollten. Ganz allgemein wurde die Begeisterung, mit der Israel Bushs Kampagne gegen den Irak unterstützte, aus der Sicht eines regionalen Krieges gesehen, in dessen Folge nach Ansicht führender Israelis sie die palästinensische Frage einfacher und mit drastischeren Maßnahmen angehen könnten. So hat beispielsweise Benny Elon, Rabbiner und Vertreter der Nationalen Union in der Knesset, wiederholt geäußert, dass der Transfer nicht nur eine machbare Option und eine notwendige Voraussetzung für das Überleben des jüdischen Staats sei, sondern auch eine humane Lösung, weil die »Repatriierung« der Palästinenser in die arabischen Länder ihnen das Leid ersparen würde, unter jüdischer Vorherrschaft zu leben oder bei Militäraktionen ums Leben zu kommen.

Ariel Sharon hat sich mit Funktionären und Beratern umgeben, die anscheinend diese extremistischen Auffassungen teilen – darunter der Verteidigungsminister Shaul Mofaz und der Generalstabschef Moshe Ya'alon.* Somit ist die Möglichkeit nicht auszuschließen, dass Sharon (wie schon 1982) einen oder mehrere neue »große Pläne« hat. Dazu würden nicht nur drastische Maßnahmen zur Niederschlagung des bewaffneten Kampfes der Palästinenser und zur Beendigung der Terrorangriffe gehören, sondern sie würden auch ein für allemal den grundsätzlichen Widerspruch lösen, der den rechtsradikalen und religiös-fundamentalistischen Ideologien

---

* Während ihrer sich überschneidenden Amtszeiten (Mofaz als Generalstabschef und Sharon als Premierminister) hat Mofaz viele Male – auch öffentlich – darüber geklagt, dass der Premierminister dem Militär keine freie Hand ließe, um die Palästinenser niederzuschlagen und Arafat zu eliminieren. Als Mofaz einmal einen Kabinettsbeschluss nicht ausführte, tobte Sharon: »Es gibt eine Regierung in Jerusalem!« Wegen der Auseinandersetzungen zwischen den beiden Männern war es überraschend, dass Sharon Mofaz zum Nachfolger von Benjamin Ben-Eliezer machte, nachdem dieser aus der »Nationalen Einheitsregierung« ausgeschieden war. Manche Analytiker folgerten daraus, dass Sharon Mofaz davon abhalten musste, sich einer radikalen Partei wie der Nationalen Union anzuschließen.

Schlussfolgerungen: Der Politizid in vollem Gang

innewohnt, indem sie den Traum der Säuberung des »Landes Israel« von den Arabern verwirklichen würden. Wie bereits dargelegt wurde, hat Israel in seiner kurzen Geschichte schon einen Präzedenzfall dafür geschaffen.

Efraim Halevy – enger Vertrauter Ariel Sharons, ehemaliger Leiter des Mossad und heute Vorsitzender des Nationalen Sicherheitsrats Israels – sagte auf der vorgenannten Konferenz von Herzliya, dass die Regeln für Kampfeinsätze geändert würden, weil man in der Androhung von »Megaterrorangriffen« gegen Israel den Versuch sehen könnte, am israelischen Volk einen Völkermord zu begehen und die Grundlagen und Existenz des Staates zu untergraben. Unter »Megaterror« versteht man generell einen Anschlag, bei dem es viele Tausend Tote und Verletzte sowie enorme Sachschäden mit Zerstörung der Infrastruktur gibt, hauptsächlich durch einen Angriff mit biologischen oder chemischen Waffen, aber auch spektakuläre Aktionen wie der missglückte Versuch, in Kenia ein israelisches Passagierflugzeug mit einer Boden-Luft-Rakete abzuschießen. Anfang 2002 wurde berichtet, dass ein Megaterroranschlag vereitelt wurde, als Sicherheitskräfte eine Sprengladung entdeckten, die an einem Tanklastwagen angebracht war, der gerade ein Erdöllager in einem dicht besiedelten Gebiet in Zentralisrael ansteuerte.

Wenn daher die Palästinenser ihre Terroranschläge fortsetzten, bestünde tatsächlich die Möglichkeit, dass die palästinensische Nationalbewegung ausradiert würde. In diesem Fall würde »die Welt« die israelischen Maßnahmen verstehen und unterstützen. Welche »Maßnahmen« er meinte, hat Halevy nicht erläutert.

Die Möglichkeit, noch härtere Maßnahmen gegen die Palästinenser durchzusetzen, ist durch einen äußerst eindrucksvollen Schachzug Sharons ganz erheblich vergrößert worden: nämlich durch den Zusammenhang, den er zwischen dem lokalen palästinensischen Kampf um Selbstbestimmung – in dem auch Terror ein Mittel war – und der US-amerikanischen Mobilmachung gegen den weltweiten Terrorismus hergestellt hat. Unter Ausnutzung der tragischen Ereignisse vom 11. September beeilte sich Sharon zu behaupten: »Arafat ist Bin-Laden.« Nach Ansicht israelischer Beobachter und

Experten war dieser Vergleich lächerlich und schädlich, aber seine Übernahme durch die Regierung Bush und die amerikanische Öffentlichkeit bewies wieder einmal Sharons überlegenen politischen Instinkt. Damit bekam Sharon freie Hand, um die meisten palästinensischen Städte und Flüchtlingslager erneut zu besetzen und *de facto* die Legitimität der PNA nach innen und nach außen zu untergraben sowie ihre materielle wie personelle Infrastruktur zu zerstören.

Zweifelsohne ist es die erste Pflicht eines jeden Staates, seine Zivilbevölkerung mit allen legitimen Mitteln zu schützen, auch mit militärischer Gewalt. Aus dieser Sicht könnten die israelischen Militäraktionen als völlig gerechtfertigt erscheinen – wenn nur ihre Zielsetzung auf die Abwehr weiterer Angriffe auf die israelische Zivilbevölkerung und die Ausschaltung von Terroristen und Terrorgruppen beschränkt gewesen wäre.

Diese Überlegungen erscheinen jedoch etwas irreführend und werden der Situation nicht gerecht, weil sie nicht berücksichtigen, welche Gewalt aus einer jahrzehntelangen Besetzung und Unterdrückung eines Volkes erwächst. Das Argument, die Wiederbesetzung der palästinensischen Gebiete sollte nur israelische Staatsbürger vor terroristischen Anschlägen schützen, erinnert stark an die erklärten Ziele der »Operation Frieden für Galiläa«, weil die wirklichen Absichten, die beiden Militäraktionen zugrunde lagen, dem legitimen Ziel, die Sicherheit der Staatsbürger zu gewährleisten, widersprachen.

Die tatsächlichen Ziele der erneuten Besetzung ergeben sich aus der Vorgehensweise der diversen Sicherheitsapparate, deren Aktionen ausdrücklich die Palästinenser provozieren und ihren Hass und ihre Rachsucht auf die Spitze treiben sollten. Eine solche Politik kann nur noch mehr Terror und Gewalt herausfordern, insbesondere, da den Palästinensern keine Hoffnung auf eine schnelle und vernünftige Einigung gemacht wurde. Diese Situation hat zu einer Kettenreaktion eskalierender Gewalt geführt, die hauptsächlich die Palästinenser getroffen hat. Jene, die nicht der Regierung angehören – einschließlich israelischer Zivilisten und der Mitglieder der jüdischen Gemeinde in den USA –, stehen dieser Sachlage größtenteils gleichgültig gegenüber, weil die schmerzlichen Verluste der Juden und das damit verbundene Leid und die Trauer ihr Einfühlungsvermögen abgestumpft haben, sodass sie für die Lage der Palästinenser mit ihrer wirtschaftlichen Not, Gewalt und Zerstörung kein Verständnis mehr aufbringen können.

Dieses Buch will nicht die Zukunft vorhersagen oder Sharons »wirkliche Absichten« oder Pläne erraten. Aber das aufmerksame Lesen seiner eigenen Aussagen, eine Analyse der jüngsten Militäraktionen und eine Betrachtung der gegenwärtigen soziopolitischen Kultur sowohl in Israel als auch im Ausland reichen aus, um den Schluss zu ziehen, dass Israel versucht, allmählich und schrittweise Politizid am palästinensischen Volk zu begehen. Dies ist ein langfristiger Prozess, der oft auf Versuch und Irrtum beruht und verschiedene Chancen nutzt, die sich auf der politischen Bühne im In- und Ausland ergeben, aber auch von den Palästinensern selbst geboten werden.*

Ob dieses Programm des Politizids verwirklicht werden kann, hängt von Amerika ab. Obwohl die israelische Rechte schon immer vermutete, die USA seien aufgrund ihrer Interessen am Erdöl proarabisch eingestellt, sehen die Liberalen und die Linke Amerika als eine Art politisches und moralisches Superego. Sie glauben, dass alles, was Amerika »zulässt«, nicht nur politisch möglich ist, sondern auch höheren ethischen Normen entspricht, sind doch die USA ein Symbol der »freien Welt« und die endgültige Musterdemokratie sowie der Hort der Bürgerrechte.

Allerdings haben die antiarabischen und antiislamischen Wogen, die seit dem 11. September über Amerika gebraust sind, und die

---

* Azmi Bishara, einer der prominentesten israelisch-palästinensischen Intellektuellen, klagte am 3. September 2002, dass es keine »Strategie der Befreiung« gebe. »Viele derzeitige Aktionen sind nicht das Ergebnis einer Strategie, sondern der Rachsucht oder Wut. Wenn die Frage besprochen wird, ob es eine palästinensische Strategie gibt oder nicht, versuchen ungeduldige Gesprächsteilnehmer, das Ganze auf die Frage zu reduzieren, ob man für oder gegen Selbstmordattentate ist. Dass die nationale Strategie auf diese Frage reduziert wird, belegt die extreme politische Armut der Palästinenser in diesen schwierigen Zeiten, was zugleich sehr tragisch ist.« Bishara forderte einen Dialog unter den Palästinensern über die Ziele und Mittel des Kampfes und sprach sich deutlich für eine »Volks-Intifada« aus (anstelle des »bewaffneten Kampfes«).

wachsende politische Macht der »christlichen Zionisten« ein politisches Klima erzeugt, in dem die amerikanische Regierung Israel mit den Palästinensern alles machen »lässt« und noch für internationale Legitimation und Schutz sorgt.*

Und tatsächlich war eine von Bushs ersten Stellungnahmen zu dem Konflikt für die nicht fundamentalistischen israelischen Rechten ermutigend. Am 24. Juni 2002 stellte George W. Bush seinen Vorschlag zur Gründung eines palästinensischen Staates vor, der keinen zeitlichen Rahmen oder bestimmte Grenzen vorsah, aber die Beendigung jeglichen Terrors und Widerstands sowie einen Wechsel in der gegenwärtigen palästinensischen Führung verlangte. Dies wurde allgemein so verstanden, dass die Palästinenser Arafat und seine Gefolgsleute loswerden und demokratische Reformen innerhalb der PNA durchführen müssten. Bereits vor dieser Erklärung hatten Arafats Macht und Ansehen einen Tiefstand erreicht, und palästinensische Intellektuelle hatten Reformen und die Demokratisierung des Systems gefordert, aber Bushs Äußerungen brachten die interne demokratische Opposition der Palästinenser zum Schweigen. Zu einer Zeit, da Amerika Krieg gegen Afghanistan führte und mit aggressivem Säbelrasseln den Irak bedrohte, wurde die Forderung nach Demokratisierung mit der Forderung nach Gehorsam gegenüber Washington und der amerikanischen Definition von Demokratie gleichgesetzt – eine Forderung, die von den Palästinensern selbstverständlich einhellig abgelehnt wurde, ganz gleich, wie sie auch sonst zu Arafats Regierung standen.

Am Ende des Jahres wurde jedoch die »Vision« des Präsidenten durch eine so genannte »Streckenkarte« ergänzt, wonach bis Ende 2003 ein Staat mit provisorischen Grenzen gegründet werden sollte

---

* Nach der fundamentalistisch-protestantischen Theologie hängen die Rückkehr Jesu und ein glücklicher Ausgang der Geschichte davon ab, dass die Juden in das Heilige Land zurückkehren und die Herrschaft über Jerusalem übernehmen. Das erklärt die unerschütterliche proisraelische Haltung der Fundamentalisten. Ihre Theologie lehrt auch, dass die Juden in Scharen zum Christentum übertreten werden, was effektiv den kulturellen Untergang des jüdischen Volkes bedeuten wird. Die jüdische Rechte weiß dies, ist aber über die politische Unterstützung der Fundamentalisten hoch erfreut, weil sie meint, dass es für die heutige politische Lage irrelevant ist, was am Ende der Zeit geschehen wird.

Schlussfolgerungen: Der Politizid in vollem Gang

(später wurde die Vollendung des Plans bis nach den Wahlen in Israel »auf Eis gelegt«). Anschließend sollten die israelischen Streitkräfte aus den PNA-Gebieten abziehen und dort Wahlen zu einem neuen Palästinensischen Rat stattfinden. Der palästinensische Staat mit provisorischen Grenzen soll dann mit Israel Verhandlungen über ein endgültiges Abkommen aufnehmen, das bis 2005 zu erzielen ist. Nach der »Streckenkarte« werden Israel und die Palästinenser erst in der zweiten Stufe – zwischen Januar und Mai 2003, wahrscheinlich nach Beendigung des erwarteten Krieges mit dem Irak – beginnen, eine neue Zusammenarbeit in Sicherheitsfragen auszuarbeiten. Israel wird dann die Ausgangssperren und Belagerungen beenden müssen und keine Aktionen mehr in besiedelten Gebieten durchführen dürfen. Das so genannte »Quartett« (die USA, EU, Russland und die UNO) wird die Ausführung des Plans überwachen. Obwohl dieser die Gründung eines nebulösen Gebildes vorsieht, das als »palästinensischer Staat« bezeichnet wird, enthält er keine weiteren Vorschläge und lässt alle strittigen Fragen offen: Grenzen, Flüchtlinge, den Status von Jerusalem. Diese Strategie passt in Sharons Taktik, Zeit zu gewinnen, um seinen Politizid an den Palästinensern fortzusetzen – eine Taktik, die davon ausgeht, dass die Verärgerung der Palästinenser zu weiteren Terroranschlägen führen wird, die dann mit entsprechenden Militärschlägen der Israelis beantwortet werden usw. Wie sich Sharons Taktik auf beiden Seiten auswirkt, zeigt das Ergebnis einer Meinungsumfrage Anfang Dezember 2002.

Mehr als 70 Prozent der befragten Palästinenser und Israelis gaben ihre Bereitschaft an, den Konflikt beizulegen, wenn die Palästinenser von Gewalt absehen und die Israelis einem palästinensischen Staat auf der Grundlage der Grenzen von 1967 zustimmen würden. Weniger als 20 Prozent der Palästinenser und Israelis – die Prozentzahlen waren in beiden Fällen erstaunlich ähnlich – hielten an der Rückeroberung des historischen Palästina oder der Beibehaltung der besetzten Gebiete fest. Aber der überwiegende Teil der palästinensischen und israelischen Mehrheit hatte kein Vertrauen in die Bereitschaft der Gegenseite, die Gewalt zu beenden oder die erforderlichen Konzessionen zu machen. So hat die

Mehrheit der Palästinenser weiterhin die Anwendung von Gewalt im Rahmen der Intifada befürwortet, während sich die Mehrheit der Israelis für das harte Durchgreifen des Militärs aussprach.

Da er sich mit Landkarten gut auskennt, kam Ariel Sharon Bushs »Streckenkarte« höchst gelegen. In einer Rede beim Jahrestreffen des Komitees der Zeitungsredakteure am 5. November 2002 sowie im Herzliya Interdisciplinary Center am gleichen Tag stellte Sharon seine klare »Vision« der Bewältigung des Konflikts vor. Er sagte, dass Israel bei der Umsetzung des Bush-Vorschlags ein zusammenhängendes Gebiet in der Westbank schaffen würde, damit die Palästinenser von Dschenin nach Hebron reisen könnten, ohne israelische Straßensperren oder Kontrollpunkte passieren zu müssen. Das könne durch verschiedene Tunnel und Brücken bewerkstelligt werden.

Allerdings sagte Sharon später, dass Israel Maßnahmen wie die »Schaffung territorialer Zusammenhänge zwischen den palästinensischen Bevölkerungszentren« – also den Abzug aus Städten wie Dschenin, Nablus und Hebron – durchführen werde, auch während die Palästinenser sich noch »aufrichtig und tatkräftig bemühten, den Terror zu beenden«. Wenn die erforderlichen Reformen in der PNA durchgeführt worden seien, so Sharon, dann werde die nächste Stufe des Bush-Plans anstehen: die Gründung eines palästinensischen Staates.

Die »Vision« ist offenkundig. Der palästinensische »Staat« wird aus drei Enklaven um die Städte Dschenin, Nablus und Hebron bestehen, denen der territoriale Zusammenhang fehlt. Die Absicht, diese Enklaven durch Tunnel und Brücken miteinander zu verbinden, bedeutet, dass es im übrigen Westjordanland eine starke israelische Präsenz geben wird. Im Vergleich dazu waren die Bantustans, die die Afrikaander der schwarzen Bevölkerung »zur Verfügung« stellten, geradezu Symbole der Freiheit, Souveränität und Selbstbestimmung.

Um seine Absichten zu verdeutlichen, fügte Sharon noch hinzu: »Dieser palästinensische Staat wird vollkommen entmilitarisiert sein. Es wird ihm gestattet sein, zur Wahrung der öffentlichen Ordnung eine leicht bewaffnete Polizei und Sicherheitskräfte zu haben. Israel wird weiterhin alle Bewegungen in und aus dem pa-

Schlussfolgerungen: Der Politizid in vollem Gang

lästinensischen Staat überwachen, den Luftraum beherrschen und es dem Staat nicht erlauben, sich mit Israels Feinden zu verbünden.« Sharon weiß sehr genau, dass kein palästinensischer Führer einer Beilegung des Konflikts im Tausch für einen Staat mit dermaßen eingeschränkter Souveränität zustimmen wird, aber allein die Verwendung der Schlüsselwörter »palästinensischer Staat« – ein Tabubegriff im Wortschatz der Rechten – verleiht ihm in den Augen der internationalen Gemeinschaft und der politischen Mitte Israels den Anstrich eines gemäßigten Politikers.* Diese »moderaten Äußerungen« verschaffen ihm jedoch nahezu unbegrenzte Zeit, um seinen Politizid fortzusetzen.

Wie in diesem Buch dargelegt, ist Politizid ein Prozess, der sich auf mehreren Ebenen abspielt und nicht notwendigerweise in einer einheitlichen soziomilitärischen Doktrin verankert ist. Es handelt sich um ein allgemeines Vorgehen, bei dem zwar viele Entscheidungen »vor Ort« getroffen werden, die kumulativen Wirkungen jedoch von zweierlei Art sind. Die erste besteht in der Zerstörung

---

* Sharon wurde von seinen eigenen Anhängern heftig angegriffen – überwiegend von radikalen und religiösen Rechtsextremen und Anführern der Siedler –, weil er einen palästinensischen Staat »akzeptiert« hatte. So hat beispielsweise ein gewisser Dovid Ben-Chaim die folgende Hetzschrift im Internet verbreitet: »(Bitte überall weiterleiten) Ariel Sharon: The Manchurian Candidate (Bezugnahme auf einen Film, in dem es um politischen Verrat geht, Anm. d. Übers.). Wie mögen Sie Ihren Schierling? Ein Stück oder zwei? Wir sollten uns über Folgendes klar sein: Generalito Sharon und Mitzna haben identische ›Visionen‹ für Israel. ›Die Siedler‹ rausschmeißen und einen PLO-Staat innerhalb Israels herausmeißeln. Jetzt ist es Zeit, dass alle anständigen Männer (und Frauen) verdammt noch mal aus dem LIKUD austreten und sich der Rechten anschließen. Überlasst den Kadaver den Maden der Linken. [Moshe] Arens [ein ehemaliger Verteidigungsminister] hat sich leise verabschiedet. Ihr müsst Krach schlagen!! Ihr habt anderthalb Monate, um das Paket zu schnüren. Wenn es nicht klappt, dann habt ihr alle Zeit der Welt, um die Revolution zu machen! Klotzt sechs Wochen lang mit allem, was ihr habt. Findet einen Anführer (oder zwei), selbst wenn es nicht Thomas Jefferson ist. [Avigdor] Lieberman [Chef einer russischen Partei] und [Effi] Eitam [Führer der NRP] fallen einem ein. Denkt daran, um den Dingen auf den Grund zu gehen, muss man ›die Spur des Geldes verfolgen‹. Also wer profitiert vom israelischen Zynismus? Arafat, die Generalitos und die Linken. RECHTE, VEREINIGT EUCH! Gelobt bist Du, Herr, der Du Deinem Volk Israel eine starke Hand gibst und den Willen, sie zu gebrauchen. Seid stark! Seid stark! Mögen wir alle gestärkt werden! WIR HOLEN ALLES ZURÜCK UND BEHALTEN ES!« [So im Original in Großbuchstaben verfasst.] Der fanatische Stil ist nicht außergewöhnlich, sondern unter den jüdischen Fundamentalisten durchaus üblich.

der öffentlichen Sphäre der Palästinenser, einschließlich der Führung und der sozialen wie materiellen Infrastruktur. Die zweite Wirkung ist, dass das tägliche Leben immer unerträglicher wird, weil die Privatsphäre der Menschen und jede Hoffnung auf Normalität und Stabilität zerstört werden.

Hungersnot herbeizuführen ist eine weitere Methode, eine solche Wirkung zu erzielen. So haben die israelischen Streitkräfte Mitte November 2002 in Beit Lahiya, einer Stadt im Norden des Gaza-Streifens, ein dreistöckiges Lagerhaus völlig zerstört, in dem Mehl, Speiseöl und Reis gelagert waren. Die Vorräte, die dem World Food Program (einer Einrichtung der UNO) gehörten, hätten gereicht, um 38 000 Menschen einen Monat lang zu versorgen. Zuvor, als sich die Intifada ausweitete, hatte Israel die meisten palästinensischen Arbeiter aus dem Land verbannt und somit den dicht besiedelten, verarmten Gaza-Streifen von seiner wichtigsten Einkommensquelle abgeschnitten. Es blieb der UNO überlassen, die dortige Bevölkerung mit einem Mindestmaß an Nahrungsmitteln zu versorgen.* Ein Vertreter der UNO berichtete im August 2002, dass etwa die Hälfte der 3,3 Millionen Palästinenser Lebensmittelhilfe erhielten – fünfmal so viele, wie zu Beginn des Aufstands.

Alle diese Umstände sollen, so Sharon, die Erwartungen der Palästinenser herabsetzen, ihren Widerstand brechen, sie isolieren, sie dazu bringen, sich jedem von den Israelis vorgeschlagenen »Arrangement« zu unterwerfen, und letzten Endes ihre »freiwillige« Massenauswanderung herbeiführen.**

---

* In der Nacht vom 12. auf den 13. Oktober 2002 wurden fünf palästinensische Arbeiter getötet, als sie in der Nähe der Karni-Kreuzung in der Mitte des Gaza-Streifens auf der verzweifelten Suche nach Arbeit über die Grenze nach Israel schleichen wollten. Ein israelischer Panzer feuerte auf sie. Die fünf unbewaffneten Männer waren sofort tot. Sie waren keine Selbstmordattentäter, sondern Selbstmordarbeiter gewesen.

** Ein ranghoher Vertreter der PNA berichtete beispielsweise (so die *Jerusalem Post*), dass seit dem Jahresbeginn 2002 etwa 80 000 Palästinenser die Westbank und den Gaza-Streifen verlassen haben – eine Steigerung von fünfzig Prozent gegenüber dem Vorjahr. Diese Zahl liegt zwar unter dem jährlichen Bevälkerungszuwachs, aber die Auswanderung scheint ein Anzeichen des ungeheuren Drucks zu sein, unter dem die Palästinenser leben. Es ist ferner bezeichnend, dass Jordanien seine Grenzen nahezu hermetisch abgeriegelt hat, weil es einen Zustrom von Menschen aus der Westbank befürchtet.

Sharon ist ein Pragmatiker und weiß, dass die sich ändernden internationalen Normen weder eine ethnische Säuberung in großem Stil noch die Umwandlung des Haschemitischen Königreichs von Jordanien in einen palästinensischen Staat (was er ursprünglich vorhatte) zulassen werden. Er beobachtet jedoch aufmerksam das Geschehen auf der politischen Bühne im In- und Ausland, um die verschiedenen politischen und sozialen Lagen auszunutzen, die sich im Lauf der Zeit ergeben. Dabei ist er bestrebt, nicht nur die palästinensische Gesellschaft, sondern auch die israelische Opposition zu schwächen, weil sein Krieg gegen die Palästinenser mit einem internen Kulturkampf gegen einige Splittergruppen verwoben ist, die den Charakter und die Identität des israelischen Staates prägen.

In diesem Krieg findet auch noch ein anderer Kampf statt: der um die Meinung der Weltöffentlichkeit, besonders aber der jüdischen Gemeinden in Nordamerika. Schon vor den Anschlägen vom 11. September 2001 waren die Amerikaner – im Gegensatz zu den Europäern – ausgesprochen und auf stereotype Weise antiarabisch und antimuslimisch eingestellt, was ihre Sicht des israelisch-palästinensischen Konflikts prägte. Die Mehrheit des amerikanischen Volkes und der Massenmedien unterstützten Israel fast uneingeschränkt, ohne zwischen Israel und der Politik seiner Regierung einen Unterschied zu machen. Obwohl viele amerikanische Juden keiner jüdischen Organisation angehören und relativ gemäßigte Ansichten über den israelisch-palästinensischen Konflikt haben, sind politische Aktivisten in den Organisationen – wie auch einige konservative Akademiker am Rand der Gesellschaft – häufig besonders lautstark in der Äußerung ihrer antiarabischen Meinungen.

Seit dem 11. September sind diese Ressentiments gegen die Araber gesellschaftsfähig, was die Israelis gründlich ausnutzen, da sie dadurch in ihrer Unterdrückung der Palästinenser bestärkt werden. Die israelische Politik hat jedoch unter europäischen Intellektuellen und einigen »Dissidenten« in Nordamerika heftige Kritik hervorgerufen, die bedauerlicherweise oft – und ohne nähere Betrachtung – als »antisemitisch« abgetan wurde. Der Vorwurf des Antisemitismus ist zu einer mächtigen Waffe geworden, um jeden

Widerspruch gegen Israels Politik der Unterjochung zu ersticken. Zweifelsohne sind einige alte und neue antisemitischen Elemente in Europa, Nord- und Südamerika und der arabischen Welt durch die Kritik an der israelischen Politik ermutigt worden. Das ist zu verurteilen und sollte wie jede andere rassistische Äußerung auch mit den geeigneten sozialen und juristischen Mitteln geahndet werden. Aufrichtige Moralkritiker sollten sehr vorsichtig sein, mit wem sie sich wie verbünden, aber die israelische Führung muss wissen, dass sie für das Erwachen eines neuen Antisemitismus teilweise verantwortlich ist.

Wie heftig die Ressentiments gegen die Araber in Nordamerika sind, belegen die Erfahrungen des politischen Geografen und Friedens- und Aussöhnungsaktivisten Oren Yiftachel, die er in seinem Bericht über eine dreiwöchige Vortragsreise zu namhaften amerikanischen Universitäten schildert, die er zusammen mit dem palästinensischen Professor Rema Hammami von der Bir-Zeit University unternommen hat. Der Zeitung *Boston Globe* sagte er, dass in der amerikanischen Diskussion über den israelisch-palästinensischen Konflikt anscheinend ein bedeutsamer Wandel stattfinde: nämlich das »Verblassen« von Palästina. Er sei mit »Fakten« und »Beweisen« angegriffen worden, die bereits aus der Diskussion in Israel verschwunden seien und nicht nur Unkenntnis, sondern auch das Fehlen jeglicher Bereitschaft belegten, sich gegenteilige Argumente anzuhören. Verschiedene Äußerungen hätten geradezu als axiomatisch gegolten: »Jordanien ist der Staat der Palästinenser«, »Eretz Israel [das Land Israel] wurde den Juden – und nur den Juden – gegeben [von Gott?]«, »Gibt es überhaupt ein palästinensisches Volk?« und »Im Koran wird Jerusalem nicht einmal erwähnt.« Yiftachel berichtete weiter:

> Die Reaktion an den meisten Universitäten war recht ähnlich ... Die Diskussion war extrem polarisiert, was sich am deutlichsten in der fehlenden Bereitschaft zeigte, sich den gemeinsamen Vortrag eines Palästinensers und eines Israelis überhaupt nur anzuhören. An fast jeder Universität sind Zuhörer aufgestanden und haben wütend gerufen: »Wie ist es möglich, dass Sie nicht

Schlussfolgerungen: Der Politizid in vollem Gang

miteinander streiten?« Wir sind betrogen worden: Man hat uns eine Debatte versprochen und einen Monolog [gemeinsame jüdisch-palästinensische Vision usw.] serviert.«

Yiftachel fügte noch ironisch hinzu:

> Die amerikanischen Zuhörer waren mehr daran interessiert, sich mit Hakenkreuzen an den Wänden einer öffentlichen Bibliothek zu befassen als mit der brutalen Besetzung Palästinas, den anhaltenden Verstößen gegen das Völkerrecht durch die Israelis und den Massentötungen von unschuldigen palästinensischen und israelischen Zivilisten.

Unabhängig davon, welche Auffassungen die Nordamerikaner und Europäer vertreten, wird das Schicksal des israelischen Staates und des palästinensischen Volkes auf dem Boden des Nahen Ostens entschieden. Tatsache ist nun einmal, dass es ein palästinensisches Volk gibt – ganz gleich, wie »alt« es ist – und dass die Chance, einen Politizid an ihm zu verüben oder es durch ethnische Säuberung aus dem Land zu vertreiben, ohne dass die Auswirkungen für Israel fatal wären, gleich null ist. Das palästinensische Volk ist – wie viele andere Völker auch, die in souveränen Staaten leben – im Grunde genommen das Ergebnis einer kolonialen Weltordnung, selbst wenn seine soziale wie politische Entwicklung durch die Kolonialmacht (Großbritannien) und die jüdische Kolonisation (die ebenfalls unter der britischen Kolonialherrschaft stattfand) gehemmt wurde, wobei ohne Letztere niemals ein jüdischer Staat in der Region entstanden wäre. Aber schon vor dem Beginn der neuzeitlichen jüdischen Kolonisierung Palästinas ab 1882 lebten dort etwa 600 000 Araber und 20 000 Juden.*

Doch nicht nur die Existenz Israels in der Region ist ebenfalls eine Tatsache, nein, Israel ist mehr: eine militärische, wirtschaftliche

---

* Eine ausführliche Geschichte Palästinas hat der Verfasser in Zusammenarbeit mit Joel S. Migdal veröffentlicht: *The Palestinian People: A History* (Harvard University Press, 2003).

und technologische Supermacht. Jeder fünfte Israeli arbeitet in der Industrie.

Hoch entwickelt sind die Hightech-, die Chemie- und die Rüstungsindustrie. Die hochmoderne Rüstungsproduktion umfasst auch die Herstellung von Atomwaffen. Experten schätzen einen Bestand von mindestens 100 Sprengköpfen. Der Anteil des Militärbudgets am Staatshaushalt liegt bei über 20 Prozent.*

Der israelische Staat wurde, wie viele andere durch Einwanderer besiedelte Länder auch, »in Sünde geboren«. Erinnert sei in diesem Zusammenhang nur daran, dass es noch einen Monat vor der Proklamation des Staates Israel durch David Ben Gurion am 14. Mai 1948 in Deir Jassin am 9. April 1948 zu Massakern durch zionistische Untergrundorganisationen kam. Dabei wurden über 250 Dorfbewohner umgebracht, und es begann eine massenhafte Flucht und Vertreibung von Palästinensern. Der Staat Israel wurde auf den Ruinen einer anderen Kultur aufgebaut, die dem Politizid und einer teilweisen ethnischen Säuberung zum Opfer fiel, auch wenn es dem neuen Staat Israel nicht gelang, die rivalisierende Kultur der »Eingeborenen« auszulöschen, wie es viele andere getan haben. Im Jahr 1948 war der Staat dazu nicht in der Lage, und die globale postkoloniale Kultur war bereits nicht mehr bereit, solches Vorgehen hinzunehmen.

Anders als Algerien, Sambia oder der Afrikaanderstaat Südafrika konnten sich die Palästinenser und die arabischen Staaten ihrer Kolonialherren nicht entledigen. Der jüdische Staat im Nahen Osten erwies sich trotz aller widrigen Umstände als lebensfähig, und es entstand dort eine reiche, florierende und lebendige Gemeinschaft, der nur noch die Anerkennung als legitimes Gebilde in der Region fehlte.

Ihr Selbstverständnis von Normalität und ihre weitere Entwicklung hängen langfristig davon ab, dass sie von den anderen Völkern

---

* Tatsächlich wird die militärische Überlegenheit der Israelis in der inländischen Diskussion in beiden Richtungen ausgelegt: Die einen argumentieren, dass eine Militärmacht wie Israel gegenüber den Arabern keine Konzessionen machen muss, während andere der Auffassung sind, dass eine starke Nation sich solche Konzessionen leisten kann.

in der Region akzeptiert werden. Den Anfang machte der Friedensschluss mit Ägypten, der als zweitgrößter Sieg des Zionismus gelten kann. Den größten Sieg, trotz mancher Nachteile, brachten die Osloer Abkommen, weil das Hauptopfer der zionistischen Bewegung und zugleich deren Hauptgegner das Existenzrecht eines jüdischen Staates in Palästina anerkannte. Dieser revolutionäre Wandel in der Hauptströmung des politischen Denkens auf palästinensischer Seite war – wie das Friedensabkommen mit Israel – eine Spätfolge der Kriege von 1967 und 1973.

Doch der Krieg von 1967 hatte noch weitere, widersprüchliche Folgen, die für anhaltende Krisen in der israelischen Gesellschaft sorgten. Sharon und seine Ideologie sind Ausdruck einer Krise, die sich seit dem Beginn der Besetzung und Israels Umwandlung in eine *Herrenvolk*-Demokratie aufbaut. Das krasseste Beispiel für die Entartung dieses Regimes: Wenn 520 Juden in Hebron die jüdischen Feiertage begehen und Besucher empfangen, die ihre »Solidarität« bekunden, werden 160 000 Palästinenser in der Altstadt eingesperrt, während die Siedler die religiösen Feiertage dazu nutzen, um ihre Herrschaft zu demonstrieren. Und all dies geschieht in geheimer Absprache mit Tausenden von Soldaten und Hunderten bewaffneter Siedler.

Als gesellschaftlicher Zustand ist die Besetzung nicht nur für die besetzte Bevölkerung, sondern auch für die Besatzungstruppen verderblich. Dass Soldaten in Privatwohnungen eindringen, besonders nachts, und jede Hoffnung auf Privatleben und Intimität zunichte machen, kommt häufig vor und geschieht unter dem Vorwand der Suche nach Terroristen oder Waffen. Manchmal wird dabei auch geplündert, noch häufiger werden Menschen willkürlich getötet.

Solche Verbrechen sind von Dutzenden von Zeugen gemeldet worden, deren Aussagen *B'Tselem* und andere Menschenrechtsorganisationen gesammelt haben. Selbst wenn sie nicht auf Befehl von oben begangen wurden, werden sie von den Militärbehörden im Gegensatz zu früher nicht mehr untersucht und die Täter nicht mehr verfolgt, was den Soldaten signalisiert, dass das Eigentum, die Privatsphäre und sogar das Leben der Palästinenser ohne Bedeutung sind.*

Seit Ende September durch die Provokation Sharons die zweite Intifada der Palästinenser ausbrach, haben sich Israelis und Palästinenser in einen tödlichen Zweikampf verhakt. Die Krise ist hier und heute auf ihrem Höhepunkt. Hass und Rachedurst bestimmen die gegenseitige Wahrnehmung. Wenn Israelis einen Palästinenser sehen, erblicken sie in ihm einen potenziellen Terroristen. Und über drei Millionen Palästinenser, abgeriegelt in ihren Gebieten durch die israelische Staatsgewalt, erleben Israelis fast nur noch als aggressive Militärs. Es fehlt an einer geeigneten Führung, und die vorhandene oder potenzielle Führung auf beiden Seiten macht Angst. Jede diplomatische Initiative scheiterte seit Ausbruch der zweiten Intifada an der Sturheit dieser Führung.

Dennoch gibt es Hoffnung, denn wir stehen näher denn je vor einem Durchbruch, weil beide Seiten allmählich verstehen, dass sie sich in einer aussichtslosen Situation befinden und keine militärische oder politische Strategie, weder allein noch in Kombination, den Gegner einfach verschwinden lassen wird. Weder Juden noch Palästinenser werden sich »in Luft auflösen«, ohne dass die Gegenseite großen Schaden erleidet.

Wenn die Feindseligkeiten anhalten, könnten sie zu einer gegenseitigen Abnutzung führen, die die Vernichtung und den Untergang beider Seiten zur Folge haben wird, wenn der Konflikt zu einem regionalen Krieg eskaliert – und zwar unabhängig davon, ob andere als konventionelle Waffen zum Einsatz kommen oder nicht. Eine neue palästinensische *Nakba* (Katastrophe) würde von

---

* Anfang November 2002 berichtete die Zeitung *Ma'ariv* unter der Schlagzeile »Was habe ich getan! – 100 Soldaten wegen ›Intifada-Syndrom‹ in Behandlung« über ein besonderes »Reha-Dorf«, das errichtet wurde, um ehemalige Soldaten zu pflegen, die unter schweren psychischen Störungen leiden. Derzeit sind 100 in Behandlung. Manche leiden unter Alpträumen und können es nicht verkraften, bei Einsätzen versagt und Zivilisten misshandelt zu haben. Veteranen von Eliteeinheiten werden im Reha-Dorf *Izun* (Gleichgewicht) in der Nähe von Caesarea von einer Ärztegruppe behandelt, der auch sieben Reserveoffiziere angehören. Orit Mofaz, die Frau des neuen Verteidigungsministers, unterstützt das Projekt. Die Behandlung wird von den Eltern der ehemaligen Soldaten bezahlt.

Schlussfolgerungen: Der Politizid in vollem Gang

einem neuen *Holocaust* an den Juden begleitet werden, wenn nicht die israelischen Juden und die Palästinenser zur unausweichlichen Einsicht kommen, dass ihre Schicksale miteinander verbunden sind und sie überwiegend gemeinsame – und nicht sich gegenseitig ausschließende – Interessen haben.

Wenn beide Seiten die schmerzlichen und gegenwärtig »undenkbaren« Kompromisse schließen (oder erneut schließen), die für eine Aussöhnung unerlässlich sind, und die humanistischen Grundwerte verinnerlichen, könnte es sein, dass sie nicht nur aufhören, Feinde zu sein, sondern auch feststellen, dass ihre gemeinsamen Interessen sie zu engen Verbündeten machen. Ohne eine Aussöhnung zwischen Israelis und Palästinensern wird der heutige jüdische Staat nur eine Marginalie in der Geschichte der Menschheit sein.

Anhang

Literatur

Die folgenden Hinweise auf weiterführende Literatur, die der Verlag und seine Beauftragten für die deutschsprachige Ausgabe zusammengestellt haben, sind als Leserservice gedacht. Damit besteht die Möglichkeit zur vertiefenden Information zu einzelnen Themen, wie der Geschichte des Zionismus, der Geheimdienste oder der Lebensbedingungen Betroffener, deren ausführliche Darstellung den Rahmen dieses Buches gesprengt hätten.

Abu-Sharif, Bassam/Mahnaimi,Uzi: Mein Feind – Mein Freund. Ein Araber und ein Israeli kämpfen für eine gemeinsame Zukunft. München 1996
Alawi, Abdul Rahman: Zwischen Oslo und Al-Aksa-Intifada. In: Aus Politik und Zeitgeschichte, Bonn, B 49/00, 1. Dezember 2000, S. 8–12
Ashrawi, Hanan: Ich bin in Palästina geboren. Ein persönlicher Bericht. Berlin 1995
Auswärtiges Amt (Hrsg.): Kompendium der deutsch-arabischen Beziehungen. Bonn 1994
Avineri, Shlomo: Profile des Zionismus. Die geistigen Ursprünge des Staates Israel. 17 Porträts. Gütersloh 1998
Avnery, Uri: Schrecken der Araber. Porträt über Ariel Sharon. In: Der Spiegel, Hamburg, Nr. 7, 12. Februar 2001, S. 144–149

Baumgarten, Helga: Land für Frieden? Der israelisch-palästinensische Konflikt nach dem Golfkrieg. In: Georg Stein (Hrsg.): Nachgedanken zum Golfkrieg, Heidelberg 1991, S. 109–129
Beck, Martin: Strukturelle Probleme und Perspektiven der sozioökonomischen Entwicklung in den palästinensischen Autonomiegebieten. In: Orient, Hamburg, 38 (Dezember 1997) 4, S. 631–651
Becker, Hildegard u. a.: Der schwierige Weg zum Frieden. Der israelisch-arabisch-palästinensische Konflikt. Hintergründe, Positionen und Perspektiven. Gütersloh 1994

Bednarz, Dieter/Lüders, Michael (Hrsg.): Palästina-Protokolle. Bestandsaufnahme und Perspektiven. Hannover 1998

Beit-Hallahmi, Benjamin: Schmutzige Allianzen. Die geheimen Geschäfte Israels. München 1989

Ben Artzi-Pelossof, Noa: Trauer und Hoffnung. Berlin 1996

Ben Gurion, David: Israel – Der Staatsgründer erinnert sich. Frankfurt a.M. 1998

Benziman, Uzi: Sharon, an Israeli Caesar, London 1987

Black, Ian/Morris, Benny: Mossad, Shin Bet, Aman. Die Geschichte der israelischen Geheimdienste. Heidelberg 1994

Broder, Henryk M.: Die Irren von Zion. Hamburg 1998

Brumlik, Micha (Hrsg.): Mein Israel – 21 erbetene Interventionen. Frankfurt a. M. 1998

Brumlik, Micha: Weltrisiko Naher Osten. Moralische und politische Perspektiven in einem Konflikt ohne Ende. Hamburg 1991

B´Tselem (Hrsg.): Das Verhör von Palästinensern während der Intifada: »Mäßiger physischer Druck oder Folterung?« Tossens 1992

Chacour, Elias: Auch uns gehört das Land. Ein israelischer Palästinenser kämpft für Frieden und Gerechtigkeit. Frankfurt a.M. 1993

Chomsky, Noam: Offene Wunde Nahost. Israel, die Palästinenser und die Nahost-Politik. Hamburg 2002

Chomsky, Noam: Der Schlüssel zur Veränderung. In: Palästina Journal, Trier, Nr. 32 (1997), S. 11–16

Cohen, Yoel: Die Vanunu-Affäre. Israels geheimes Atompotential. Heidelberg 1995

Corm, Georges: Europa und der Nahe Osten. Modernisierung oder Barbarei? Bad Honnef 1997

Dachs, Gisela: Väter, Söhne, Generäle (zum Wahlsieg Ariel Sharons am 6.2.2001). In: Die Zeit, Hamburg, 8. Februar 2001

Dachs, Gisela (Hrsg): Deutsche, Israelis und Palästinenser. Ein schwieriges Verhältnis. Heidelberg 1999

Dachs, Gisela: Getrennte Welten. Israelische und palästinensische Lebensgeschichten. Basel 1998

Deutsch-Israelischer Arbeitskreis für Frieden im Nahen Osten (Hrsg.): Das Ende vom Ende des israelisch-palästinensischen Konflikts. Eskalation und kein Ende? Israel und Palästina, Themenheft, Nr. 62, Schwalbach/Ts. 2001

Dietrich, Barbara: Verraten, vergessen, verlassen. Palästinensische Flüchtlinge. In: Wissenschaft und Frieden (Dossier), Bonn (1999) 33, S. 1–12

Literatur

Diner, Dan: Endogene Konfliktverursachung im Vorderen Orient und die Funktion globaler Einmischung. In: Steinweg, Rainer (Hrsg.): Kriegsursachen, Friedensanalysen, Bd. 21, Hessische Stiftung Friedens- und Konfliktforschung, Frankfurt a. M. 1987, S. 308-333
Dokumentationsdienst Vorderer Orient: Ausgewählte neuere Literatur. Deutsches Übersee-Institut, Übersee-Dokumentation, Referat Vorderer Orient, Hamburg (erscheint vierteljährlich seit 1969)

Elon, Amos: Die Israelis. Wien/München 1972
Ezrachi, Yaron: Gewalt und Gewissen. Israels langer Weg in die Moderne. Berlin 1998

Finkelstein, Norman, G.: Der Konflikt zwischen Israel und den Palästinensern. Mythos und Realität. München 2002
Frangi, Abdallah: PLO und Palästina. Vergangenheit und Gegenwart. Frankfurt a. M. 1982
Franz, Erhard: Israel 1999. In: Deutsches Orient-Institut (Hrsg.): Nahost Jahrbuch 1999, Opladen 2000, S. 88-95
Franz, Erhard: Ehud Barak – Israelischer Ministerpräsident. In: Orient, Opladen, 40 (Juni 1999) 2, S. 169-174
Friedman, Thomas L.: Von Beirut nach Jerusalem. Erfahrungen im Nahen Osten. Rastatt 1990
Funke, Hajo/Sterzing, Christian (Hrsg.): »Frieden jetzt.« Geschichte und Arbeit israelischer Friedensgruppen. Schriftenreihe des Deutsch-Israelischen Arbeitskreises für Frieden im Nahen Osten, Bd. 16, Frankfurt a. M. 1989

Giordano, Ralph: Israel, um Himmels willen Israel. Köln 1991
Glasneck, Johannes/Timm, Angelika: Israel – Die Geschichte des Staates seit seiner Gründung. Bonn 1994
Gremliza, Hermann L.: Hat Israel noch eine Chance? Palästina in der neuen Weltordnung. Hamburg 2001
Grossman, David: Dieses nagende Gefühl. Alptraum Israel: Wie ein ganzes Volk seine Zukunft aufs Spiel setzt. In: Die Zeit, Hamburg, 1. Oktober 1998
Grossman, David: Der gelbe Wind. Die israelisch-palästinensische Tragödie. München 1988
Grünert, Angela: Der längste Weg heißt Frieden. Die Frauen im ersten palästinensischen Parlament. München 1998
Günther, Inge: Mit dem Wahlsieg endet der Höhenflug (zum Wahlsieg Ariel Sharons am 6.2.2001). In: Frankfurter Rundschau, 8. Februar 2001

Hansen, Peter: Wechsel nach Gaza als neue Herausforderung. Die UNRWA und der Friedensprozeß im Nahen Osten. In: Vereinte Nationen, Baden-Baden, 45 (Dezember 1997) 6, S. 208-214

Hersh, Seymour M.: Atommacht Israel. Das geheime Vernichtungspotential im Nahen Osten. München 1991

Herzl, Theodor: Der Judenstaat. Versuch einer modernen Lösung der Judenfrage. Nachdruck der Erstausgabe von 1896. Augsburg 1996

Herzog, Chaim: Kriege um Israel 1948-1984. Frankfurt a. M. 1984

Hubel, Helmut/Kaim, Markus/Lembcke, Oliver: Pax Americana im Nahen Osten. Eine Studie zur Transformation regionaler Ordnungen. Baden-Baden 2000

Ibrahim, Waleed: Die palästinensische Selbstregierung nach dem internationalen Gaza-Jericho-Abkommen vom 13. September 1993. Eine völkerrechtliche Studie. Frankfurt a. M. 1998

Johannsen, Margret/Schmid, Claudia (Hrsg.): Wege aus dem Labyrinth? Friedenssuche in Nahost. Stationen, Akteure, Probleme des nahöstlichen Friedensprozesses. Baden-Baden 1997

Kapeliuk, Amnon: Israel unter Scharon. Soll denn das Schwert ohn´ Ende fressen? In: Le Monde Diplomatique (Deutsche Ausgabe), Berlin, Mai 2001, S. 8

Kimmerling, Baruch: The Invention and Decline of Israeliness: State, Society and the Military. Los Angeles/Berkeley 2001

Kimmerling, Baruch/Migdal, Joel S.: The Palestinian People: A History. Cambridge 2003

Klein, Uta: Frauen in der israelischen Friedensbewegung. In: Neunzehnhundertneunundneunzig Zeitschrift für Sozialgeschichte des 20. und 21. Jahrhunderts, Bern 13 (März 1998) 1, S. 124-145

Kloke, Martin W.: Israel und die deutsche Linke. Zur Geschichte eines schwierigen Verhältnisses. Schriftenreihe des Deutsch-Israelischen Arbeitskreises für Frieden im Nahen Osten, Bd. 20, Frankfurt a. M. 1990

Köndgen, Olaf: Die »Neuen Historiker« Israel revidiert sein geschichtliches Selbstverständnis. In: KAS-Auslandsinformationen, St. Augustin, 17 (2001) 3, S. 147-155

Krupp, Michael: Zionismus und Staat Israel. Ein geschichtlicher Abriß. 3. erw. Aufl., Gütersloh 1992

Langer, Felicia: »Laßt uns wie Menschen leben!« Schein und Wirklichkeit in Palästina. Göttingen 1996

Langer, Felicia: Die Zeit der Steine. Eine israelische Jüdin über den palästinensischen Widerstand. Göttingen 1990
Laqueur, Walter: Der Weg zum Staat Israel. Geschichte des Zionismus, Wien 1981
Lemarchand, Philippe/Radi, Lamia: Israel und Palästina morgen. Ein geopolitischer Atlas. Braunschweig 1997
Lichtenstein, Heiner/Romberg, Otto (Hrsg.): Fünfzig Jahre Staat Israel. Vision und Wirklichkeit. Bundeszentrale für Politische Bildung, Bonn 1998
Lübben, Ivesa/Jans, Käthe: Kinder der Steine. Vom Aufstand der Palästinenser. Reinbek bei Hamburg 1988

Martiny, Anke: Israel – und du wunderst dich täglich. Innenansichten von Gewalt und Hoffnung. Freiburg 1995
Mejcher, Helmut: Sinai, 5. Juni 1967. Krisenherd Naher und Mittlerer Osten. München 1998
Mukarker, Faten: Leben zwischen Grenzen. Eine christliche Palästinenserin berichtet. Karlsruhe 1998

Neifeind, Harald: Der Nahostkonflikt – Historisch, politisch, literarisch. Schriftenreihe des Deutsch-Israelischen Arbeitskreises für Frieden im Nahen Osten, Bd. 34, Schwalbach/Ts. 1999

O'Brien, Conor Cruise: Belagerungszustand. Die Geschichte des Zionismus und des Staates Israel. München 1991
Oftering, Ronald (Hrsg.): Palästinensische Flüchtlinge und der Friedensprozeß. Palästinenser im Libanon. Berlin 1997
Opperskalski, Michael: Mossad – Israels Auftragskiller und Geheimagenten. Münster 1998
Ortlieb, Sylvia: Palästinensische Identität und Ethnizität. Genese und Entwicklung des Selbstverständnisses der Palästinenser. Köln 1995
Ostrovsky, Victor: Der Mossad. Ein Ex-Agent enthüllt Aktionen und Methoden des israelischen Geheimdienstes. Hamburg 1991
Otto, Ingeborg/Schmidt-Dumont, Marianne: Menschenrechte im Vorderen Orient. Eine Auswahlbibliographie. Dokumentationsdienst Vorderer Orient, Hamburg 1991
Oz, Amos: Bericht zur Lage des Staates Israel. Frankfurt a. M. 1992

Pappé, Ilan: Die israelische Haltung im Friedensprozeß. In: Aus Politik und Zeitgeschichte, Bonn, B 49/00, 1. Dezember 2000, S.3–7
Pappé, Ilan: Von Lausanne nach Oslo. Zur Geschichte des israelisch-pa-

lästinensischen Konflikts. In: Aus Politik und Zeitgeschichte, Bonn, Bd. 14/98, 27. März 1998, S. 30-37

Pax Christi – Deutsches Sekretariat (Hrsg.): Naher Osten – Ferner Frieden? Idstein 1997

Peres, Shimon: Man steigt nicht zweimal in denselben Fluß. Politik heißt Friedenspolitik. München 1999

Perthes, Volker: Zwischen Eisbox und Neuordnung. Der Nahe Osten nach den Wahlen in Israel. In: Internationale Politik, Bonn, 51 (September 1996) 9, S. 40-46

Picaudou, Nadine: Veränderte Fronten in der Al-Aksa-Intifada. In: Le Monde Diplomatique (Deutsche Ausgabe), Berlin, 16.März 2001

Pott, Marcel: Schuld und Sühne im Gelobten Land., Köln 2003

Radke, Rudolf: Frieden lernen in Jerusalem. Wie aus Feinden Nachbarn werden. Frankfurt a. M. 1986

Rafael, Gideon: Der umkämpfte Frieden. Die Außenpolitik Israels von Ben Gurion bis Begin. Frankfurt a. M./Berlin/Wien 1984

Reinartz, Ingomar (Hrsg.): Nahost-Konflikt. Dokumente, Materialien und Abkommen zur Entstehung und zum Verlauf des Konfliktes zwischen Israelis, Arabern und Palästinensern. Opladen 1979

Ries, Matthias: Der israelisch-palästinensische Konflikt und seine internationale Dimension. Trier 1996

Rohde, Achim: Sharon legt los. Frontnotizen aus Israel/Palästina. In: Analyse & Kritik, Hamburg, Nr. 449, 12. April 2001, S. 23

Rösch-Metzler, Wiltrud: Ohne Wasser. Ohne Land. Ohne Recht. An der Seite der Palästinenser. Die israelische Rechtsanwältin Lynda Brayer. Ostfildern 1997

Rotter, Gernot/Fathi, Schirin: Nahostlexikon. Der israelisch-palästinensische Konflikt von A-Z. Heidelberg 2001

Sachar, Howard: A History of Israel. Oxford 1976

Said, Edward W.: Herrschaft statt Frieden. In: Die Zeit, Hamburg, 5. September 1997

Schäfer, Barbara (Hrsg.): Historikerstreit in Israel. Die »neuen« Historiker zwischen Wissenschaft und Öffentlichkeit. Frankfurt a.M. 2000

Schmitz, Thorsten: Abraham zwischen den Welten. Ansichten aus Israel. Wien 2000

Schneider, Richard Chaim: Israel am Wendepunkt. Von der Demokratie zum Fundamentalismus? München 1998

Schoeps, Julius H. (Hrsg.): Neues Lexikon des Judentums. Überarb. Aufl., Gütersloh 2000

Scholl-Latour, Peter: Lügen im Heiligen Land. Machtproben zwischen Euphrat und Nil. Berlin 1998
Schreiber, Friedrich: Kampf um Palästina. Eine 3000jährige Geschichte der Gewalt. München 1992
Schreiber, Friedrich: Aufstand der Palästinenser. Die Intifada. Opladen 1990
Schreiber, Friedrich/Wolffsohn, Michael: Nahost – Geschichte und Struktur des Konflikts. Opladen 1987
Schwanitz, Wolfgang (Hrsg.): Jenseits der Legenden. Araber, Juden, Deutsche. Berlin 1994
Senfft, Alexandra: Ein Symptom des faulen Friedens. Was treibt junge Palästinenser zu Selbstmordattentaten? In: Der Überblick, Hamburg, 32 (Dezember 1996) 4, S. 28–32
Shehadeh, Raja: Aufzeichnungen aus einem Ghetto. Leben unter israelischer Besatzung. Bonn 1983
Siegmann, Henry: Die Logik der verpaßten Chancen. Die Wahl Scharons beendet den Friedensprozeß im Nahen Osten. In: Le Monde Diplomathique (Deutsche Ausgabe), Berlin, Februar 2001, S. 6
Stein, Georg: Die Palästinenser. Unterdrückung und Widerstand eines entrechteten Volkes. Köln 1988

Tawil, Raymonda: Mein Gefängnis hat viele Mauern. Eine Palästinenserin berichtet. Bonn 1979
Tibi, Bassam: Die Verschwörung. Das Trauma arabischer Politik. Hamburg 1993
Trautner, Bernhard J.: Konstruktive Konfliktbearbeitung im Vorderen und Mittleren Orient. Ansätze der Deeskalation und Beilegung nationaler und internationaler Konflikte 1945–1995. Münster 1997

Waltz, Viktoria/Zschiesche, Joachim: Die Erde habt ihr uns genommen. 100 Jahre zionistische Siedlungspolitik in Palästina. Berlin 1986
Watrin, Konrad E.: Machtwechsel im Nahen Osten. Großbritanniens Niedergang und der Aufstieg der Vereinigten Staaten 1941–1947. Frankfurt a.M./New York 1992
Watzal, Ludwig: Feinde des Friedens. Der endlose Konflikt zwischen Israel und den Palästinensern. Berlin 2001
Watzal, Ludwig: Hilfreiche Konkurrenz? Die Nahost-Politik der USA und der EU im Vergleich. In: Volle, Angelika/Weidenfeld, Werner (Hrsg.): Frieden im Nahen Osten? Chancen, Gefahren, Perspektiven, Bonn 1997, S. 93–98
Watzal, Ludwig: Die Menschenrechtspraxis im israelisch-palästinensischen Verhältnis. In: Orient, Opladen, 34 (Dezember 1993) 4, S. 625–635

Weinstock, Nathan: Das Ende Israels? Nahostkonflikt und Geschichte des Zionismus. Berlin 1975

Wissenschaftliche Dienste des Deutschen Bundestages (Hrsg.): Selbstverwaltungskompetenzen der Palästinenser in den Autonomiegebieten. Bonn 1996

Wolffsohn, Michael: Frieden jetzt? Nahost im Umbruch. München 1994

Wolffsohn, Michael: Wem gehört das Heilige Land? Die Wurzeln des Streits zwischen Juden und Arabern. München 1992

Zuckermann, Moshe: Das Ende der israelischen Arbeitspartei: In: Blätter für deutsche und internationale Politik, Bonn, 46 (April 2001) 4, S. 400–404

Zimmermann, Moshe: Ein Religionskrieg des 21. Jahrhunderts. In: Blätter für deutsche und internationale Politik, Bonn, 45 (November 2000) 11, S.1289–1292

Zimmermann, Moshe: Wende in Israel. Zwischen Nation und Religion. Berlin 1996

Register

Abkommen von Oslo 119, 124, 130–131, 150, 207
Abschreckungsmaßnahme 70, 138
Adan, Abraham 66
Afghanistan 198
Agrant, Shimon 70
Aktivist, politischer 203
Al-Aqsa-Brigaden 133
Al-Aqsa-Intifada *siehe* Intifada, zweite
Al-Aqsa-Moschee 129
Allon, Yigal 59
Allon-Plan 36, 126
Aloni, Shulamit 147
Amnesty International 149, 160, 166, 169
Annan, Kofi 151–152
Annexion 15–18, 35, 41, 69, 84, 95, 168
Antisemitismus 136, 203–204
Apartheid 38
Arafat, Yassir 84–85, 89, 95, 99, 107–109, 113–114, 125, 127, 129, 130, 132–133, 152–154, 195, 198
Arbeitsmarkt 11, 13
Arbeitspartei 9, 16, 49, 74, 75, 103, 120–121, 143–146, 164, 171, 174, 177
Aschkenasim 139–140
Assad, Hafez 123
Atomwaffen 206
Aufstand, arabisch-palästinensischer 43
Ausbeutung 33
Ausgangssperre 60, 156, 178, 188, 190
Aushungern (der Bevölkerung) 174
Aussöhnung 142, 209
Autonomie 61–62, 116
Avneri, Uri 174
Ayasch, Yahya 114, 119

B'Tselem 187, 207
Balfour-Erklärung 21, 44
Bar-Lev, Haim 59, 60
Bar-Lev-Linie 64
Barak, Ehud 99, 121–128, 160, 164–165
Bartov, Hanoch 65
Bedrohung, existenzielle 10, 159
Beduinen 47–48, 50–51, 63
Begin, Menachem 7, 16, 29, 42, 57, 61, 76–79, 81–86, 89–90, 93–94, 96, 139
Beirut 86–93, 96, 153
Belagerung 152–154
Belin, Yossi 103, 122, 146
Ben Ami, Shlomo 126–127
Ben Gurion, David 10, 49, 55, 206
Ben-Eliezer, Benjamin 9, 81, 145–146, 163, 167, 182
Benziman, Uzi 43, 48, 53, 79, 89, 147
Besatzungstruppen 141, 168, 207
Bethlehem 152, 181
Bevölkerungszusammensetzung 29
Bewegung, zionistische 8
Beziehungen, jüdisch-arabische 31
Bishara, Azmi 197
Blutbad 97
Blutrache 51
Bronner, Yigal 166
Bruttosozialprodukt 11
Bürgerrechte 14, 16–19, 69, 135, 137, 197

Burgh, Abraham 146
Bush, George W. 32, 194, 196, 198, 200

Camp David 36, 79, 99, 125, 133, 141, 165, 174
Chamoun, Danny 81
Chazan, Naomi 147
China 171
Christentum 136, 152, 186
Christian Peacemaker Team 185–186
Clinton, Bill 125–129
Creveld, Martin van 163

Dan, Uri 54
Darwish, Mahmud 108
Dayan, Moshe 16–18, 45, 49, 55, 57, 59–61, 63, 65, 68, 76–78
Demagogie, rassistische 30
Demokratische Front 107
Den Haag siehe Haager Abkommen
Doppelmoral 39
Draper, Morris 88, 89, 96
Drusen 28
Dschabel Dschuwarah 152
Dschenin 150–152, 177–178, 180, 200
Dschihad siehe Islamischer Dschihad

Einheitsregierung, nationale 101, 144, 146
Eitan, Rafael 82, 90
Elazar, David 64, 70
Elite, intellektuelle 68
Elon, Benny 30, 193–194
Endzeitszenario 8
Erklärung von Khartum 62

Eshkol, Levy 57, 62
Europäische Union (EU) 199
Expansion, jüdische 25, 33, 40

Falangisten 91–93, 97
Faluja 45
Farngieh, Tony 82
Faschismus 10–11
Fatah 35, 48, 71, 80, 83, 106–107, 110, 112, 151
Fedajin 48
Fisk, Robert 90
Flüchtlingslager 60, 86, 97, 150–151, 191
Flüchtlingsproblem 73, 80, 154
Fremdenhass 32
Frieden 35–36, 39, 143, 165
Friedensabkommen mit Israel 207
Friedensaktivisten 182
Friedenslager 164–165, 170
Friedensprozess 111, 113, 115, 129
Friedenssicherung 69
Friedensverhandlungen 36, 78–79
Fundamentalismus, national-religiöser 40

Gallili, Israel 65
Geheimdienst, israelischer 157
Gemayel, Bashir 82, 87–88, 90–92
Genfer Konvention, 4. 172
Genozid 21
Gesellschaft, israelische 11, 13, 15, 18, 54
Gesellschaft, palästinensische 11
Gewalt 155–156, 196
Gewalt im Krieg siehe Krieg
Gewalt, militärische siehe Militär
Gewalttätigkeit, Erzeugung von 192
Glaubensrevolution 37
Gleichgewicht, politisches 40

Golan-Höhen 38, 64, 69, 84, 95
Gonen, Shmuel 70
Gräueltaten 177
Grenzkrieg *siehe* Krieg
Grenzsiedlung 46, 72
Grundwerte, humanistische 209
Guerillakrieg 35, 48, 71, 86, 176
Gush, Emunim 36–38, 69, 78

Ha'aretz Magazine 144, 159
Haager Abkommen 76, 172
Habib, Philip 83, 85, 88–89, 96
Haddad, Sa'ad 75
Haganah 44
Haifa 31
Haig, Alexander 84, 95
Halacha 37–38, 136
Halevy, Efraim 195
Halutz, Dan 158
Hamas 112, 120, 132, 151, 157, 185
Hammami, Rema 204
Har-Zion, Meir 51
Hass 44, 196
Haussprengung 189
Hebron 40, 149, 180, 186, 188, 200, 207
Hellenismus 136
Herrenvolk-Republik 35–41
Herut-Partei 16, 57, 64, 139
Hilfe, humanitäre 176, 186
Hillel, Sage 15
Hinrichtung (ohne Gerichtsverfahren) 157, 174, 191
Hisbollah 120, 124
Hoffnungslosigkeit 156
Holocaust 20, 209
Holst, Johan Jurgen 103
Horowitz, Dan 33
Hungersnot 114, 202

Identität, nationale 14
Ideologie, rechtsextreme 193
Ideologie, religiös-fundamentalistische 194
Ideologie, zionistische 20
Imperativ, moralischer 18
Imperativ, patriotischer 17
Imperialismus 20
Initiative, diplomatische 208
Intifada, erste 15, 99, 100, 116, 161, 178, 180, 200, 202
Intifada, zweite 11, 99, 130–131, 155, 168, 208
Irak 171
Islamische Bewegung 107
Islamischer Dschihad 112, 132, 151–152

Jemen 171
Jericho 149, 179
Jerusalem 44
Jerusalem-Frage 128
Jordanien 93
Juden 164
Judentum 112
Jumblatt, Kamal 81

Kahan, Yitzhak 94
Kahan-Kommission 96, 97
Kalter Krieg 46, 52
Khalidi, Rashid 97
Khartum 62
Kissinger, Henry 74
Kleiner, Michael 30
Knesset 7, 64, 71, 79, 85, 194
Koexistenz, jüdisch-arabische 141
Kollektivstrafe (an der Zivilbevölkerung) 61
Kolonialherrschaft, britische 14, 26, 205

Kolonialstrategie 107
Kolonisation, zionistische 38, 41
Kolonisierung 36, 39, 171
Kommunisten 38
Konflikt, jüdisch-palästinensischer 51, 165
Konsens, ideologischer 41
Kontrollmaßnahme 135, 176, 180
Konzentrationslager 164
Kraft, zerstörerische 7
Krieg 49, 144, 160, 165
Kriegsdienstverweigerung 94
Kriegsführung, psychologische 10
Kriegsmaschinerie 167
Kriegsverbrechen 61, 73, 147, 151, 158, 165, 169, 172–174
Kriegsverbrecher 98, 146
Kultur, politische 7, 8
Kulturkonflikt 39

Landnahme 18
Latrun 44, 45
Leibowitz, Yeshayahu 18
Levinger, Moshe 40
Libanon 42, 80, 83–84, 88, 92
Libyen 171
Likud 7, 9, 16, 36, 70, 74–77, 120–121, 139, 147, 164, 177
Linksparteien 165, 169, 175

Mafia 158
Mahal 64
Maroniten 80, 81, 82, 88, 92, 93
Märtyrer 156
Massaker 7, 48–49, 93–94, 96, 98, 151–152
Massenauswanderung 202
Massengrab 151
Masseninternierung 174

Massenmedien 9, 203
Massenprotestbewegung 36
Massentötungen 205
Meinungsfreiheit 8
Meinungsumfrage 164, 199
Meir, Golda 60, 64–65, 68, 71
Menschenrechte 18, 69, 135, 169, 173, 179
Menschenrechtsorganisationen 207
Menschenrechtsverletzung 73, 165, 172–173
Merez 9, 103, 122, 146–147, 165, 168, 171
Militär 31, 33, 59, 64, 86, 100, 150, 154, 168–169, 173, 189, 191
Militärbudget 206
Militärgericht 166
Milson, Menachem 75
Misshandlung (von Familienangehörigen) 191
Mitla-Affäre 55
Mitzna, Amram 171
Mobilität, gesellschaftliche 13
Modernismus 136
Mofaz, Shaul 194
Moral 158
Moralkritiker 204
Mord 7
Mordopfer 157
Morris, Benny 23

Nablus 150, 151, 200
Nasser, Gamal Abdel 52, 56
Nasser-Doktrin 52
National-Religiöse Partei 69, 75, 122
Nationalbewusstsein 140
Nationaler Sicherheitsrat 195
Nationalismus 41, 141, 142

Nationalsozialismus 27
Nationalstaat 37
Nehru, Pandit 52
Netanyahu, Benjamin 119–121, 129, 131, 144
Neue Historiker 29

Operation Verteidigungsschild 149, 152, 177
Operation Weg der Entschlossenheit 155
Oppositionsbewegung 173
Osloer Friedensprozess 163
Osloer Prinzipienerklärung siehe Abkommen von Oslo
Ost-Jerusalem 28, 38, 105, 109, 182
Oz, Amos 175

Palästinenseraufstand 92
Palästinenserstaat, entmilitarisierter 123
Palästinensische Nationalbehörde 109
Palästinensische Befreiungsbewegung (PLO) 62, 71, 75, 80, 83–85, 88–89, 92, 95–97, 104, 113
Palästinensische Nationalbehörde (PNA) 104, 108, 110–112, 114–117, 119–120, 131–132, 134, 149, 153–154, 180
Papst 153
Patriotismus 140
Peace Now 39, 165, 168, 174, 182
Peace-Now-Bewegung 70
Peres, Shimon 76, 115, 119–120, 145
Pergola, Sergio della 17
Personenkult 51
Petra-Mythos 51
Piterman, Sylvia 182

Plan D 23, 26
PLO-Führung 107, 108, 109
Pogrom, (osteuropäisches) 20
Populäre Front 107
Präventivangriff 52
Pressefreiheit 8
Protestbewegung 69

Qatar 171
Qibiya 49

Rabin, Yitzhak 45, 56, 71, 74, 81, 101–103, 111, 113, 119, 146, 163, 169
Ramallah 152–153, 179, 180
Ramon, Haim 146
Reagan, Ronald 95
Rechtsextremismus 175
Rechtsparteien 140
Repatriierung (der Palästinenser) 194
Ressentiment (gegen die Araber) 203–204
Revolutionär, religiöser 37
Römisches Statut 172
Rubinstein, Amnon 147
Rückeroberung (des historischen Palästina) 199
Russland 199
Rüstungsindustrie 206

Sabra 42, 90, 91, 96, 98, 152
Sadat, Anwar 88
Sapir, Pinchas 60
Sarid, Yossi 9, 147, 171
Säuberung, ethnische 7, 8, 10, 23, 26, 28–29, 93, 193, 203
Saudi-Arabien 95
Schas 122, 139
Schiff, Ze'ev 79, 83, 93
Sechs-Tage-Krieg 58

Selbstbestimmung 7, 14, 69,
 165, 195
Selbstmordattentäter 112,
 132–133, 149, 155–156, 177
Selbstverteidigung 173
Selbstzerstörung 136
Separatismus 170
Shatila 42, 90, 91, 92, 96, 98, 152
Shehada, Salah 157
Shultz, George 95
Sicherheit, nationale 31
Sicherheitsdienst 106
Sicherheitsdoktrin 33
Sicherheitskräfte 200
Siedler 29, 31, 35, 37, 40, 44,
 182–184
Siedlungspolitik 37
Sinai 58, 78, 143
Smilansky, Yizhar 26, 27
Sneh, Ephraim 146
Souveränität, eingeschränkte 201
Sozialisten 38
Sozialsystem 16
Staatsgründung 160
Strafgerichtshof 174
Straßensperre 180
Südlibanon 80
Stürmer, Der 159
Suez-Kanal 55–56, 59, 62, 64, 66
Suez-Krieg 54
Syrien 93, 95

Teilungsplan 26
Tel Aviv 43–44, 94
Tempelberg 129
Terror 72, 196, 200
Terroranschlag 74, 100, 112–114,
 121, 133, 157, 194–195, 199
Terrorismus, weltweiter 195
Terroristen 150, 158, 176, 196, 207
Terrornetzwerk 149

Unabhängigkeitserklärung 22
Unabhängigkeitskrieg 144, 160
Ungehorsam, ziviler 94, 170–171
UNO 199, 202
UNO-Hilfswerk für Palästina-
 Flüchtlinge im Nahen
 Osten 111
Untergrundorganisationen 72–73
Untersuchungskommission 94
USA 62, 95–97, 171, 196–197, 199

Verbrechen 30, 172
Vergeltungsschlag 46, 48, 52–53
Vertreibung 30
Verzweiflungstat 156
Völkermord 27, 195
Volksaufstand 100

Waffenstillstandsverhand-
 lungen 25
Wehrdienstverweigerer 147, 166,
 168–169, 171
Wehrpflicht, allgemeine 50
Weinberger, Caspar 96
Weizman, Ezer 76–77
Weltordnung, koloniale 205
Wettrüsten 52
Widerstand, palästinensischer
 73, 151
Wirtschaft 13–14

Ya'alon, Moshe 9, 30, 159,
 160, 194
Ya'ari, Ehud 79, 83, 93
Yadin, Yigael 23–24, 31, 76
Yiftachel, Oren 204–205
Yosef, Ovadia 139

Zermürbungskrieg 59
Zionismus 20–21, 26, 49, 111,
 135, 207